Photo Rehders, Eckernförde

Wer sein Leben nicht gewagt,
hat es auch nicht gewonnen!
Felix Graf Luckner

GRAF LUCKNER

SEETEUFELS WELTFAHRT

...aus 70 Lebensjahren

KOEHLERS VERLAGSGESELLSCHAFT · HERFORD

ISBN 3782200691
24.-27. Tausend (1977)

Umschlag: Gemälde von Hans Bohrdt
Umschlaggestaltung: Ernst A. Eberhard, Bad Salzuflen
Druck: Hans Kock, Buch- und Offsetdruck, Bielefeld
Bucheinband: Klemme & Bleimund, Bielefeld
Printed in Germany

Für Ingeborg!

„Gott stand an meinem Steuer,
als ich Dich kaperte."

Schön und groß ist die Welt!

Gerade bin ich von einer langen Reise durch halb Europa wieder nach Hause gekommen. Ich bringe nicht nur die vielen herzlichen Grüße aller Deutschen an die Heimat mit, sondern auch ein neues Buch, das ich euch nun übergeben möchte.

Unter der leuchtenden Sonne Spaniens, am herrlichen Gestade des Mittelmeers hatte ich eine ruhige Zeit der Besinnung. Da dachte ich an das, was ihr, liebe Freunde, so oft gesagt habt, wenn wir im frohen Kreise beieinander waren und ich euch erzählte:

„Graf Luckner, diese Geschichte kennen wir ja noch gar nicht! Sie steht in keinem Ihrer Bücher!"

Ja, es gibt viel, was weder in meinem „Seeteufel" noch im „Amerika-Buch" steht. Manche meiner Erinnerungen kann man eigentlich nur „erzählen". Da war es gut, daß ich ein Tonbandgerät besitze, das mir amerikanische Freunde schenkten. Aber wie vieles mußte ich auch aufschreiben. Schließlich lag alles fertig vor mir, der Zusammenhang ist jedem klar, der meine Bücher kennt.

Aber trotz der großen Auflagen meiner Bücher gibt es bestimmt Menschen, die keines davon gelesen haben — oder es ist schon recht lange her. Die brauchen so etwas wie einen Lotsen, um sich durch die Strömungen meines Lebens hindurchzufinden. Immerhin erzähle ich Episoden aus sieben Jahrzehnten!

Im Jahre 1881, in dem Robert Koch den Tuberkelbazillus unter seinem Mikroskop entdeckte, wurde ich geboren. Als Kind saß ich auf dem Schoß der Königin Viktoria von England, und Bismarck, der Eiserne Kanzler, lenkte die Geschicke des Vaterlandes. Als ich sieben Jahre alt war, starb der erste deutsche Kaiser, Wilhelm I., sein todkranker Sohn bestieg für neunundneunzig Tage den Thron, gefolgt von Kaiser Wilhelm II., der Deutschlands letzter Kaiser werden sollte. Im gleichen Jahre fand Heinrich Hertz die elektri-

schen Wellen, die Grundlagen für das Radio, doch sollten noch viele Jahre vergehen bis zur Auswertung dieser großen Erfindung!
1894 schaute Phylax Lüdicke im Hamburger Hafen über einen Mastenwald stolzer Segler. Trotz der Dampfschiffe behaupteten sie sich noch, und Motorschiffe waren unbekannt. Man wußte nichts von schnellen Flugzeugen, es gab kein Radar und keine Atombomben.
Als ich 1910 Leutnant der Kaiserlichen Marine wurde, hatte noch kein menschliches Auge die beiden Pole unserer Welt gesehen. Noch konnte man von einem Land in das andere ohne Paß und Ausweis fahren. Der Panamakanal war immer noch nicht fertig und bis 1914 blieb keinem Schiff der Weg um das stürmische Kap Horn erspart!
Siebzig Jahre sind mehr als zwei Generationen, und weit spannt sich der Bogen meiner Erinnerungen zurück in eine Zeit, von der nur noch wenige Menschen erzählen können.
Damit ihr euch in diesen langen siebzig Jahren besser auskennt, habe ich für alle Fälle im nächsten Kapitel meinen Lebenslauf geschrieben. Darüber habe ich viele Tage gebrütet und trotzdem bestimmt manches ausgelassen.
Ihr werdet das verstehen: Ein Schiffer auf großer Fahrt vergißt schon mal ein paar Kleinigkeiten. Hauptsache ist letzten Endes doch, daß er den richtigen Kurs steuert.
Mit Hilfe des Lebenslaufes habe ich mich gleichzeitig von der sonst üblichen Reihenfolge in Büchern losgemacht. Zuerst fing ich mit den lustigen Erinnerungen an, und meine Frau sagte mir schließlich empört:
„Phylax, du kannst doch nicht immerzu von deinen Lausbübereien schreiben, was sollen denn die Leute denken!"
„Was heißt hier Leute", erwiderte ich, „mir fällt es nun einmal besonders leicht, davon zu schreiben."
„Was ich gut verstehen kann. Es fällt dir ja immer leicht, was auszufressen. Leichter als alles andere!"
Das nennt sich nun Liebe und Verständnis! Beleidigt raffte ich meine Papiere zusammen und wollte davon.
Ingeborg rief: „Nimm's bloß nicht tragisch, Phylax! Hast du denn nie gemerkt, daß ich mir ein Leben mit dir ohne deine Seeteufeleien überhaupt nicht vorstellen könnte?"

„Seeteufeleien soll das Buch heißen, Ingeborg! Vielen Dank für den Titel."
Ingeborg seufzte ganz schrecklich und verdrehte die Augen. „Ach, Phylax, das geht doch nicht. Du kannst mir nicht einreden, daß dein ganzes Leben nur aus Seeteufeleien besteht."
„Stimmt", mußte ich zugeben, „na, wollen noch mal darüber nachdenken."
Seeteufeleien und Abenteuer gibt es zwar genug in meinem Leben, aber was kann ich zum Beispiel dafür, daß die Abenteuer mich immer jagten?
Es gibt in meinem Leben sehr viel ernste Dinge, Ereignisse, die alles andere als komisch oder lustig sind. Deshalb sind jetzt auch in diesem Buch ein paar verdammt ernste Kapitel, wo es um Menschen geht und schwere Schicksale, und einmal sogar um das Schicksal einer ganzen Stadt.
Glaubt mir: Ohne den Schatten, ohne Sturm und Hagel, wüßten wir auch nicht, wie wunderschön die liebe Sonne mit ihren leuchtenden Strahlen ist!
Eines Tages saß ich wieder gerade am Manuskript, als Ingeborg in einem solchen Tempo angerast kam, daß mir vor Schreck gleich der ganze Gedanke abhanden kam.
„Was ist denn passiert!" rief ich und sah in die blitzenden Augen meiner Frau.
„Ich hab's!" schrie sie. — „Was denn bloß?"
„Den Titel für dein neues Buch!" Ganz ernst und feierlich sah sie mich an: „Aus siebzig Lebensjahren", so kannst du dein neues Buch nennen."
Heute weiß ich auch, wie recht Ingeborg hatte, als sie gegen den Titel „Seeteufeleien" protestierte. So viel erzähle ich euch hier, was damit nicht das geringste zu tun hat. Wie viele Seeteufeleien hätte ich nicht verübt, wenn nicht auch anderes gewesen wäre. Was nützt der beste Nachtisch ohne gute Hauptmahlzeit!
Auf den folgenden Seiten findet ihr lauter kleine und große Geschichten aus meiner Seekiste. Lacht mit mir über die lustigen Episoden, werdet nachdenklich mit mir, wenn es um Leid geht oder um Kummer und Sorgen. Diese Dinge sollen eben sein, damit wir desto dankbarer die Gnade des Daseins empfinden.
Erlebt mit mir, wie schön und groß die Welt ist, wie reich auch

ein hartes Leben ist, damit euch der Mut wächst für stürmische Zeiten. Dann wächst euch auch Kraft für alle Aufgaben zu, die das Schicksal an euch stellt.

Erlebt selber, daß es überall Menschen gibt, wie du und ich, die sich nach Freundschaft sehnen und einem freundlichen Wort!

Weit wird das Herz und weit der Sinn, wenn man erfährt, daß die Sprache eines fremden Landes kein unüberwindliches Hindernis ist. Das Lachen ist ja überall gleich, und freundliche Augen werden früher oder später als freundlich erkannt. Wer gern zupackt, gern hilft, der kommt immer weiter, im Vaterland und in der Welt.

Überall auf diesem Globus werdet ihr Deutsche finden, die euch in der Fremde die Türen öffnen. Dafür wollen sie nur eins: daß ihr ihnen von der fernen Heimat erzählt. Ich habe oft erfahren, daß die Deutschen im Ausland die treuesten Söhne des Vaterlandes sind. Manch einer lernt erst in der Fremde die Heimat wirklich lieben und wird dann erst ein guter Deutscher.

Vergeßt bitte niemals, daß jeder Deutsche im Ausland eine Mission zu erfüllen hat: Durch seine anständige Haltung soll er Freunde gewinnen, die es lernen, durch seine Person unser Deutschland zu lieben. Man soll nicht immer alles den Diplomaten überlassen, sondern selbst sein Bestes tun, um dem Frieden der Welt zu dienen.

Die Welt ist groß und von unvergänglicher Schönheit. Schaut sie euch an, kiekt in de Sünn un nich in dat olle Musloch, wo dat so duster is!

Mein Wahlspruch soll euer Wahlspruch werden, dann habt ihr vor lauter Freude an diesem runden Globus und seinen Menschen keine Angst vor dem Schicksal. Dann erlebt ihr jede Stunde eures Lebens als ein Geschenk, wie euer Freund

der Seeteufel

Hamburg, den 1. Juni 1955

Seeteufels Lebensfahrt

In meinem ganzen Leben ist mir noch niemals der Gedanke gekommen, mit irgendeinem Menschen tauschen zu wollen. Aber jetzt, im Augenblick, wäre ich gerne Karlchen, ein Mensch, der seinen Lebenslauf in wenigen Minuten herunterschreiben könnte. Er weiß genau, wann er aus der Schule kam, wann die Lehrzeit um war, und wann er mal wegen zu viel Fett am Bauch eine Badereise nach Pyrmont gemacht hat. Der wußte auch schon vor vierzig Jahren genau, daß er an dem und dem Tage pensioniert werden würde. Ich bin ein armer Schelm dagegen. Ich weiß nur kümmerliche zwei Daten: Meinen Geburtstag und den Tag, an dem ich meine Ingeborg heiratete.

Geboren wurde ich am 9. Juni 1881 zu Dresden, im schönen Lande der Sachsen. Ich muß es ziemlich eilig gehabt haben, auf der Bildfläche zu erscheinen, denn mein Mütterchen war gerade nicht daheim. Ich sollte auch gar nicht in Dresden, ich sollte auf dem väterlichen Gut in Pennrich zur Welt kommen. So ist eine Reise der Beginn meines Daseins. Das sollte für meinen weiteren Lebenslauf nicht ohne Bedeutung sein.

Mit dreizehn Jahren riß ich von zu Hause aus. Das war die einzige Möglichkeit, der Schule zu entrinnen. Das Lernen schien ich nicht erfunden zu haben, ich hatte mehr Schulen als Klassen besucht und glaubte, mit dem Fortfall dieser üblen Einrichtung wären alle Probleme aus der Welt geschafft. Hinzu kam, daß ich Seemann werden und Buffalo Bill, mein Idol, in Amerika besuchen wollte.

Es dauerte nicht lange, bis ich 'raushatte, daß die Schule des Lebens sehr viel härter ist, wenn man die reguläre versäumt hat. Dafür habe ich später feste nachsitzen müssen. Das Leben schenkt keinem etwas.

Mit Hilfe eines freundlichen alten Seemannes kam ich auf mein erstes Schiff, die Niobe. Gleichzeitig wurde aus Felix Graf von

Luckner ein Phylax Lüdicke. Die Niobe war ein russischer Segler mit einem alles andere als sanftem Kapitän. Die Romantik hörte „schlagartig“ auf, und eine harte Wirklichkeit begann. Auf der Niobe und vielen anderen Seglern lernte ich zum erstenmal die Welt kennen und erhielt meine Ausbildung.

Zwischendurch übte ich die verschiedensten Berufe aus. Ich war Assistent bei der Heilsarmee, Tellerwäscher, Türklinkenputzer, Leuchtturmwächter, Preisboxer, Soldat in Mexiko, Wasserverkäufer, Affenhüter und vieles andere mehr.

1902 kam ich nach Deutschland zurück. Nun erwartete mich etwas, wovor mir am meisten graute: Die Schule! Wie ich die zahlreichen Prüfungen schaffte, die für das Steuermannsexamen und später das Kapitänsexamen notwendig waren, gehört zu den sieben Weltwundern meines eigenen Lebens. Ich wollte aber mein Versprechen einhalten, das ich Jahre zuvor dem Vater gegeben hatte: Leutnant zu werden und „Kaisers Rock“ in Ehren zu tragen.

Soweit war es allerdings noch nicht. Zuerst einmal fuhr ich nun auf den Schiffen der Handelsmarine. Aber was für welche! Große Kohlenpötte, feudal ausgerüstet. Ich kam mir in meiner feinen Uniform wie der Kaiser von China vor!

1904 wurde ich Leutnant der Reserve zur See, gewöhnte mich von Phylax Lüdicke wieder auf Felix Graf von Luckner um, und der verlorene Sohn kehrte in den Schoß der Familie zurück. Als Leutnant!

1910 wurde ich in den aktiven Dienst übernommen, und der Kaiser selbst bezahlte meine Ausbildung aus der Privatschatulle. Er hatte glücklicherweise nicht nur erfahren, daß ich Fünfmarkstücke verbog, sondern zwischendurch auch einige Menschenleben gerettet hatte. Ich wurde gleichzeitig mit der Übernahme in den aktiven Dienst auf das Jahr 1908 vorpatentiert und gewann so fast drei Jahre für die spätere Beförderung. So was war bei der Kaiserlichen Marine noch nicht vorgekommen!

Mein erstes Kommando als aktiver Offizier erhielt ich auf „Preußen“. 1913 war ich auf „Braunschweig“ und dann auf „Kaiser“, dem Flaggschiff Seiner Majestät. Es war ganz neu und gehörte zur Klasse der Großkampfschiffe. Danach kam ich auf den „Panther“, der zur westafrikanischen Station gehörte.

Nun fand ich Gelegenheit, unsere deutschen Kolonien kennenzulernen. Am liebsten wäre ich gleich erst mal ein paar Jahre dort geblieben, so schön ist Afrika! Bei jeder sich bietenden Gelegenheit ging ich an Land. Ich bewunderte die märchenhaft üppige Natur, ging auf die Jagd, ruderte mit dem Kanu geheimnisvoll dunkle Urwaldstraßen entlang und konnte mich nicht satt sehen. Über dem Erdteil Afrika liegt ein besonderer Zauber, und seit jener Zeit verstehe ich jeden, der Heimweh nach Afrika hat. Ich hab' es auch oft.

Mitte 1914 ging es zurück nach Deutschland zur großen Werftüberholungszeit des „Panther". Dann brach der Weltkrieg aus, und ich wurde auf ein ganz neues Schlachtschiff kommandiert, den „Kronprinz". In den fast zwei Jahren auf diesem mächtigen Schiff war das größte Erlebnis die Skagerrakschlacht, die Großbritanniens Seeherrschaft ins Wanken geraten ließ. Als nächstes wurde ich Artillerieoffizier auf dem Hilfskreuzer „Möwe". Diese ehrenvolle Kommandierung auf das damals schon berühmte Schiff wurde für mich jedoch nur der Auftakt für die größte und schönste Aufgabe meines Soldatenlebens.

Ende 1916 wurde ich Kommandant des Hilfskreuzers „Seeadler". Als Norweger getarnt, durchflog er in einer stürmischen dunklen Dezembernacht die feindliche Blockade. Mit falschen Papieren und reinem Gewissen überstanden wir erfolgreich eine mehr als peinliche Untersuchung seitens eines englischen Kriegsschiffes. Dann flog die Tarnladung von Bord, und der „Seeadler", das letzte Segelschiff, das im Weltkrieg Hilfskreuzer war, machte dem Feind auf dem Meer die Hölle heiß.

Wir hatten nur dieses unmoderne Schiff und als Breitseite eine primitive Kanone, aber ich muß sagen, mit einer solch großartigen Besatzung, wie ich sie damals hatte, würde ich ein gleiches kühnes Unternehmen noch einmal wagen. Hier bewährte sich das Wort: „Männer kämpfen, nicht Schiffe."

Bis Ende 1917 waren mit List und Tücke 86000 Tonnen feindlicher Tonnage auf den Meeresgrund geschickt. Viele Schiffe hatte der Feind durch uns verloren. Aber dennoch büßte kein einziger Mensch dabei sein Leben ein. Ich ließ sogar die Schiffskatze von jedem gekaperten Schiff holen, bevor ich den Befehl zur Versenkung gab.

Groß war unser Erfolg schon gewesen, aber nun war es auch allerhöchste Zeit, daß wir wieder einmal festen Boden unter den Füßen spürten, um neue Kräfte zu sammeln. Wir gingen deshalb bei einer der Gesellschaftsinseln vor Anker und betraten nach langer Zeit endlich wieder Land. Die Inseln dort in der Südsee scheint Gott doch an einem Sonntag geschaffen zu haben, vielleicht so nebenbei, denn sie sind Wirklichkeit gewordene Märchen. Uns sollte jedoch das Märchen teuer zu stehen kommen. Ein tückisches Seebeben ließ unser braves Schiff auf den Korallenbänken vor der Insel Mopelia zerschellen. Das war ein schwerer Verlust!

So schön es auch auf unserer kleinen Insel war, wir hatten nicht die Absicht, bis an unser Lebensende Südseeinsulaner zu spielen. Was sollten wir nun tun? Ich war Kommandant ohne Schiff! Doch wir wußten, wie sehr Deutschland jeden brauchte, und so ging es ans Pläneschmieden. Mit fünf anderen Kameraden bestieg ich eines Tages unser kleines, offenes Beiboot, und wir nahmen von den Zurückbleibenden Abschied. Wir hofften, sie mit einem gekaperten Schiff dann schnell abholen zu können.

Das kleine Segel wurde gesetzt, und los ging es in die unendliche Weite des Pazifischen Ozeans. 2300 Meilen segelten wir über das Meer – mit dem kleinsten Hilfskreuzer der Kaiserlichen Marine. Die „Kronprinzessin Cecilie" war sechs Meter lang! Das wäre eine Höllenfahrt gewesen, hätte uns nicht der Gedanke aufrechterhalten, daß Deutschland uns braucht und die Kameraden auf unsere erfolgreiche Rückkehr warten. Das Glück war uns auch schließlich hold. Trotzdem endete das kühne Unternehmen kurz vor dem Ziel mit der Kriegsgefangenschaft.

Man steckte uns kurzerhand auf Suwa, einer der Fidschiinseln, ins Zuchthaus. Wenn dies auch der beste Beweis dafür war, wie sehr der Feind unseren „Seeadler" fürchten gelernt hatte, so fand ich doch, daß deutsche Soldaten nicht ins Zuchthaus gehörten. Unter schwierigsten Umständen und trotz strengster Bewachung gelang uns die Flucht. Nochmals wurden wir geschnappt und wieder ging es ins Kittchen. Nicht unterkriegen lassen, hieß die Parole, und ein neuer Fluchtplan wurde ausgearbeitet. Das Kriegsende kam dazwischen!

Die Erlebnisse auf meinem Seeadler, auf der Fahrt im offenen Boot über das weite Meer, als Zuchthäusler auf Neuseeland, unsere Ausbruchsversuche und vieles andere mehr habe ich schon in meinem „Seeteufel" beschrieben. –

Im Sommer 1919 sah ich die liebe Heimat endlich wieder. Sie war das Vaterland geblieben, trotz des verlorenen Krieges und des Unterganges der Monarchie. Meine Leute vom „Seeadler", die auf Mopelia zurückgeblieben waren, hatten die Kriegsgefangenschaft in Chile überstanden und kehrten im Dezember 1919 heim. Ich fuhr in das Entlassungslager Wesel, um sie willkommen zu heißen. Die Silvesternacht des Jahres 1919 verlebten wir noch einmal zusammen, und sie wurde uns zu einem unvergeßlichen Erlebnis. Als die Trennungsstunde schlug, wußten wir, daß die Seeadler-Zeit ein festes Band um uns geschlungen hatte, das nie zerreißen würde. Viele mußten wider Willen den Seemannsberuf aufgeben. Deutschland besaß keine Flotte mehr.
Was hatten wir überhaupt noch? Schlimmer als Revolution, als Hunger und beginnende Inflation war die bittere Hoffnungslosigkeit. Wenn ich mit meinen Freunden zusammensaß und ihnen aus meinem Leben erzählte, von der Skagerrakschlacht oder von den Erlebnissen auf dem „Seeadler", dann blitzte zuweilen doch ein Schimmer von Zuversicht in ihren Augen auf. Das Leben kann noch so schwer sein, es gibt immer einen Weg aus der Dunkelheit.
Wie viele scheinbar hoffnungslose Situationen hatte jeder erlebt und war schließlich doch mit heiler Haut davongekommen. War da nicht ein Weg, den Verbitterten, Enttäuschten und Hoffnungslosen das Rückgrat zu stärken? Mit Mut und Ausdauer, Glauben und der Hoffnung auf eine bessere Zukunft kann jeder sein Schicksal meistern. In aufrechter Haltung läßt sich eine schwere Last auch viel leichter tragen als mit gebeugtem Rücken. Es kommt nur darauf an, dem Lastenträger die richtige Haltung beizubringen. Ich hatte auch das Gefühl, die Welt würde schon wieder lernen, vor Deutschland Achtung zu haben, wenn sie sah, daß die Deutschen selbst ihr Schicksal zu nehmen verstanden und es meistern könnten. Immer wieder mußte ich erzählen, was für eine Eintracht auf dem „Seeadler" herrschte. Unsere Gefangenen setzten sich aus den verschiedensten Nationen zusammen, dennoch wurden wir gut Freund mit ihnen und aßen friedlich aus dem gleichen Kochpott. Sie waren sicher nicht beglückt, daß ich ihre Schiffe versenkt hatte, aber sie lernten es, Achtung vor uns zu haben; ein gutes Fundament für beginnende Freundschaft, finde ich.
Ein kurzer Rumpler von einem Freund und 'ne Flasche Schampus

als meine ganz persönliche Rückenstärkung, und ich hielt meinen ersten öffentlichen Vortrag. Das Lampenfieber schwand dahin, als ich in den Augen meiner Zuhörer den gleichen Schimmer eines neuen Mutes bemerkte wie damals im Kreise meiner Freunde.

Ich hatte eine neue Aufgabe gefunden, und dem ersten Vortrag folgten weitere. Doch ich war immer noch bei der Marine, und das Schicksal wollte es, daß mein letztes Schiff genau so wie mein erstes heißen sollte. Ich wurde Kommandant des Segelschulschiffes „Niobe" und bildete begeisterte junge Menschen zu tüchtigen Seeleuten aus. Die „Niobe" und meine Jungs trugen dazu bei, daß die „rote" Marine wieder eine deutsche wurde. Soweit es meine Zeit erlaubte, hielt ich Vorträge, aber bald sah ich ein, daß man zwei Dinge nicht zur gleichen Zeit machen kann.

Darum nahm ich im Mai 1922 meinen Abschied und widmete mich von nun an nur noch der Vortragstätigkeit. Im Mai 1924 heiratete ich meine Ingeborg, die heute im Kofferein- und -auspacken höchstwahrscheinlich den Weltmeisterschaftstitel erringen würde. Auf den meisten meiner Reisen wurde sie meine treue, nimmermüde Begleiterin.

Je mehr ich in meine neue Lebensaufgabe hineinwuchs, desto klarer wurde mir, daß sich mein Aufgabengebiet über die Grenzen des Vaterlandes erstrecken müßte. Deutschland hatte eine Welt von Feinden und brauchte Freunde. Hatte ich feindliche Schiffe gekapert, so mußte es mir gelingen, auch feindliche Herzen zu kapern. Als daher eines Tages ein Freund zu mir sagte: „Luckner, Sie müßten ein Schiff haben, um damit im Ausland für Deutschland zu wirken" — lag ein neues Ziel vor mir.

Ich jagte per Bahn und Auto kreuz und quer durch Deutschland und hielt oft drei Vorträge an einem Tage. Außerdem verlegte ich mich aufs Sparen. Viele Freunde und Gönner halfen mit und die Jugend steuerte aus der Sparbüchse dazu bei. Im Mai 1926 lichtete der Schoner „Vaterland" die Anker. M e i n Schiff konnte nur ein Segler sein! Dieser herrliche Viermast-Gaffelschoner war für sich allein schon ein würdiger Repräsentant des Vaterlandes.

Auf ging es zu neuen Kaperfahrten! Diesmal hatte ich es auf die Herzen abgesehen. Meine Aufgabe wußte ich: Freunde wollte ich finden und dem Haß ein Schnippchen schlagen. Ich glaube, daß mir das auch gelungen ist. Bald wußte man in allen Teilen der Vereinigten Staaten von Amerika, wer der „Seeteufel" ist und warum er herübergekommen war. Freiwillig büffelte ich, daß mir der Kopf brummte. Mein Englisch sollte so gut werden, daß ich auch in dieser Sprache Vorträge halten konnte. Auch der Stockamerikaner sollte den Weg zu mir finden, damit ich sein Herz kapern konnte.

Hunderttausenden von Menschen erzählte ich von Deutschland, wie es wirklich war, und sie horchten auf. In weit über 100 Vereinen wurde ich Ehrenmitglied. San Franzisko, Miami und Minot ernannten mich zum Ehrenbürger. Ich nahm die zahlreichen Ehrungen nicht für mich persönlich, ich nahm sie für Deutschland an. Ich reiste durch die halbe Welt und scheute niemals einen Weg, wenn ich glaubte, dem Vaterland damit dienen zu können. Zwischendurch ging es immer wieder nach Deutschland, und dort erzählte ich von der Welt und den vielen Freundschaftsbeweisen gegenüber dem Vaterland. „Sea-Devil has conquered America" — Seeteufel erobert Amerika — hatte die Presse in USA geschrieben, und so taufte ich auch mein zweites Buch, in dem die Zeit von 1919 an ausführlich dargestellt ist.

1933 kam Hitler an die Regierung und Deutschland erlebte eine Scheinblüte, auf die auch ich für kurze Zeit hereinfiel. Diese kurze Zeit genügte völlig, daß ich seitdem von der hohen Politik die Nase voll habe. Ich hielt zwar meine Vorträge wie immer, aber irgend etwas stimmte nicht mehr. Am liebsten hätte ich mich auf das Meer geflüchtet, um die klare, reine Seeluft und frischen Wind um mich zu haben. Da kannte ich mich wenigstens aus.

1935 brach auf meinem im Hafen liegenden Schiff ein Brand aus, während ich auf einer Vortragsreise war. Aus dem Maschinenraum züngelten plötzlich die Flammen hoch, die Wasserleitung versagte aus unerklärlichen Gründen, und die Feuerwehr schien stundenlang der Sonntag verschluckt zu haben. Mein liebes Schiff brannte völlig aus und sank. Das war ein schwerer Schlag.

Doch im Untergang liegen schon die Fundamente für einen neuen Beginn. Wieder sparte ich, daß die Knochen krachten, legte Pfennig auf Pfennig, und nach knapp eineinhalb Jahren hatte ich ein anderes Schiff. Das war der kleine, tüchtige „Seeteufel". Nun gab es aber kein Halten mehr. Wir setzten die Segel und hinaus ging es zu einer neuen Reise in die Welt. Auch auf dieser Fahrt konnte ich noch

einmal für Deutschland sprechen. Aber schon war das Ausland mißtrauisch geworden, und oft hörte ich ängstliche Fragen.
Der kleine „Seeteufel" war ein äußerst tüchtiges Schiff und kein Sturm konnte ihn aus der Ruhe bringen. Dennoch tauchten auf dieser Reise Probleme auf, denen ich nicht gewachsen war. Jeder an Bord hatte eine andere politische Meinung, und was Deutschland in seinen Grundfesten erschüttern ließ, das machte auch uns an Bord mehr zu schaffen als jede Windstärke zwölf. Das waren Schwierigkeiten, denen ich bisher im Leben nicht begegnet war, und sie vergällten mir auch manche schöne Stunde. Immerhin lernte ich allerhand dabei und bin heute dankbar dafür. Und dankbar denke ich an diese Weltreise zurück.
Wir lernten so viele gute Menschen kennen und feierten so manches Wiedersehen mit alten Freunden und Bekannten. Unbeschreiblich ergreifend war auch das Wiedersehen mit den Orten meines wechselvollen Schicksals als Gefangener auf Neuseeland. Nun zeigte ich meiner Ingeborg die düsteren Mauern des Zuchthauses Mount Eden von außen. Nun sah sie selber die Menschen, die auf mich zuliefen und begeistert riefen und sich freuten, daß ihr berühmter Kriegsgefangener als freier Mann zu ihnen zurückgekommen war. Wie damals war ich auch nach fast zwanzig Jahren der Freund dieser Menschen. Ich freute mich so, das schöne Neuseeland, Australien, die Südseeinseln und auch Mopelia wiederzusehen. Dort lagen noch immer auf den Korallenbänken Wrackteile meines „Seeadlers".
Als wir nach fast zweijähriger Weltreise in den Heimathafen einliefen, brach nach wenigen Wochen der zweite Weltkrieg aus. Böse Vorahnungen bestätigten sich nun. Ich durfte nicht mehr tätig sein, denn das Wort „Verständigung" war aus dem Wortschatz der Völker verschwunden. Der Kampf ging zu Ende, als aus Deutschland ein Trümmerhaufen geworden war, und als Not und Verzweiflung ein geradezu unvorstellbares Maß erreicht hatten.
Deutschland brauchte Freunde, nötiger als je zuvor. Und so begann ich wieder von vorne. Bei der ersten sich bietenden Gelegenheit fuhr ich 1948 hinüber nach Amerika, um meine Bemühungen für eine bessere Verständigung zwischen den Völkern wieder aufzunehmen und Hilfe für das Vaterland zu finden. Auf der Fahrt über den Atlantik war mir das Herz recht schwer. — Ich wußte nicht, ob die Freunde von einst noch immer meine Freunde waren!

Würden die Amerikaner dem Sea-Devil auch diesmal wieder ihre Herzen öffnen?
Das freundliche Echo übertraf meine kühnsten Erwartungen, und den herrlichen Empfang, den man mir überall bereitete, werde ich nie vergessen. Sie kannten den Sea-Devil noch, sie waren bereit, mir zu helfen, und wieder bauten wir Brücken. Seit dem Kriegsende bin ich schon viermal in Amerika gewesen, und nächstes Jahr fahre ich wieder. Es lohnt sich, Herzen zu kapern, weil der Gewinn den Begriff Freundschaft in sich birgt. Ich glaube, daß es keinen schöneren Lohn für eine Arbeit geben kann, die so sehr dem Frieden dienen will.
Übrigens habe ich die Absicht, in der nächsten Zeit nach Afrika zu fahren. Ich will mal wieder Elefanten und Löwen jagen. Wir Luckner sind nicht totzukriegen, weil wir so gerne leben — und weil wir zum Leben Ja sagen. Ich glaube, das ist das Wichtigste dabei.

Aus der Jugendzeit

Mein Vater war bereits einige Jahre Witwer und hatte schon erwachsene Kinder, als er sich dazu entschloß, noch einmal zu heiraten. Seine Wahl fiel auf die junge Marie Lüdicke aus Halle. Daß er mit ihr den Segen selbst in sein Haus führte, wissen heute noch alle, die meine liebe Mutti kannten.
Sie stammte aus einem sehr alten angesehenen Hause. Die Lüdickes gehörten zu jenen sächsischen Familien, die man ihrer wertvollen Ländereien wegen von alters her die Salzgrafen nannte.
Es mag für das junge Frauchen nicht ganz leicht gewesen sein, sich an den Ehestand zu gewöhnen. Ihr Mann war schließlich ganze siebenundzwanzig Jahre älter als sie, und einige der Kinder aus der ersten Ehe standen fast im gleichen Alter mit ihr. Doch sie waren schon aus dem Nest geflogen, und in dem alten, gemütlichen Gutshaus wartete nur der zehnjährige Carl auf die neue Mutter.
Bald stellte sich auch das ersehnte eigene Kind ein. Die Freude darüber, daß es ein Sohn war, wurde dadurch sehr getrübt, daß dieser Junge sich mit aller Gewalt dagegen sträubte, auf diesem Planeten Fuß zu fassen. Man hatte ihn zwar Felix (den Glücklichen) taufen lassen, aber es schien geraume Zeit, als sei er ganz und gar nicht glücklich über seine Existenz. Der alte Hausarzt, der nun oft von Dresden herüberkommen mußte, schüttelte seinen Kopf immer sorgenvoller und legte die Stirn in tiefe Falten. Schließlich legte er der jungen Mutter beim jammervollen Anblick des Knaben ans Herz, sich an den Gedanken zu gewöhnen, ihn bald wieder zu verlieren. Dies sei in Anbetracht der schwächlichen Konstitution des Säuglings bestimmt auch die beste Lösung. Empört wies sie ihm die Türe und hörte von nun an nur noch auf die Ratschläge des alten Arztes aus dem Regiment ihres Mannes. Aufopfernd und zielbewußt kämpfte sie um das Leben ihres ersten

Kindes. Da sie selbst zu zart war, um die schwere Pflege allein durchzuführen, kam Luise ins Haus, die uns später zur heißgeliebten Lawiese wurde.
Erst im Alter von drei Jahren entschloß sich der Junge, das Laufen zu erlernen. Gottlob ahnte zu jener Zeit noch niemand, daß er mit seinen Gehwerkzeugen ein gutes Jahrzehnt später davonlaufen würde in die weite Welt. Leider ahnte man jedoch auch nicht, daß das zarte Kind später sogar Preisboxer in Australien werden würde. Dieses Wissen hätte der jungen Mutter bestimmt viele Sorgen erspart.
Ich war schon ein strammer kleiner Bursche, als ich die Existenz eines Bruders wahrnahm, den man Ferdinand oder besser gesagt Ferry rief. Kaum konnte er laufen, hatte ich den besten Spielkameraden der Welt. Dieser Familienzuwachs behagte mir so sehr, daß ich mir ein paar Jahre danach mit Ferry zusammen ein Schwesterchen wünschte. Lawiese malte uns auf ein großes Pappschild das vielsagende Wort „Schwester", und dies stellten wir jeden Tag an das offene Fenster und warteten darauf, daß der Klapperstorch unseren innigen Wunsch berücksichtigen möge. Prompt kam er auch, zu unserem Leidwesen hatte er sich jedoch in der Haustüre geirrt. Grün vor Neid hörten wir von dem Glück der Krämersfrau, der er auf unseren Wunsch hin tatsächlich ein kleines Mädchen brachte. Höchst verstimmt stellten wir das dumme Schild wieder weg, und der Fall war erledigt.

Mit Ferry allein war das Leben ja auch ganz nett. Ihm hatte die Natur sehr viel Schönheit mitgegeben, mit der sie bei mir äußerst sparsam gewesen war. Ich entsinne mich noch genau seiner wundervollen blonden Haare, die in weichen Locken auf seine Schultern fielen. Jämmerlich im Vergleich dazu der Anblick meines Kopfes, da ich augenscheinlich mehr Wirbel als Haare mein eigen nannte. Ich fand mich damit ab, daß Ferry eben besonders schön und ich besonders häßlich war. Ferry war auch nicht so ungebärdig lebhaft wie ich, und so neigte sich ihm bald im erhöhten Maße das Herz der Großmutter, meines Vaters Mutter, zu.
Sie wohnte mit zwei fetten Möpsen, zwanzig Starkästen, einer hageren Gesellschafterin, einem schweigsamen Diener und einem dicken Stubenmädchen im ersten Stock unseres weitläufigen Hauses. Dort oben führte die würdige alte Dame, eine Tochter des bekannten

Hamburger Arztes Doktor de Chaufpier, ein völlig abgeschlossenes Dasein. Es bedurfte stets einer besonderen Einladung, vom Diener überbracht, ehe wir Kinder hinauf in ihr Reich durften. Bald stellte ich fest, daß Ferry weitaus häufiger eingeladen wurde, sie zu besuchen als ich, der bestimmt eine kostbare Vase umstieß, die dicken Möpse ärgerte oder sonst einen Schaden anrichtete.

Eine Eifersucht durch diese offensichtliche Bevorzugung konnte sich jedoch nur im geringen Maße entwickeln. Mir war die Liebe der Großmutter aus Halle desto sicherer. Sie war eine stattliche Frau mit eisernen Nerven, der die übergroße Lebhaftigkeit des Enkelkindes Felix überhaupt nichts ausmachte. Je deutlicher es sich herausstellte, daß ich zudem das schwarze Schaf der Familie zu werden drohte, desto inniger schloß sie mich ins Herz und zeigte der Familie eindeutig, daß sie stets und immer gewillt sei, meine Partei zu ergreifen. Die beiden so gegensätzlichen alten Damen achteten eifersüchtig darauf, daß ihr Lieblingskind ja nicht weniger als das andere bekam. Die zärtlich besorgte Mutter tat das ihrige, und wenn dann immer noch ein unerfüllter Wunsch in unseren Herzen nagte, bemühte sich schließlich die gute Lawiese, ihn zu erfüllen. Die treue Seele mit der ewig heiseren Stimme brachte es ohne Hemmungen fertig, innerhalb unserer Verwandtschaft all das Spielzeug zu erbetteln, das vielleicht noch zum Glück ihrer Schützlinge fehlen mochte.

Vater hatte es bei dieser Phalanx verwöhnungssüchtiger Weiblichkeiten gar nicht leicht, seine Erziehungsgrundsätze durchzuführen. Er trachtete nämlich danach, seine Jungs im Sinne der alten Spartaner zu erziehen. Mutti hielt das auch für gut, mochte aber keine körperlichen Züchtigungen leiden. So einigte das Ehepaar sich in einem Kompromiß. Hatten wir Strafe verdient, so mußten wir zu irgendeiner widerwärtigen Arbeit antreten. Ich schäle in meinem ganzen Leben keine Erbsen mehr aus! Soviel steht fest. — Zur spartanischen Erziehung gehörte es auch, daß die Kinder nicht mit Süßigkeiten oder gar Backwerk gefüttert würden. Auf dem Mittagstisch, um den sich immer viele Personen versammelten, stand eine kräftige und inhaltsreiche Kost. Vater selbst zerlegte den großen Braten und legte dann allen vor. Aber der Nachtisch bestand meistens nur aus Obst, das wir Jungs sowieso bei allen Gelegenheiten von fremden oder eigenen Bäumen stahlen.

Sehnsüchtig erwarteten wir jedesmal den Besuch der Großmutter aus Halle. Sie vergaß nie, in ihrer schönen Reisetasche, die herrlich bunt bestickt war, eine große Portion Brötchen mitzubringen. Wir vernaschten sie als größte Leckerbissen unter den mißvergnügten Augen des gestrengen Vaters. Bei meinem ersten Besuch in Halle stellte ich später überrascht fest, wie herrlich frische Brötchen gegenüber altbackenen schmecken!

Zu Ostern mußte sich allerdings auch Vater der alten Tradition beugen und half sogar dem Osterhasen persönlich, die schönen bunten Eier zu verstecken. Zu diesem Feste kamen Verwandte und Freunde mit ihren Kindern von nah und fern, um das große Eiersuchen mitzumachen. Stets fand ich selbst die allermeisten, was jedoch nichts an der späteren gerechten Verteilung änderte. Die süße Beute lag vorher auf dem großen Tisch in der Veranda, und es war wirklich eine Pracht, sich das anzusehen.

An einem dieser schönen Osterfeste bekam ich eine Idee, die mir geradezu überwältigend großartig schien: Unter den zahlreichen Gästen waren auch die Besitzer einer großen Schokoladenfabrik mit ihren Kindern. Auch sie, das wußte ich von früher, würden nachher von der Gesamtbeute ihren Anteil erhalten. Und das eben schien mir äußerst ungerecht! Diese Jungs wuchsen ja gewissermaßen im Schlaraffenlande auf! Was brauchten sie dann noch mehr!

Ich dachte an meine Freunde im Dorf, an meine treue Garde. Die hatten bestimmt alle in ihrem ganzen Leben noch keine so herrlichen Ostereier gesehen oder gar gegessen.

In einem günstigen Augenblick raffte ich die ganze Pracht in einer großen Serviette zusammen und rannte damit ins Dorf. Schnell hatte ich meine Freunde versammelt und verteilte die Süßigkeiten. Vor lauter Gebefreudigkeit behielt ich kein einziges für mich selbst zurück. Meine Kumpanen verliefen sich nach dem festlichen Schmaus, und ich stand noch mit Freund Vittel zusammen, als sich aus der Ferne eine Gestalt näherte. Mit wehenden Röcken brauste meine Mutti an!

Vor Schreck wie erstarrt, blieb ich stehen und Vittel ebenfalls, der vor lauter Angst das letzte Corpus delicti verschlang, dabei einen Husten bekam und um ein Haar erstickte. Meine Mutter hatte die Reitpeitsche in der Hand, und ich bezog die ersten und letzten Prügel meines Lebens von ihr. Dann wandte sie sich dem

Vittel zu, der heulend dem Strafgericht beiwohnte, und klopfte ihm den Rücken, bis er wieder genug Luft bekam.

Die Kinder aus der Stadt waren besonders mir ein Dorn im Auge. Wenn sie mit ihren Eltern zu uns hinaus aufs Gut kamen, waren sie auch an Werktagen wie die Pfingstochsen herausgeputzt. Ferry und ich bekamen sie mit dem Hinweis mit ihnen zu spielen zugewiesen. Was sollte man aber nur mit diesen gräßlichen Kindern anfangen, die gar nicht richtig spielen konnten. Die mußten ja immerzu auf ihre feine Garderobe achten!

Ganz übermäßig aufgetakelt erschienen stets Sohn und Tochter einer bekannten Dresdner Sängerin, die meine Mutter besonders gerne heimsuchte. Die kleine Tochter war regelmäßig in allerhellste Seide verpackt, und der Junge steckte in einem Anzug aus schwarzem Samt mit Spitzenkragen und weißen Manschetten. Wie kann man mit solchen Kindern spielen? Eines Tages waren sie mit uns zusammen auf dem Hof und besahen sich interessiert die große Pumpe. Die Frühlingssonne brannte heiß vom Himmel. Der Junge begann, den Schwengel jauchzend auf und nieder zu ziehen. Schwesterchen streckte schon die Hände aus und wartete gespannt auf den Erfolg seiner Bemühungen. Ferry und ich absentierten uns eilends und bezogen unter einem alten Baum an der Hofmauer Beobachtungsposten. Schon rief der Junge begeistert: „Gleich kommt's!", als unter dem Schwall einer übelriechenden Soße seine Schwester hintüber fiel. Der Bruder sprang dem schreienden Etwas zu Hilfe, wodurch er die zweite Ladung der Jauchepumpe abbekam. Es erhob sich Zeter und Mordio, Knechte und Mägde eilten herbei, Ferry und ich schlichen davon. –

Da wir unserer Aufsichtspflicht nach Meinung der erzürnten Erwachsenen nicht nachgekommen waren, hieß es mal wieder Erbsen auszupahlen.

Kein Wunder, daß wir nach solch bösen Erfahrungen viel lieber mit den Dorfjungs spielten. Erst hatten sie die „Grafenkinder" ja nicht für voll angesehen. Nach ein paar zünftigen Prügeleien klärten wir sie in diesem Punkte auf, und von da an blühte die Freundschaft. Sie blüht heute noch. –

Einmal schmuggelte ich meine treue Garde ins Haus hinein in den Salon. Voll Stolz sah ich die Scheu meiner rauhen Freunde beim Anblick dieser ungewohnten Pracht. Ich wollte ihre Bewunderung ins Unermeßliche steigern, setzte mich ans Klavier und haute mit allen zehn Fingern zugleich auf den Tasten herum, daß die kleinen Nippfiguren auf den Wandkamisolen nur so hüpften. Mit Schimpf und Schande jagte man uns wieder hinaus, und ein Mädchen machte sich seufzend darüber her, die Teppiche vom Schmutz unserer Stiefel zu reinigen. Die Kindheit besteht wirklich aus lauter Verbotstafeln, deren Sinn man aber erst dann erkennt, wenn man sie unwissend übersah. –

In der Weihnachtszeit bemühten wir uns nach Kräften, recht lieb, recht gut und recht artig zu sein. Wir durften auch dabei sein, wenn sich Vater im Wald nach der schönsten Tanne umsah. Zwei Tage vor dem Fest wurden wir aber zu Verwandten nach Dresden abgeschoben, um erst wieder nach Hause zu kommen, wenn endlich wirklich Weihnachten war.

Oben im großen Salon stand der riesige Baum im herrlichsten Schmuck, und die Verbindungstür zu Großmutters Reich stand ausnahmsweise einmal weit offen. Ich entsinne mich noch meiner großen Freude an einer schönen Jagdtasche, mit vielen Haken für die spätere Beute.

Weihnachten waren Ferry und ich die allerinnigsten Freunde. Kurz nach dem Fest hub ein großes Tauschen der Geschenke an. Leider kam es spätestens eine Woche danach aus diesem Grunde zu heftigen Meinungsverschiedenheiten, die naturnotwendig in einer großen Prügelei zwischen uns endeten.

Die Dorfschule machte mir vorerst keine Schwierigkeiten. Ich war in Religion der Beste und im Rechnen der Schwächste. Sonst kam ich aber gut mit. Anders wurde es allerdings, als ich nach Dresden in die Schule kam. Zuerst bestand die Veränderung vor allem darin, daß ich nun einen etwa sieben Kilometer langen Weg hatte, für den ich gute eineinhalb Stunden brauchte. Freilich hätte es sich leicht einrichten lassen, mich mit dem Wagen zur Schule zu bringen. Vater blieb jedoch seinen spartanischen Grundsätzen treu und meinte, dieser tägliche Weg in der frischen Luft sei das beste Kräftigungsmittel der Welt. Er hatte damit allerdings recht, nur bedachte er nicht, daß ein Junge von neun Jahren selten einen Weg ohne Kurven macht.

Am frühen Morgen war es für Kurven aller Art allerdings immer zu spät. Mit dem Frühstücksbrot noch in der Hand sauste ich los,

traf mich im Dorf mit Freund Richard, und gemeinsam trabten wir geradenwegs zur Schule. Am Nachmittag vertrödelten wir das Doppelte der benötigten Zeit, trieben allen nur erdenklichen Unfug und kamen dadurch erst so spät nach Hause, daß kaum noch Zeit für die Schularbeiten blieb, vom Spielen ganz zu schweigen.
Bald hatte ich spitz, daß Latein eine geradezu teuflische Einrichtung war. Sorgenvoll beobachtete Mutter das rapide Absinken meiner Noten. Als ich dann in der Sexta das erstemal sitzenblieb, machte sie sich mit den Geheimnissen der lateinischen Sprache vertraut, um mich in meinem verzweifelten Kampfe besser unterstützen zu können. Bald hatte sie mich überflügelt, aber auch ihre Hilfe brachte nicht den ersehnten Erfolg. Ich wurde immer schlechter.
Wenn eine Klassenarbeit zu erwarten war, hielt ich mich schließlich der Schule völlig fern. Allerdings ohne Wissen der sorgenden Eltern. Ich ging am Morgen um die gleiche Zeit wie sonst fort. An der Straße nach Dresden wartete ich auf den Milchmann mit seinem Pferdewagen und fuhr mit ihm zur Stadt. Der Kutscher schwieg wohlweislich, weil ich ihm, in Dresden angekommen, emsig half, die Milch vor die Haustüren zu stellen.
Nach dieser Arbeit strich ich im Park herum und verzehrte dabei mein Pausebrot. Dann lenkte ich meine Schritte zielbewußt zum naturgeschichtlichen Museum, um dort meine Studien und mein Wissen auf eigene Faust zu vertiefen. Als künftiger Weltreisender mußte ich schließlich unter den wilden Tieren genau Bescheid wissen. Im Königlichen Gymnasium dachte man, ich sei krank, im gräflichen Elternhause vermutete man mich im Königlichen Gymnasium. Was sich die Aufseher im naturgeschichtlichen Museum dachten, war bis dato noch nicht bekannt.

*

Noch vor dieser problematischen Zeit lernte ich anläßlich eines Wohltätigkeitsfestes die Kronprinzessin und spätere Kaiserin kennen, die in Dresden zu Besuch war. Ein Onkel von mir war Kammerherr und ihr ständiger Begleiter. So kam es dazu, daß ich an diesem Feste mit gestriegelten Haaren, im Samtanzug mit Spitzenkragen vor einer dunkelgekleideten Dame stand und meine allertiefste Verbeugung machte. Die Tochter der Königin Viktoria von England und Gattin des todkranken Kronprinzen Friedrich gefiel mir gut. Ich schaute bewundernd und befangen zu der so traurigen wie feinen Dame auf, die sich sehr freundlich mit mir unterhielt. Nur durch sie bin ich bestimmt zu einem Erlebnis gekommen, das zu den größten meines Lebens gehört.

Vor den großen Ferien wurde mir ein ganz besonders feiner Tuchanzug angefertigt, ja der ganze Felix von Kopf bis Fuß neu ausstaffiert. Dann fuhr ich mit einer alten Tante nach Bad Homburg, wo ich von ihr auf dem lieblichen Schlosse abgegeben wurde. Die Erzieherin der Landgrafen von Hessen nahm mich sofort unter ihre Fittiche und brachte mich zu ihren beiden Zöglingen, die schon mit fünf anderen Jungs meines Alters in einem großen Zimmer spielten.

Am nächsten Tage wurde uns nach dem Frühstück eröffnet, daß wir hier die Gäste des größten Potentaten der Welt seien. Ich wußte absolut nichts mit dem geheimnisvollen Wort „Potentat“ anzufangen und überlegte angestrengt, was man sich wohl unter diesem Wort vorzustellen habe. Die Erzieherin erklärte, daß es sich bei dem Potentaten um die mächtige Königin von England handelte, in deren gewaltigem Reiche die Sonne niemals unterging. Ein neues Rätsel! Wann schliefen die Menschen denn, wenn die Sonne ununterbrochen schien? Durch solche und andere merkwürdige Erklärungen formte sich langsam in unseren Köpfen die Vorstellung von diesem fabelhaften Potentaten, dessen Gäste wir auf Schloß Homburg waren. Ein freundlicher älterer Herr wandte sich einer großen Erdkarte an der Wand zu und umriß mit dem Stock alle Reiche und Besitzungen des Potentaten. Allmählich dämmerte mir, daß es sich bei der mächtigen englischen Königin ganz gewiß um eine nahe Verwandte des lieben Gottes selbst handelte.

Dann stellte ich sie mir vor: Riesenhaft von Gestalt, mit einem langen Purpurmantel aus Samt und einer goldenen Krone auf dem Kopf. — Man berichtete uns auch von dem Leibdiener der Königin, einem dunkelhäutigen Inder, der einen feuerroten Turban an Stelle eines Hutes trug. Mit diesem Menschen unterhalte sich die Königin in der Sprache seines Heimatlandes.

Die Neugier nach dem Potentaten, dessen Nasenspitze wir noch nicht einmal gesehen hatten, wuchs ins Unermeßliche. Am Nachmittag dieses ereignisreichen Tages bekamen wir Anstandsunterricht. Eine zierliche kleine Hofdame stellte die Königin dar, und man zeigte uns, wie wir uns dieser zu nähern hätten. Wir sollten ihr lediglich unter einer tiefen Verbeugung die Hand küssen und dann unsere Vornamen nennen.

„Eure Familiennamen interessieren die Königin gar nicht", wurde dabei erklärt und hinzugefügt, daß wir den Potentaten mit „Tante" und „Du" anzureden hätten. Nachher lagen wir in unseren Betten und schliefen dem Tage entgegen, an dem wir nun endlich die Potentaten-Tante zu sehen bekommen sollten.

Auch am nächsten Tage wurde unsere Geduld noch eine ganze Weile auf die Probe gestellt. Erst gegen fünf Uhr nachmittags näherte sich der große Augenblick. Wir wurden in eine geräumige Veranda geführt, in deren Mitte ein langer Tisch stand. Man wies uns an, aus den Fenstern zu schauen, denn Schlag fünf Uhr würde die Königin erscheinen. Alle Augen richteten sich gespannt auf den Park, um den großen Moment ja nicht zu versäumen. Nach Sekunden kam ein kleiner Ponywagen in Sicht, der von einer kleinen alten Frau im schwarzen Kleide gelenkt wurde. Mit schnellen Schritten kam die rundliche Dame dann auf die Veranda zu.

„Das ist die Königin!" wurde uns zugeflüstert.

Meine Enttäuschung kannte keine Grenzen. Das sollte die Königin sein? Der größte Potentat und mächtigste Herrscher auf Erden? Diese kleine, rundliche Frau mit dem schlichten schwarzen Spitzenhäubchen auf dem weißen Haar? Aber mein Herz schlug doch schneller, als ich den riesenhaften Inder mit seinem roten Turban sah. Er entsprach haargenau dem Bild, das ich mir von ihm gemacht hatte.

Trotz aller Aufregung klappte die tags zuvor geübte Vorstellung wie am Schnürchen. Als ich die kleine feste Hand der Königin spürte und in die großen, leuchtenden Augen sah, verflog meine Enttäuschung, und ich fand mich mit dem kleinen Potentaten ab. Die „Tante" wenigstens war äußerst sympathisch.

Nach der Begrüßung wurden von Dienern eine Menge großer und kleiner Pakete und Schachteln hereingebracht und auf den Tisch gestellt. Die Königin begann sofort damit, sie alle aufzumachen und holte aus ihnen das herrlichste Spielzeug heraus. Uns gingen die Augen über. Während sie die Baukästen, die Zinnsoldaten,

kleinen Wagen mit Pferden, die Pfeile und Bogen auswickelte, erfuhren wir endlich, warum sie uns eingeladen hatte.
Deutsches Spielzeug hatte sich schon damals durch seine Originalität Geltung verschafft. Größte Spielzeugfabriken waren daher aufgefordert worden, Muster ihrer besten Spielwaren nach Bad Homburg zu senden. Wir Kinder sollten mit allen diesen Dingen spielen und der Königin dann sagen, welche Sachen uns ganz besonders gut gefielen; die würde sie dann in großen Mengen bestellen und nach England schicken. Auf diese Weise würden die englischen Kinder Spielzeug erhalten, das ihnen bestimmt Freude bereitete.
Gebannt starrten wir erst einmal auf alle die Herrlichkeiten, die vor uns auf dem Tisch erschienen. Schnell verschwand jede Schüchternheit, und wir schmückten uns gegenseitig mit dem prachtvollen Indianerkopfputz, hingen uns die Jagdtaschen um, rüsteten uns mit Pfeil und Bogen, prüften die buntbemalten Tomahawks und lachten uns krank über die spaßigen Aufziehfiguren. Für damalige Zeiten eine ganz neue Sache! Das Aufziehen übernahm die Tante. Den kleinen dicken Fingerchen fiel es gar nicht so leicht, mit den winzigen Schlüsseln zurechtzukommen, aber sie wollte sich nicht helfen lassen. In einer Schachtel entdeckte sie bunte Zinnsoldaten mit riesigen Mützen. Ganz gerührt hielt sie die kleinen Figuren empor und erzählte uns, daß die Wachen vor dem Buckingham-Palast in London genau die gleichen Uniformen trügen. Wir vergaßen den Potentaten völlig und fanden die Tante großartig.
Viel zu früh öffnete sich leise eine Tür. Wie auf Kommando hielt die Königin im Spielen inne und packte die Sachen wieder ein. Dann nahm sie aus ihrem schwarzen Pompadour eine Schachtel heraus und rief uns zu sich. Einen von uns nahm sie auf den Schoß, die anderen standen dicht um sie herum, und dann verteilte sie wunderbare, süße Katzenzungen.
„Wie macht die Kuh?“ fragte sie wohl, der angeredete Junge sagte gehorsam „Muh“ und bekam dabei gleichzeitig eine Katzenzunge in den Mund geschoben. Als alle ihren Anteil bekommen hatten, winkte sie uns noch einmal freundlich zu und sagte: „Morgen um die gleiche Zeit spielen wir weiter.“
Sie ging mit raschen kleinen Schritten zur Tür, und ihr langes, faltiges Seidenkleid rauschte und knisterte dabei.

Und richtig. Am nächsten Nachmittag um fünf Uhr standen wir wartend auf der Veranda und mit dem Glockenschlag erschien die Königin. Gegen sechs Uhr öffnete sich leise eine Tür und die „Tante“ verteilte zum Abschied die süßen Katzenzungen.
Jeden Tag kam anderes Spielzeug auf den Tisch und versetzte uns in neue Begeisterung. Am Vormittag nahm sich immer ein Herr aus der Begleitung der Königin unserer an. In vielen Ländern ihres großen Reiches war er selbst schon gewesen und konnte viel davon erzählen. Er machte uns im Park mit einem echten Tomahawk vor, wie die Indianer damit umgehen. Oft zeigte er uns auch ungemein farbenprächtige Bilder von jenen fernen Ländern, über die die „Tante“ regierte.
Ich hatte das Glück, besonders lange auf Schloß Homburg bleiben zu dürfen. Länger als die anderen Jungs, die von Neuankömmlingen abgelöst wurden. Darum habe ich auch oft auf dem Schoß der Königin von England gesessen. Man saß sehr bequem darauf, und es machte Spaß, sich von den kleinen Händchen süße Katzenzungen in den Mund schieben zu lassen. Unbeschreiblich schön waren die Wochen auf Schloß Homburg, als die kleine große Königin mit Hilfe deutscher Kinder das beste und hübscheste Spielzeug unter Bergen von Sachen auswählte, um dann englischen Kindern damit eine Freude zu machen.
Als ich schließlich eines Tages wieder nach Hause mußte, weil auch Königin Viktoria wieder in ihr Reich heimkehrte, tat mir die Trennung von der lieben alten „Tante“ doch recht leid. Erst viel später ging mir auf, welch ein großer Vorzug es gewesen ist, auf dem Schoß der größten englischen Königin, der Queen Victoria, nach der eine ganze Epoche genannt wurde, Katzenzungen verspeist zu haben.
Zu Hause verblaßte das schöne Erlebnis bald.

*

Mit dem Älterwerden wuchsen die schulischen Sorgen. Immer öfter entwich ich in das naturgeschichtliche Museum. Dort gehörte ich schon lange zu den Stammgästen, die man übersieht. Ich stromerte in allen Sälen herum, unterhielt mich auch manchmal mit einem alten Aufseher und erfuhr bei solch einem Gespräch, daß an einem

bestimmten Tage die Tiergruppen hinaus auf den Museumhof gebracht würden, um dort auszulüften.
An diesem Tage stellte ich mich so früh wie möglich ein und verkrümelte mich so schnell wie möglich. Nur ungern wollte ich mit meinem kleinen Gewehr gesehen werden. Mit den Lokalitäten schon seit langem bestens vertraut, fand ich bald einen Ausgang in den Innenhof des Museums. Das Herz hüpfte mir vor lauter Freude. Da standen die wilden Tiere in der Sonne ganz allein und völlig unbewacht!
Von einem sicheren Plätzchen aus nahm ich meine Schießübungen auf. Auch eine sichere Hand ist nötig, wenn man Weltreisender werden will. Argwöhnisch drehte ich mich nach jedem Schuß um. War ich auch wirklich allein? Tatsächlich zeigte sich keine Menschenseele, und mein kleines Gewehr verursachte glücklicherweise auch so gut wie keinen Lärm. Mißvergnügt stellte ich jedoch fest, daß mein Schuß in dem dichten Fell des jeweiligen Löwen oder Jaguars so gut wie gar nicht zu sehen war. Darum heftete ich kleine weiße Papierfetzen, sie stammten aus einem Lateinheft, an die Stellen, wohin ich treffen wollte. Jetzt konnte ich mit einem Blick erkennen, ob ich Erfolg hatte oder nicht. Diese Schießübungen machten einen ganz unbeschreiblichen Spaß. Da ich recht gut traf, stellte ich mir schließlich eine ganz besonders schwere Aufgabe. Ich wollte den großen Berber-Löwen durch einen Schuß in das Auge zur Strecke bringen. Gesagt, getan. Dem leichten „Päng“ meines Gewehres folgte ein helles Klirren und Scheppern. Getroffen! Das Auge war kaputt und der Löwe mausetot.
In diesem erhebenden Augenblick fühlte ich mich plötzlich von roher Hand am Kragen gepackt. „Was tust du verdammter Lausebengel hier!“
Zur Erklärung meines Hierseins kam ich aber gar nicht. Der empörte Aufseher verprügelte mich angesichts meines größten Erfolges mit verbissener Hingabe.
Dann wurde ich von einem Polizisten zum Rektor meines Gymnasiums geführt. Nachdem er einen kurzen Bericht von meinem Verbrechen abgegeben hatte, fand ich mich mit dem Gewaltigen allein. Kopfschüttelnd sah der alte Herr mich an: „Warum hast du das nur getan, Felix?“
Die gütigen alten Augen blickten so bekümmert drein, daß ich

mich in Grund und Boden schämte. Wenn ich ihm nun einfach alles erzählte? Meinen ganzen Kummer von der Seele redete? Sollte ich ihm sagen, daß mir ja gar nichts anderes mehr übrigblieb, als meine Ausbildung auf anderen Wegen fortzusetzen. Wo ich doch bestimmt wieder sitzenbleiben würde. Ob er mich vielleicht verstand, wenn ich ihm von Buffalo Bill erzählte, der ein ganzer Mann, ein Held geworden war, ohne auch nur ein einziges Wort Latein zu kennen? Wäre vielleicht sehr gut, wenn ich ihm das alles sagte... Er sah gar nicht so aus, als ob er davon überzeugt sei, ich hätte die wilden Tiere im naturgeschichtlichen Museum nur aus reiner Zerstörungswut beschossen. Sollte ich ...

Ein ungeduldiges „Nun?" riß mich aus diesen blitzschnellen Überlegungen. Da sah ich ihm trotzig in die Augen und schwieg.

Wieder schüttelte der Direktor den Kopf. „Wenn ich an deine arme Mutter denke! Diese neue Aufregung mit dir kann ihr bei ihrem augenblicklichen Gesundheitszustand nur schaden. Ich kann ihr jetzt gar nicht mitteilen, was du wieder angestellt hast!"

Nachdenklich sah er mich an. „Aber Strafe muß sein. Du kommst in den Karzer. Nach allem, was ich hörte, kommst du sowieso immer viel zu spät nach der Schule zu Hause an. Das wird also nicht weiter auffallen. Nur deiner guten Mutter wegen, die ich sehr schätze, werde ich über den ganzen Vorfall schweigen."

Ach, daß auch er die kranke Mutter lieb hatte! Wieder dachte ich in meiner Verzweiflung einen Augenblick daran, ihm alles zu erzählen, ihm mein Herz auszuschütten. Aber wie anfangen? So blieb ich stumm ...

Auf ein Klingelzeichen erschien der Pedell und führte mich in den kleinen Karzer im Keller des Schulgebäudes. Er vergaß vor lauter Verachtung, mir das Gewehr abzunehmen.

Allein gelassen, blieb ich eine ganze Weile nachdenklich auf dem harten Schemel sitzen, dachte über das ungerechte Schicksal nach und tat mir selbst von Herzen leid... bis das langweilig wurde. Ich öffnete das kleine, vergitterte Fenster und beobachtete auf der nahen, gegenüberliegenden Straßenseite einige Frauen, die sich aus den offenen Fenstern ihrer Wohnungen heraus fröhlich gegenseitig die letzten Neuigkeiten zuriefen.

Vorsichtig schob ich die Mündung meines Gewehrs zwischen die Gitterstäbe und schoß auf die gegenüberliegende Hausmauer. Die

Frauen hörten ein wenig Kalk rieseln, hielten im Reden inne und wunderten sich, woher das eigenartige Geräusch kam. Kaum hatten sie sich wieder in ihr Gespräch vertieft, schoß ich wieder auf die Hauswand. Die Frauen spähten eifrig umher. Sie ahnten ja nicht, daß aus einem Kellerfenster des Gymnasiums ein Nichtsnutz auf die Mauer schoß, um die endlos langweilige Karzerzeit ein wenig abwechslungsreich zu gestalten. Bis eine Frau plötzlich empört rief: „Das kommt aus einem Kellerfenster vom Gymnasium!"

Schnell legte ich das Gewehr zur Seite, schloß das Fenster und setzte mich wieder auf den harten Schemel. Aber es war schon zu spät. Kurze Zeit danach kam der Pedell ins Verlies, hinter ihm der Herr Direktor. Ich gab sofort zu, was für einen Unfug ich getrieben hatte. Und so verlor ich auch meinen letzten Freund in der Schule. Der Direktor sah mich von nun an nicht mehr an.

Mit schöner Regelmäßigkeit brachte ich meine schlechten Zensuren nach Hause und litt unter dem stummen Blick meiner Mutter. Es war wie verhext, daß ich nicht lernen konnte, und aus dem schwarzen Schaf der Familie konnte wohl nun und nimmermehr ein weißes werden. Der einzige Mensch, der wirklich noch an mich glaubte, war die liebe Großmutter aus Halle. Sie muß wohl die Gabe des zweiten Gesichts gehabt haben. Immer wenn sich der friedliche Familienhimmel meinetwegen mit Wolken bezog, immer wenn Mutti kummervoll seufzte: „Was soll nur einmal aus Felix werden", war es Großmutter, die zuversichtlich sagte: „Laß nur, mein Kind, der Felix wird seinen Weg schon machen."

Vater schwieg beharrlich zu den Klagen seiner jungen Frau. Als unverbesserlicher Optimist haßte er es, sich Sorgen zu machen. Er mochte wohl auch an seine eigene Jugend denken, an sehr bewegte und stürmische Zeiten. Nicht umsonst hatte man ihm auch den Beinamen „Der tolle Luckner" gegeben. Zu einem Musterknaben paßte das bestimmt nicht. So dachte er auch nicht daran, sich wegen meiner schlechten Zensuren Kopfschmerzen zu machen, und das Sorge-Mütterchen mußte alle ihre Ängste für sich behalten und allein versuchen, damit fertig zu werden. Gar manche Nacht wird sie meinetwegen nicht geschlafen haben! Fremd und unheimlich mag ihr dieser Sohn oft vorgekommen sein! Sie hatte sich gewiß nicht träumen lassen, daß das wilde Luckner-Blut bei mir so sehr zum Vorschein kommen würde. Darum wurde sie erst

viele Jahre später meine beste Freundin, als ich anfing, das zu werden, was sie sich unter einem ordentlichen Menschen vorstellte. Seufzte sie nicht heimlich, wenn sie an den eigenen Mann dachte? Du liebe Güte! Er war immer noch nicht alt genug, um keine Dummheiten mehr zu machen. Freigebig und maßlos großzügig lebte er dahin und kannte keine Sorgen. Die ganz erheblichen Einkünfte aus dem Familienvermögen konnten bei seiner Großzügigkeit niemals reichen. Wenn der Graf mit den Bauern des Dorfes kegelte, so bezahlte selbstverständlich er die ganze Zeche. Wenn jemand aus seinem alten Regiment in Not geriet, so half er mit vollen Händen. Auch seine Liebe zu Pferden verschlang Unsummen. Der stolze Sieger bedeutender Distanzritte wußte bestimmt nicht, daß seine junge Frau durch Umsicht und Sparsamkeit beider Lebensschiff an vielen Klippen und gefährlichen Untiefen vorbeiführte.
Der unbekümmerte sportliche Optimist ärgerte sich nur, wenn ich auf anderen Gebieten versagte, zum Beispiel wenn ich als kleiner Steppke weinend nach Hause kam, weil mich ein großer Dorfjunge verprügelt hatte. „Wehr dich gefälligst deiner Haut“, brummte er erbarmungslos, während Mutti meine Schrammen verband.
Um mir nicht auch noch in dieser Beziehung lauter Tadel zu holen, trainierte ich unermüdlich und versuchte genau so gewandt und sportlich wie der Vater zu werden. Schlimm genug, daß es mit dem Reiten nicht gehen wollte. Ich liebte Pferde über alle Maßen und weinte einmal tagelang einem schönen Schimmel nach, der wegen der Druse erschossen werden mußte. Aber einen guten Reiter konnte Vater trotzdem nicht aus mir machen. Nicht gerade erfreulich für ihn. Wenn er auch nicht mehr an Rennen teilnahm, so hing er doch mit ganzem Herzen an diesem Sport. Oft sahen wir ihn davontraben mit seinen beiden Jagdhunden im Gefolge und erst nach vielen Stunden müde und froh wieder heimkehren.
Seine zweite Liebe galt dem fröhlichen Weidwerk. Zu den schönsten Erinnerungen meiner Kindheit gehören die Stunden, die ich mit ihm allein im Revier zubrachte. Glücklich ging ich neben ihm her und freute mich, Schritt halten zu können. Der tägliche lange Schulweg machte sich nun bezahlt, und ich ermüdete nicht mehr so leicht. Auf diesen Gängen durch den friedlichen Wald genoß meine schönheitsdurstige Seele jede Kleinigkeit. Mutter, eine große Freundin aller Singvögel, hatte mir schon frühzeitig beigebracht, wie

Mein Vater
war ein passionierter Jäger

Queen Victoria: So saß auch
ich einst auf ihrem Schoß

Photo v. Liliencron-Holst, Hamburg

Mein Ahnherr
Nikolaus von Luckner
Marschall von Frankreich

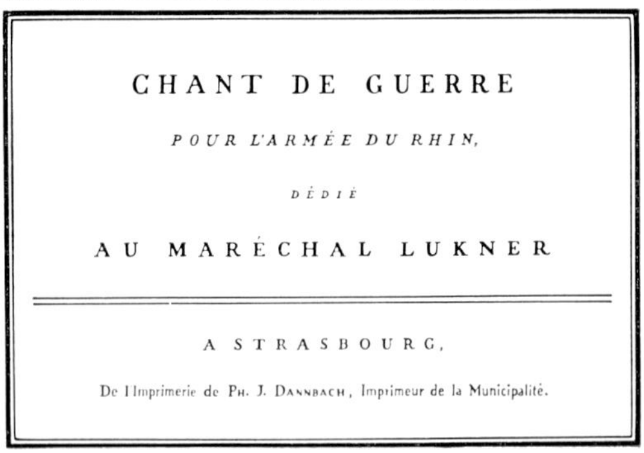

CHANT DE GUERRE

POUR L'ARMÉE DU RHIN,

DÉDIÉ

AU MARÉCHAL LUKNER

A STRASBOURG,

De l'Imprimerie de Ph. J. Dannbach, Imprimeur de la Municipalité.

Titelblatt der
„Marseillaise" mit der
Widmung an ihn

die einzelnen Vogelarten singen. Ich konnte den hohen, spitzen Ruf des Eichelhähers genau so gut erkennen wie das sanfte Lied der Amseln oder Rotkehlchen. Von Vater lernte ich andere Dinge dazu. Er zeigte mir verborgene Vogelnester, die ich selbst allein nie entdeckt hätte. Er machte mich auf Spuren aufmerksam und erklärte geduldig, warum dies die Spur eines Hasen und das dort die Fährte eines Wildschweines sei.

Auf dem Hochsitz am Rande der Lichtung saßen wir stundenlang und beobachteten das Wild auf der Suche nach Futter. Vater erklärte, warum gerade dieser Rehbock nächstens geschossen werden müßte und nicht jener dort. So wurde ich schon in früher Jugend mit den Geheimnissen des Weidwerks vertraut gemacht und lernte dabei, daß ein guter Jäger vor allen Dingen auch ein guter Heger sein muß. Später konnte ich mich schnell wieder hineinfinden, wurde ein begeisterter Jäger und konnte manche stolze Beute nach Hause bringen.

Damals durfte ich ja auch nur auf Spatzen schießen, aber Vater freute sich, wenn ich fleißig übte. An der hölzernen Hoftür wurde eine Schießscheibe angebracht, und ich war mit glühendem Eifer bei der Sache. Ich brachte es mit der Zeit zu recht schönen Erfolgen, wie meine Jagd auf die ausgestopften wilden Tiere im naturgeschichtlichen Museum eindeutig bewies. Manchmal durfte ich die Jungs aus der Umgebung einladen, und die Eltern setzten Preise für den besten Schützen aus. Bei einer solchen Gelegenheit wurde ich zum erstenmal Schützenkönig und gewann einen feuerroten Ball!

Ja, wenn doch nur meine geistigen Fähigkeiten im gleichen Maße gewachsen wären wie meine Gewandtheit und die körperlichen Kräfte. Alles wäre ganz anders gekommen! So aber war ich ständig in Verlegenheit und haßte schließlich die Schule als das schlimmste Übel meines Lebens.

Manchmal versuchte ich noch meiner Mutter zuliebe eine Änderung der katastrophalen Lage herbeizuführen. Dann saß ich schwitzend über meinen Lehrbüchern und hatte nachher doch keinen blassen Schimmer mehr. – Zwischen den Zeilen lateinischer Hausaufgaben erschienen vor meiner Phantasie rauschende Palmenhaine, wilde Indianer oder stolze Segelschiffe, die der Wind über die Meere trug. Immer öfter träumte ich vom Meer, das auch mich eines Tages in

die Länder meiner Sehnsucht bringen würde. An die Wände meines Zimmers hatte ich mit Reißzwecken dicht bei dicht Bilder vom Meer geheftet.
Glühend beneidete ich Bruder Carl, der schon geraume Zeit zur See fuhr und begeistert seine vielen Erlebnisse in langen Briefen nach Hause berichtete. Auch Bruder Ferry schien sich in der Kadettenanstalt sehr wohl zu fühlen. Nur ich war immer noch zu Hause, und gerade mich zog es doch schon so lange am stärksten in die Ferne! Wenn Mutter mal hinauf in mein Zimmerchen kam, seufzte sie wohl und meinte: „Ach, Felix, dich hat bestimmt der Seeteufel beim Schopf gepackt!" –
Immer, wenn sie eine solche Äußerung tat, bekam ich ein noch schlechteres Gewissen. Ob sie etwas von meinen Reiseplänen ahnte?
Jahrzehnte später erzählte sie mir, daß sie in dieser schicksalhaften Zeit tatsächlich oft eine schreckliche Angst überfiel, ich könnte eines Tages einfach davonlaufen...
Auch ich ließ mir damals in meiner Not nicht träumen, daß ich Jahrzehnte später in keinem meiner Vorträge versäumen würde, die Jugend zu warnen, vor drückenden Problemen davonzulaufen. Sie folgen einem unerbittlich nach, wollen und müssen gelöst werden, wenn man im Leben bestehen will. Die wenigsten bekommen die Stärke und Kraft mit, in so früher Jugend der Allgewalt des Schicksals tapfer die Stirn zu bieten, ohne den elterlichen Schutz zu haben. Keiner spricht von denen, die sich nicht aus den Wellentälern des Lebens heraufarbeiten konnten. –
Oft dachte ich als kleiner Schiffsjunge an das Elternhaus und glaubte manchmal, vor Sehnsucht sterben zu müssen. Erst als ich ganz allein war, spürte ich den Segen der Mutter und entbehrte ihre Fürsorge und Liebe. Tausende von Meilen entfernt sah ich sie so klar vor mir wie nie zuvor, hörte ihre helle Stimme und das Rauschen ihres Kleides. Ganz tief im Inneren wußte ich, welch ein Geschenk es ist, eine gute Mutter zu haben.
Als nämlich im Hamburger Hafen der olle Seemann Pieter dem dreizehnjährigen Ausreißer Felix klarmachte, daß er unmöglich als Graf Luckner seine Seemannskarriere beginnen könnte, da wußte ich sofort, daß nur ein einziger anderer Name in Frage kam: Lüdicke! Mit dem Mädchennamen meiner Mutter, die keinen Abend

vergessen würde, für den verlorenen Sohn zu beten, würde ich das neue, fremde Leben eher meistern. Das zähe Blut der sächsischen Salzgrafen würde sich vielleicht auf dem salzigen Wasser der Weltmeere bewähren und mir helfen, einst als Graf Luckner wieder heimkehren zu können.
Erst als ich die teure Heimat um der lockenden Ferne willen verließ, begann ich den unermeßlichen Wert eines Mutterherzens zu ahnen. Ich wurde der treueste Sohn, als ich meine Eltern verließ. Auch heute noch kommt es immer wieder vor, daß ich von alten Kumpanen einen Brief an Phylax Lüdicke adressiert erhalte. Darüber freue ich mich dann besonders. Der Mädchenname meiner Mutter hat seinen segnenden Klang behalten. –
Kurz, viel zu kurz war meine Jugendzeit. Von einem Tag zum anderen war sie wie vom Sturm fortgeweht. Jetzt trennen mich von dieser Zeit viele Jahrzehnte eines wechselvollen Schicksals. Und dennoch leuchtet sie mit herrlicher Kraft hinein in mein Alter und vergoldet es.

Boxen erhöht das Ansehen!

Ein paar Jahre auf Segelschiffen gefahren zu haben, heißt, Knochen aus Eisen zu bekommen. Trotzdem schadet es nie, wenn man außerdem noch boxen kann. Ich dachte als Schiffsjunge und Prügelknabe oft: „Boxen mußt du lernen, dann kriegste nicht so leicht eins an den Ballon.“
In New York benutzte ich darum die erste Gelegenheit und besuchte eine Boxschule. Bei den Trainingsstunden sah ich öfter als Zuschauer einen Jungen meines Alters. Dem sah man an der Nasenspitze an, wie gerne er mitgemacht hätte. Dann sprach er mich mal nach der Stunde an, und so wurde George Belmont mein Freund. Er durfte nicht boxen, und ich wußte auch nicht, wie man ihm da helfen könnte. Als ich ihn fragte: „Hast du denn kein Geld? Sind deine Eltern zu arm?“ Da wollte er sich ausschütten vor Lachen, und dann erzählte er mir, daß er zu Besuch bei der Schwester seiner Mutter wäre. Und diese Tante sei die Frau von Mr. Vanderbilt. „Mr. Vanderbilt ist dein Onkel?“

George nickte. „Die haben nur Angst, daß meine Nase kaputtgeht." Ich dachte an Mr. Vanderbilt, der ab und zu im Hotel Majestic mit einigen Freunden zu Abend aß, mit Leuten wie Rockefeller. Ich durfte diesen bewunderten Selfmademen manchmal aus dem Mantel helfen. Und morgens putzte ich Türklinken in dem feinen Hotel und verdiente mir so mein Brot. Da stand nun George und durfte bei all dem vielen Geld keine Boxstunden nehmen! Armer Kerl...

Von nun an holte er mich oft vom Hotel Majestic ab. Wir gingen über Felder und Wiesen, an der Farm eines Italieners vorbei, bis wir schließlich im Park des Vanderbilt-Besitzes landeten. Das kleine rote Schlößchen in der 5 th Avenue nahe der 58 Street lag in den letzten Jahren des vorigen Jahrhunderts außerhalb der Stadt New York. Heute würde man es in dem Häusermeer vergeblich suchen.

In meiner Freizeit war ich viel mit George zusammen. Gemeinsam liefen wir über die Felder, holten für die Tante frische Brötchen beim deutschen Bäcker oder machten sonstige Botengänge. Oft tobten wir in dem herrlichen Park herum oder auch in den Stallungen, und ich brachte George gewissenhaft bei, was ich selbst in meinen Boxstunden lernte.

Eines Tages waren wir gerade im Gartenhaus, als plötzlich durch einen Rohrbruch alles überschwemmt war. George stürmte davon, um Hilfe zu holen. Ich ging unverzüglich daran, den Schaden selbst zu beheben. Mit Hilfe einer Pappmanschette und einer großen Rolle Bindfaden gelang es mir, die Wasserflut zum Versiegen zu bringen. Als ich mich naß wie eine Katze wieder aufrichtete, stand eine ältere Dame vor mir und fragte auf deutsch: „Wie hast du das gemacht?"

So lernte ich Mrs. Vanderbilt kennen. George kam zurück, wollte den günstigen Augenblick nützen und fragte die Tante, ob sie ihm nicht doch erlauben würde, zur Boxstunde zu gehen.

„Sieh doch bloß mal, wie stark mein Freund ist durch sein Training!" Um ihm einen Gefallen zu tun, spannte ich die Muskeln meines Oberarms. Die Dame lächelte zwar anerkennend, aber eine Entscheidung über diesen Wunsch ihres Neffen wollte sie nicht fällen.

Stillschweigend ließ sie es von nun an jedoch zu, daß der Neffe überall auf dem Besitz mit dem neuen Freund herumstreifte. An

einem sonnigen Nachmittag boxten wir gerade auf der Wiese im Park, als wie aus der Erde gewachsen Mrs. Vanderbilt mit ihrem Gatten vor uns stand.
Mit zerzausten Haaren standen wir vor dem Paar. George beeilte sich, dem Onkel, der anscheinend bis zu diesem Augenblick von meiner Existenz nichts gewußt hatte, seinen neuen Freund vorzustellen. Wieder benutzte George die Gelegenheit, die Erlaubnis für den Boxunterricht zu erbitten. Wieder mußte ich zur Demonstration meinen Oberarmmuskel spielen lassen. Aber auch der Onkel ging über diesen Punkt erst einmal hinweg und befaßte sich desto gründlicher mit meiner Person. Ich mußte ihm aus meinem Leben erzählen. Er trieb mich schließlich mit seinen Fragen so in die Enge, daß mir nichts anderes übrigblieb als leise anzudeuten, daß er einen Ausreißer vor sich habe. Ich sei fest entschlossen, ein Selfmademan zu werden.
„So so, ein Selfmademan willst du werden", sagte er nachdenklich.
Mrs. Vanderbilt seufzte: „Ach, deine armen Eltern!"
Das Ehepaar ging ein wenig abseits und sprach so leise miteinander, daß ich beim besten Willen kein Wörtchen verstehen konnte.
Dann kamen sie wieder zurück, und Mrs. Vanderbilt sagte: „Wir könnten gerade einen Gartenjungen gut gebrauchen. Willst du nicht mal eine Weile bei uns arbeiten?" Mr. Vanderbilt fügte hinzu: „Ein Selfmademan muß in vielen Berufen herumgekommen sein."
Das gab den Ausschlag. Ich ließ meinen Klinkenputzer-Posten im Hotel Majestic schießen und wurde Gartenjunge bei Vanderbilts. Zu meinen Pflichten gehörte es, für frische Schnittblumen zu sorgen, die Mrs. Vanderbilt überall im Hause in herrlichen Vasen verteilte. Außerdem mußte ich die vielen Topfpflanzen begießen. Meine freundliche Gebieterin mochte es aber gar nicht leiden, wenn ich aus Versehen auch gleichzeitig die Fensterscheiben mit begoß.
Als der Besuch des jungen Vanderbilt angekündigt wurde, gerieten alle aus dem Häuschen vor Freude. Er studierte auf einer auswärtigen Universität und kam nur zu den Semesterferien. Ich sah ihn nur ganz flüchtig. Keiner von uns wußte damals, daß wir uns unter ganz anderen Umständen wiedersehen sollten. Jahrzehnte später war ich sein Gast auf seiner herrlichen Besitzung und auch auf seiner prachtvollen Jacht.
Die Zeit bei Vanderbilts war unbeschreiblich schön für mich.

George und ich vertrugen uns prächtig, die Arbeit war leicht, das Essen gut, und alle waren so freundlich zu mir, daß ich mich fast ein bißchen wie zu Hause fühlte. Schweren Herzens heuerte ich schließlich wieder auf einem Schiff an, denn ich mußte ja meine Ausbildung fortsetzen, wenn ich eines Tages wirklich wieder nach Hause kommen wollte. Vorher boxte ich jedoch noch die Boxstunden für George durch.

Dann kam der letzte Tag. Mr. Vanderbilt händigte mir für die kurze Zeit in seinen Diensten als Lohn hundertfünfzig Dollar aus. Ich war ganz sprachlos vor Freude und brachte sie schnell noch auf mein Konto in der Seemannsmission. Mrs. Vanderbilt übergab mir als Geschenk ein Köfferchen mit herrlichen Wollsachen und einem Paar hoher Gummistiefel. Bis zum Hafen begleiteten sie mich, und der Abschied von den freundlichen Menschen fiel mir schrecklich schwer.

Kaum betrat ich die Planken meines Schiffes, als die Matrosen sich weidlich über mein Köfferchen amüsierten. So ein komisches Ding gab es für einen ordentlichen Seemann einfach nicht. Schweren Herzens trennte ich mich davon. Smutje warf ein Auge auf meine warmen Socken, versprach mir die herrlichsten Speisen dafür und zog mit ihnen ab. Auf diese Weise wurde ich schnell alles wieder los. Die prachtvollen, neiderweckenden Gummistiefel behielt ich aber trotz aller Verfressenheit. Sie leisteten mir gute Dienste und erinnerten mich noch lange an eine schöne und geruhsame Zeit. –

In Australien setzte ich bei passender Gelegenheit meine Boxerausbildung fort. Ich muß Talent gehabt haben, denn nach kurzer Zeit schlug ich alle meine Gegner k. o. und wurde schließlich ein gesuchter Preisboxer. Lange hielt es mich jedoch nicht in dieser Branche, denn ich wollte ja Leutnant werden.

Eine große Schwäche für diese Sportart habe ich aber zurückbehalten. Ich habe viele berühmte Boxer kennengelernt. Auch Max Schmeling kam 1930 auf meine Jacht Mopelia. Im vergangenen Jahr besuchte ich ihn dann auf seiner Nerzfarm in der Nähe von Hamburg. Filmstar Anny Ondra, nun schon lange die tüchtige und gastliche Frau von Max, bewirtete uns. Da saßen wir nun im kleinen Kreis in dem gemütlichen Heidehäuschen und hatten uns viel zu erzählen. Max ist ein ganz prächtiger Kerl, und ich wäre gerne länger bei ihm geblieben. Aber ich besuche ihn bald wieder. –

Nach dem 1. Weltkrieg kam es zu sehr unruhigen Zeiten. Da haben mir meine harten Fäuste oft genützt und manche recht peinliche Situation geklärt. Entwurzelte Menschen trieben sich überall herum und belästigten friedfertige Bürger, nur weil sie selbst mit dem Frieden noch auf Kriegsfuß standen.

Einmal ging ich mit einem Freunde durch eine stille Seitenstraße, als zwei Kerle sich uns in den Weg stellten und aus heiterem Himmel zu stänkern anfingen. Das Folgende geschah in Sekunden, und mein Freund kam zu seinem Leidwesen gar nicht dazu, handelnd einzugreifen. Durch zwei gut gelandete Schwinger schickte ich die Raufbolde ins Land der Träume. Dann hob ich das Gitter des nächsten Lichtschachtes vor einem Kellerfenster hoch, ließ die betäubten Helden hineinplumpsen und machte die Klappe wieder dicht. Dann setzten wir unseren Weg fort.

Eines Nachts gehe ich nach einem Besuch über die große Eisenbahnbrücke am Hamburger Hauptbahnhof. Plötzlich kommt ein angetrunkenes Subjekt daher, rempelt mich an, klebt mir eine und geht weiter . . .

Ich stehe wie erstarrt da und sehe ihm nach. Dann reibe ich mir die schmerzende Backe. Irgendwie muß der Kerl so eine Art Verzögerungsnerv getroffen haben. Donnerwetter! Das kann ich mir ja gar nicht gefallen lassen! Ich komme wieder flott und hole den Rüpel auf der Mitte der Brücke ein. Der sieht mich herausfordernd an und sagt höhnisch: „Willst wohl noch eine gelangt haben?"

Hat der Mensch Töne! Ehe er weiß, wie ihm geschieht, ist er schon im Schwitzkasten. Als er aufhört, sich zu wehren, nehme ich ihn beim Kragen und beutele ihn durcheinander. Dann klemme ich den Burschen ans Brückengeländer und ziehe ihm die Hosen aus. Alles strampeln hilft jetzt nichts mehr. Jacke und Hose fliegen im hohen Bogen über das Geländer auf die Eisenbahnschienen. Plötzlich kommt ein Polizist und fragt beunruhigt: „Was geht hier vor?" Das saubere Früchtchen steht fröstelnd in Unterhosen da und muß seine Schandtat gestehen. Ehrliche Reue scheint im Anzug zu sein. Da ich ein gutmütiger Kerl bin, tut er mir sogar leid. Ich krame in meiner Hosentasche und ziehe ein Zehnpfennigstück hervor. „Hier hast du das Geld für 'ne Bahnsteigkarte. Jetzt verdufte aber, und hol dir meinetwegen deine Klamotten wieder, ehe sie überfahren werden." Kleinlaut bedankte sich der Rüpel in Unterhosen

und trabte in Begleitung des Polizisten davon. Er ist mir nicht noch einmal über den Weg gelaufen. Frecher Kerl, der!
Wirklich nutzbringend konnte ich einmal in London meine Kräfte anwenden. Ich kam gerade dazu, wie ein Mann von einem Auto überfahren wurde. Man bemühte sich vergeblich, ihn unter den Rädern hervorzuziehen. Irgendwie schien sich sein schwerer Mantel dabei verklemmt zu haben. Da nahm ich die Karre vorne bei der Stoßstange und der Ärmste konnte befreit werden. Später erfuhr ich, daß der Verunglückte ein Mitglied der englischen Hocharistokratie war. –
In anderen Fällen, bei der Rettung Ertrinkender zum Beispiel, kamen mir die großen Kräfte ebenfalls sehr zustatten. Ich gestehe offen, daß mir der Einsatz meiner Muskeln für solche Gelegenheiten sehr viel lieber war, als das Zerreißen Tausender von Telefonbüchern. Es wird mit den Jahren doch langweilig. Ich kann das auch heute noch, aber Ingeborg sieht es nicht gern. Dafür müßten ihr eigentlich die Oberpostdirektionen in- und ausländischer Staaten Dankesbriefe schreiben. Manchmal zeige ich das Kunststückchen doch noch, vor allem der Kinder wegen, die haben so einen Spaß dabei! Und dabei ist die Sache, richtig angepackt, wirklich keine Hexerei. Dennoch gibt es kaum einen Zeitungsbericht über mich, in dem diese „außergewöhnliche Kraftleistung" nicht erwähnt würde.
Die harmlose kleine Spielerei wurde sogar einmal politisch gegen mich ausgewertet. Im Labor Daily vom 4. Juni 1938 erschien eine Karikatur von Kaiser Wilhelm II. und Hitler, wie sie einen Vertrag zerreißen. Daneben stehe ich ganz klein und zerreiße ein Telefonbuch. Unterschrift: They all have the habit. (Sie haben alle die gleiche Angewohnheit). Der Erfolg dieser Karikatur war durchschlagend und ganz und gar nicht im Sinne ihrer Publizisten. Denn nun wollten noch mehr Leute mein „Kunststück" sehen, besonders aber in Sydney, wo der Labor Daily die Tageszeitung war.
Als ich noch nicht bekannt war, mußten die Gepäckträger unter meiner Stärke leiden. Weniger unter der Last meiner schweren Koffer als unter dem völlig harmlosen Schwung, mit dem ich ihnen die einzelnen Gepäckstücke aus dem Abteilfenster reichte. Genau so schwungvoll nahmen sie meine Koffer entgegen, klappten dann jedoch wie die Taschenmesser unter der unerwartet schweren Last

zusammen. Trotz dieser peinlichen Überraschungen wurden wir schnell gute Freunde. Ich reiste so viel in ganz Deutschland herum, daß die Gepäckträger mich bald alle gut kannten. Wir begrüßten uns dann mit großem Hallo, von allen Seiten eilten sie herbei, und ich mußte erst schnell ein bißchen von meinen Abenteuern berichten, Autogramme geben oder gar ein Geldstück verbiegen. Dann standen die anderen Reisenden mit ihrem Gepäck da und warteten geduldig, bis unser Rendezvous vorüber war. Eine der seltenen Gelegenheiten, wo ich mit Vergnügen feststellte, daß auch eilige Menschen Zeit haben.

Der kleine, stämmige Fritz vom Stettiner Bahnhof war mein besonderer Freund. Er half mir sogar einmal freundschaftlich aus einer Klemme. Ich hatte aus unerfindlichen Gründen meine Fahrkarte verbummelt, konnte das vermaledeite kleine Ding nicht finden und darum auch nicht aus der Sperre. Da kam gerade Fritzchen mit seiner Gepäckkarre an, übersah blitzschnell, wo mich der Schuh drückte und rief dem Knipser zu: „Laß den Grafen schon mal durch, ich habe das Billett!"

Gerade als er den letzten Koffer im Taxi verstaute, fand sich die Karte wieder. Als ich sie Fritzchen erleichtert übergab, hörte ich ihn ganz erstaunt fragen: „Ach Herr Graf, Sie hatten wirklich eine?"

Ich war entrüstet, daß Fritzchen wirklich angenommen hatte, ich wäre schwarzgefahren! Ich bin noch nie ... ach ne, einmal doch! Einmal bin ich wirklich schwarzgefahren.

Ich kam aus der Kriegsgefangenschaft und konnte auf meinen Entlassungsschein fahren. Mit vollster Berechtigung, denn er galt gleichzeitig für eine gewisse Anzahl von Freifahrten. Besagter Entlassungsschein war mit der Zeit zu einem höchst unansehnlichen Stück Papier geworden. Nur mit größter Mühe ließ sich noch entziffern, daß Graf Luckner, gefangengenommen auf den Fidschi-Inseln, am 6. Juni 1919 entlassen worden sei.

Eines schönen Tages will ich von Hamburg nach Halle zu meiner Mutter fahren. Ich habe keinen roten Heller in der Tasche und stelle außerdem mißvergnügt fest, daß gerade jetzt meine Freifahrten abgelaufen sind.

Was hilft's, ich muß es eben darauf ankommen lassen!

An der Sperre läßt mich der Schaffner nach einem flüchtigen Routineblick auf den Wedel in meiner Hand anstandslos passieren. Sehr verständlich, daß er sich die Mühe nicht machte, den Schein einer näheren Prüfung zu unterziehen. Das Papier war maßlos mitgenommen, fiel an den zahlreichen Faltstellen beinahe auseinander und war durch Schmutz und eine geradezu überwältigende Fülle an Stempeln eher schwarz als weiß.

In dem überfüllten Zug stellte ich mich wohlgemut in den Gang und fuhr schwarz gen Halle.

Plötzlich kommt eine Fahrscheinkontrolle. Als ich dran bin, übergebe ich dem Kontrolleur meinen Entlassungsschein. Er sieht ganz flüchtig drauf. Gerade will er ihn mir wieder geben, als ein anderer, bestimmt der Oberkontrolleur, ihn anruft: „Geben Sie mir diesen Schein auch einmal, Kollege!"

Mensch, Phylax, nun wird's aber finster!

Der Mann studiert an dem Ding herum, als sei's der schönste Liebesbrief. Dabei sieht man den gepflegten Fingerspitzen des Gewaltigen den Ekel vor so viel Dreck an! Schließlich windet sich der Kontrolleur durch die anderen Leute zu mir vor: „Tut mir leid, mein Herr, Ihre Freifahrten sind abgelaufen. Sie müssen eine Karte nachlösen."

Der Mann hat gut reden ... Frechheit siegt, denk' ich verzweifelt. Mit der gleichgültigen Miene eines Mannes, dessen Brieftasche mit Tausendern gespickt ist, sehe ich ihn durchbohrend an und sage ziemlich scharf: „Ja, wissen Sie denn überhaupt, wo die Fidschi-Inseln liegen?"

Er sieht mich ganz verblüfft an und schweigt betreten. Gewonnen! Eisig frage ich: „Nun?"

Langsam faltet er das Papier wieder zusammen, hüstelt verlegen, gibt es mir wieder und sagt: „Ach so, ja natürlich! Die Sache geht in Ordnung." Kaum war er außer Sicht, tat ich einen tiefen Atemzug. Wie leicht man doch ins Kittchen kommen kann!

Von diesem Tage an schwor ich mir, nie wieder schwarzzufahren. Es macht so maßlos nervös, finde ich. — Ein lieber Hallenser Freund, Rechtsanwalt seines Zeichens, hat mir gesagt, ich könnte die Angelegenheit mit dieser Schwarzfahrt ruhig erzählen. Sie sei längst schon verjährt. Erst wollte ich ihm das nicht so recht glauben, aber schließlich erbot er sich sogar, eine Wette mit mir einzugehen.

Darauf verzichtete ich. Das Wort Wetten erinnert mich gar zu sehr ans Krankenhaus. Meinen siebzigsten Geburtstag feierte ich in den

Vereinigten Staaten. Meine amerikanischen Freunde waren der Ansicht, dieses Ereignis müßte mehr als einmal gefeiert werden. Sie luden mich eine Woche lang jeden Abend in einem anderen Lokal zu einem festlichen Essen ein. Bei so einer Gelegenheit war es, daß Freund Tommy sein Glas erhob und ziemlich laut rief: „Auf dein Wohl, du junger Seeteufel!"

Während wir einander zutranken, hörte ich, wie am Nebentisch ein Koloß von einem Mann zu seinem Nachbarn sagte: „Ich möchte wetten, daß der Sea-Devil heute niemanden mehr mit einem Arm samt Stuhl auf den Tisch heben kann."

Spontan drehte ich mich um und rief: „Wieviel?"

Der Dicke antwortete ohne zu zögern: „Dreihundert Dollar, wenn Sie mich wirklich mit einem Arm samt Stuhl auf diesen Tisch bringen." Das klang gar lieblich in meinen Ohren. Zustimmend rief ich: „Okay!" Ich faßte die Lehne seines Stuhles und beförderte ihn auf den Tisch. Schon thronte er über uns allen, als er plötzlich das Gleichgewicht verlor und kippte. Einen zwei Zentner schweren Mann unvorbereitet auffangen zu müssen, das scheint nicht ganz leicht zu sein.

Ein halbes Jahr später konnte ich im Anschluß an eine Bruchoperation eingehend darüber nachdenken, daß man es doch besser unterläßt, für dreihundert Dollar die Gesundheit zu riskieren. Ingeborg ringt noch heute die Hände, wenn sie an den Dicken denkt. Warum hatte der auch gar so angegeben!

Bei meinem lieben Freunde Dr. Schilling im Buxtehuder Krankenhaus war ich bestens aufgehoben. Er verbrachte manche Stunde seiner knappen Zeit an meinem Bett. Kurz bevor ich entlassen wurde, kam er mit dem „Seeteufel" an. Er bat mich, seinem kleinen Neffen eine Widmung hineinzuschreiben. Selbstverständlich erfüllte ich diesen Wunsch.

Ich reiste schon wieder vergnügt und munter in der Weltgeschichte umher, als ich plötzlich einen Brief von Dr. Schilling bekam, mit der Bitte, den beigefügten Zettel zu lesen und selbst dazu Stellung zu nehmen. Der Zettel trug die Züge einer ungelenken Kinderhandschrift und hatte folgenden Inhalt:

Lieber Onkel Wilhelm!

Ich danke Dir sehr für das schöne Buch „Seeteufel" und die Mütze, die eben eingetroffen ist. Ich habe mit der Mammi um achtzehn Mark (mein ganzes Spargeld) gewettet, ob die Widmung von Graf Luckner geschrieben ist oder nur von Dir.

Mit vielen Grüßen! — Dein Hans.

Ich setzte mich sofort hin und schrieb dem ungläubigen Thomas, daß die Widmung in seinem „Seeteufel" wahr und wahrhaftig von mir selbst geschrieben sei. Da habe er nun sein ganzes Vermögen verwettet! Darum legte ich gleichzeitig der Mutter einen kleinen Gruß bei, mit der Bitte, Gnade vor Recht ergehen zu lassen. — Allerdings ermahnte ich Freund Hans auch, daß bei einer Wette die Hauptsache ist, ein guter Verlierer zu sein. —

Und ich selbst wette überhaupt nicht mehr. Bei aller Freundschaft für Dr. Schilling — ich bin nicht gerade übermäßig gern im Krankenhaus!

Tausend Mark verloren

Nachdem ich bald zwei Jahre als Offizier bei der Hamburg Süd gefahren war, ging ich in Papenburg an der Ems auf die Navigationsschule, um mich auf das Kapitänsexamen vorzubereiten. Die Schule bestand aus nur zwei Schülern: Dem Willi und mir. Wir hatten das Pulver beide nicht erfunden, und so schmiedeten schon nach kurzer Zeit die gemeinsamen Nöte ein festes Band der Freundschaft um uns.

Eines Tages — wir gingen nach der Schule nach Hause — fiel mir auf, daß Willi ein reichlich düsteres Gesicht für den schönen Sommertag machte. Schon wollte ich ihn fragen, was denn los wäre, als er schon von selber anfing.

„Du Felix, ich bin pleite, restlos!"

„Kein Wunder so kurz vor dem Ersten", sagte ich, „ist dieser Zustand so was entsetzlich Neues für dich?"

„Komische Frage", Willi sah mich beleidigt an, „die übliche Pleite meine ich natürlich nicht. Ich brauche so schnell wie möglich Geld."

„Du willst also, zu deutsch gesagt, einen Pump bei mir aufnehmen."

„Minsch, du bischa sehr scharfsinnig!"

„Dazu gehört schon viel! Aber ich kann dir leider nicht helfen, mein Bester, ich hab' nämlich auch kein Geld mehr." Willi sah mich

betroffen an: „Du büscht ja woll 'n büschen drollig. Wo sind denn deine tausend Mark, von denen du mir immer erzählst? Weg? Gestohlen? Oder traust du mir nicht?"
„Unsinn! Natürlich habe ich die Moneten noch, und selbstverständlich würde ich dir Geld pumpen. Du hast dir nur einen denkbar ungünstigen Moment ausgesucht. Ich hab' das Geld nämlich nicht hier. Ein Freund hat es in Verwahrung, damit ich nicht in Versuchung komme. Jeden Monat schickt er mir das Nötigste und damit hat's sich."
„So 'ne Pleite", Willis Stimme klang schwer bedrückt. Dann meinte er: „Aber du könntest doch deinem ‚Schatzsiegelverwahrer' den Auftrag geben, so schnell wie möglich dreihundert Mark an dich zu schicken. Ich stottere sie dir in drei Monatsraten ab."
„Wenn das ginge, täte ich es sofort. Der Alte hat mir aber gerade heute geschrieben, daß er morgen verreist und mir mein Geld für den Ersten deswegen etwas früher also sonst schickt. Vor dem zwanzigsten nächsten Monats kommt er nicht wieder."
Wir gingen gerade am Friedhof vorbei. Willi setzte sich niedergeschlagen auf die niedrige Mauer. „Da hat der Kerl nun Geld und hat doch keins. Du bist meine einzige Hoffnung gewesen."
Mein Freund tat mir herzlich leid. Offensichtlich brauchte er wirklich das Geld so schnell wie möglich. Ich hätte ihm liebend gern geholfen, denn ich wußte, daß auf ihn Verlaß war. Ganz abgesehen davon: Was ist schon ein Freund, wenn er nicht hilft! Ich hatte mein Geld ja nur deswegen in Verwahrung gegeben, damit ich nicht zu viel ausgab. Sonst hätte es vielleicht nicht gereicht, und mit dem Examen wäre es Essig gewesen. So eine blöde Situation!
Mitten in diese traurigen Überlegungen hinein pfiff mein Freund mehr laut als schön, klopfte die Pfeife aus und rief: „Ich hab's!"
„Was? Die dreihundert Mark?"
„Ne, die natürlich nicht, aber eine Idee, eine Idee! Mensch, die ist noch mehr wert als das!" Ich sah ihn überrascht an, aber ehe ich fragen konnte, sagte er schon: „Also das Geld würdest du mir pumpen. In dem Punkt sind wir uns doch klar?"
„Blöde Frage, wo ich es doch gar nicht habe!"
„Brauchst du auch nicht. Hast du wenigstens fünf Mark?"
„Wofür denn?" fragte ich, zog aber sofort mein Portemonnaie aus der Tasche. Ziemliche Ebbe, aber mein Geld war ja schon unterwegs.

Bis dahin mußte es auch so gehen. Willi nahm das Fünfmarkstück, verabschiedete sich hastig und eilte davon. Er drehte sich aber noch einmal um und rief: „Kauf dir man morgen unser Käseblättchen, das wird dich vielleicht interessieren!“
Kopfschüttelnd schaute ich ihm nach. Erst wollte er dreihundert Mark haben, nun war er glücklich über fünf. Ein reichlich komischer Heini!

*

Die Zeitung kaufte ich mir aber doch am nächsten Tag. Ich war gerade dabei, sie durchzustudieren, als Willi auf meine Bude kam. Ohne viel Federlesens nahm er sie weg, schlug den Anzeigenteil auf und zeigte auf eine Annonce unter der Rubrik „Verschiedenes“. Was stand da! Ich glaubte erst meinen Augen nicht zu trauen!

> Hohe Belohnung für ehrlichen Finder!
> Verlor gestern auf dem Wege von der Kirche zur Navigationsschule eine Börse mit 1000 Mark. Felix Graf von Luckner.

„Sag mal, bist du ganz und gar verrückt geworden?“ fuhr ich meinen Freund an, „ich hab' doch keine tausend Mark verloren! Dann hätte ich dir doch die . . .“
„Beruhige dir man“, unterbrach mich Freund Willi und lachte schallend über meinen Zorn, „aber in spätestens drei Tagen wirst du die dreihundert Mark haben.“
„Ach, Käse hoch drei, ich kann doch keine tausend Mark finden, wenn ich sie nicht verloren habe. Da gibst du noch Geld für so eine blödsinnige Anzeige aus!“
Willi ließ meinen Zorn in aller Ruhe über sich ergehen.
„Ich fürchte, du wirst das Examen nie bestehen, lieber Felix“, grinste er, „so 'n klein büschen Scharfsinn gehört nun mal zum Leben.“
„Dann bin ich eben in deinen Augen ein Idiot“, erklärte ich achselzuckend, „mich tröstet nur, daß du auch einer zu sein scheinst. Fünf Mark für so einen Unsinn auf den Kopp zu hauen, wo wir so pleite sind. Die hätten wir wirklich anders verwenden können!“
„Du armer Buttsche“, mein Freund sah mich mitleidig an, „ich will dir man vertellen, was du anscheinend nicht begreifen kannst.

Außer mir weiß doch kein Mensch in Papenburg und Umgebung, daß du dir tausend Mark zusammengespart hast, damit du auf Schule gehen kannst, stimmt's?"
„Ja, natürlich", mußte ich zugeben, „sonst nehmen mich die Leute aus, und es reicht nicht."
„Na also, allmählich kommen wir ja hin. Glaubst du, daß dem armen Schüler Felix Luckner irgend jemand Geld pumpt, oder dir glaubt, wenn du plötzlich erklärst, tausend Mark im Hintergrund zu haben? Dat dien Frünn grade verreist ist, sieht in so 'nem Fall wie eine faule Ausrede aus, wenn ich mir fein ausdrücken will!"
„Da hast du recht, Willi."
„Na siehste, ich will dir doch mit dieser komischen Anzeige nur ‚kreditwürdig' machen, damit dir jemand dreihundert Mark pumpt, kurzfristig."
„Das verstehe einer!"
„Bist du aber heute schwerfällig, Felix." Freund Willi verdrehte die Augen: „Wenn die Leute erfahren, daß du mir nischt, dir nischt tausend Mark — stell dir mal vor, tausend Mark! — verloren hast, sin se erst mal platt. Dann denken se nach, un dann kommen se zu dem Schluß ..." „dem Luckner mir nischt, dir nischt dreihundert Emmchen zu pumpen, nicht wahr? Ne, Willi, dein Optimismus in Ehren."
„Lat mir man utreden, ja? Ne, die denken, der Luckner ist ein Geizhals, so 'n reicher, der vor lauter Angst, sein Geld könnte ihm geklaut werden, es immer mit sich herumschleppt. Und andere werden dich bedauern. Einer, der tausend Mark verloren hat, kann im Moment knapp sein, selbst wenn er noch so viel Pinke-pinke hat. Wenn er sich dann dreihundert Emmchen pumpt, wundert das niemanden. Kapiert?"
Endlich fiel der Groschen bei mir. „Jawoll ja", ich sah Willi bewundernd an, „du hättest man Börsenmakler werden sollen statt Seemann. Also wir werden ja sehen. Hoffentlich klappt es."
Willi hatte richtig getippt. Während die Papenburger Kinder nach einer Börse mit tausend Mark suchten, wurde ich von allen Seiten angesprochen und bedauert. Der Reeder M. lud mich sogar zum Abendessen ein und zeigte sich besonders teilnahmsvoll. Ich winkte lässig ab und erklärte, das wäre wirklich nicht das Schlimmste. Schlimmer sei, daß ich meinen Monatswechsel erst am zwanzigsten

des Monats bekommen würde. Und dazwischen läge immerhin der Erste ...

Unverzüglich bot mir der gute Mann seine Hilfe an und drängte mir die benötigten dreihundert Mark mit viel Mühe auf. Er hätte mir auch ohne weiteres eine noch größere Summe geborgt. Ich lehnte bescheiden ab. Doch er bat mich, stets daran zu denken, daß er jederzeit einspringen würde, wenn es nötig wäre.

Ich bedankte mich für die freundliche Hilfsbereitschaft und verpflichtete mich, die dreihundert Mark am einundzwanzigsten des Monats zurückzuzahlen, — obgleich der Reeder davon sprach, mit der Rückzahlung des Kredits gegebenenfalls auch einige Monate zu warten. Als er merkte, daß einen Mann in so guten finanziellen Verhältnissen ein derartiges Angebot nur beleidigen könnte, war er schließlich damit einverstanden.

Dann kam Willi und holte sich das Geld ab, als ob er genau gewußt hätte, daß die Sache Erfolg haben würde.

„Wußte ja, daß das klappen würde", sagte er nur. „Schönen Dank, Felix. In drei Monaten hast du deine Zechinen wieder."

Termingerecht konnte ich dem freundlichen Helfer in der Not sein Geld zurückzahlen, und auch Willi hielt sein Versprechen ein. Der Tausender wurde nicht gefunden, die Papenburger Kinder wendeten sich anderen Unternehmungen zu und die Sache verlief im Sande. Die guten Papenburger glaubten aber seit dieser Anzeige fest daran, einen Krösus in ihren Mauern zu beherbergen mit einem ausgesprochenen Hang zum Geiz. Ich hätte keine Schwierigkeiten mehr gehabt, Geld zu pumpen. Überall hatte ich Kredit! Glücklicherweise brauchte ich den aber nie in Anspruch nehmen.

Kapitän Hungrig=Müde

Auf meinen vielen Fahrten über die Meere dieser Erde und den zahlreichen Schiffen auf denen ich Dienst tat, lernte ich eine Menge von Kapitänen kennen. Menschen, die man nicht vergißt, und Scheusale, die man noch weniger vergißt.

Einer von der prächtigen Sorte war Kapitän Hungrig-Müde. So und nicht anders wurde er genannt. Ich glaube, er kannte auch jeweils nur einen dieser beiden Zustände. Sein Aussehen war mehr als imposant. Nach Aussagen zuverlässiger Leute wog er nicht weniger als dreihundertsechsunddreißig Pfund. Es war ihm unmöglich, über seinen Heldenleib hinweg hinunter auf seine blitzblank gewienerten Schuhe zu sehen. Im Nacken hatte er eine Schlummerrolle, die ihm nicht erlaubte, höher als fünfundvierzig Grad zu schauen, und seine Kragenweite war, sage und schreibe, Nummer zweiundfünfzig.

Er stammte aus Mecklenburg, und man nannte ihn auch Teterow's größten Sohn. Hungrig-Müde war Junggeselle, und es hieß, daß er ein beträchtliches Vermögen sein eigen nannte. Durch Sparsamkeit und fabelhaftes Skatspiel mehrte es sich von Jahr zu Jahr. Da er nachgewiesenermaßen keine Erben hatte, rechnete die Stadt Teterow damit, sein Vermögen eines schönen Tages zu erben. Darum standen auch immer schon die Abgesandten der Stadt am Kai, wenn er einmal wieder im Heimathafen einlief. Sie holten in einem gewaltigen Auto mit doppelter Federung im Triumph ihren größten Sohn heim. Böse Zungen sagten jedesmal zu diesem Ereignis: Hungrig-Müde fährt nach Teterow und läßt sich Maß fürs Denkmal nehmen.

Trotz seines sprichwörtlichen Geizes und seiner maßlosen Verfressenheit war Hungrig-Müde äußerst beliebt an Bord. Ein Glücksstern waltete auf den Schiffen unter seiner Führung. Niemals während seiner langen Fahrenszeit ist ihm oder seinem Schiff je ein Unfall zugestoßen. Dabei hatte er eigentlich recht sonderbare Methoden.

Bei Nebel fuhren alle Schiffe langsam und vorsichtig, seines jedoch mit höchster Fahrt. Er war der Ansicht, daß man bei schneller Fahrt im Bedarfsfalle auch sehr viel flinker ausweichen könnte. Diese Devise schien sich bei ihm zu bewähren. Auch seine sonstigen Gewohnheiten wichen von den auf See allgemein üblichen durchaus ab. Jeder Kapitän begab sich unverzüglich auf die Brücke, sowie Nebel aufkam. Hungrig-Müde tat dies aber nur bei Tage. Die ganze Schiffsbesatzung wußte von dieser Eigenart und hütete sich wohlweislich, ihn zu wecken, selbst in der dicksten Waschküche.

Eines Tages bekam der Kapitän einen neuen zweiten Offizier auf sein Schiff. Der nächtliche Nebel kam schneller auf, als die Botschaft von den besonderen Eigenheiten des Kapitäns zu den Ohren des jungen Offiziers. Prompt schickte der Zweite einen Läufer mit dem Auftrag, unverzüglich den Kapitän zu wecken. Nach mehreren vergeblichen Versuchen wurde Hungrig-Müde endlich wach und erschien mit finsterem Gesicht knurrend und schnaubend auf der Brücke.

Da stand er nun und brummelte durch seinen Schnauzbart: „Glauben Sie eigentlich, daß der Nebel wegen der ollen Huperei wegläuft?" Kopfschüttelnd hörte er sich das Geheule der Nebelsignale eine Weile an. Dann sagte er bestimmt: „Sehen Sie mal, klart ja schon auf! Na, is ja gleich vorbei mit der Waschküche!" Mehrfach gab er diese Feststellung von sich und schaute dabei den Zweiten herausfordernd an.

Endlich merkte der, was die Glocke geschlagen hatte und stimmte zu. Erst diese Zustimmung des Wachhabenden machte es nämlich dem Kapitän möglich, die Brücke wieder zu verlassen. Sofort verschwand Hungrig-Müde brummend und schnaubend in Richtung seines noch warmen Bettes. Er hatte erreicht, was er wollte ... Allein und fassungslos stand der junge Offizier wieder auf der Brücke und konnte beim besten Willen die Ansicht seines Kapitäns nicht teilen. Die Waschküche war nämlich immer noch da!

Später wurde er hinsichtlich seines schweren Fehlers von den Kameraden aufgeklärt und hütete sich, bei nächtlichem Nebel seinen Kapitän aus den Federn zu jagen. Dennoch war er von nun an Luft für den. Konnte Hungrig-Müde wirklich mal nicht vermeiden, den Zweiten direkt anzureden, so sagte er knurrend: „Herr ... äh, wie war der Name doch noch, äh ... na, Herr Nebel." — Man konnte mit dem Alten glänzend auskommen, aber in gewissen Dingen verstand er eben keinen Spaß.

*

Der Obersteward kam mit Hungrig-Müde besonders gut aus. Er kannte seinen Herrn. Er vergaß nie, daß dieser, wenn er wach war, hungrig, und wenn er satt war, müde wurde. Und so sorgte er mit restloser Hingabe für seinen Kapitän. Wenn das Schiff von Hamburg nach Cherbourg fuhr, kam Hungrig-Müde in Schwung und träumte auf dem ganzen Weg von den herrlichen Sachen, die seinen Gaumen in Kürze erfreuen würden.

„Diese Weine! Diese Erdbeeren!" so schwärmte er verträumt. Kaum lag das Schiff dann im Hafen, so unterhielt er sich lange und ausführlich mit dem Obersteward. „Wissen Sie, dieses Frankreich hat so herrliche Sachen. Ich hätte Appetit auf Erdbeeren, nur 'n ganz kleines Körbchen." Er zeigte mit den Händen, wie groß er sich ein kleines Körbchen dachte. „Ja, bringen Sie man ein nettes kleines Körbchen." — Seine umschreibende Handbewegung wurde dabei immer größer. —

Der Obersteward wußte schon lange, was ein Mann wie Hungrig-Müde unter „klein" verstand. Das war sein Glück! Auch eine kleine, „wissen Se, ne nette kleine Seezunge", hatte mit klein nicht mehr das geringste zu tun. Der Alte sah nicht, wie man sich bemühte, aus Körben voller Seezungen die allergrößten herauszuangeln, weil sich seine Vorstellung von klein mit der normaler Esser in keiner Weise deckte. Wir wunderten uns immer wieder, was für unvorstellbare Mengen in seinem Magen Platz hatten. Sechzehn Paar Frankfurter Würstchen auf einen Schlag — eine Kleinigkeit, eine Vorspeise sozusagen für Hungrig-Müde!

Ich hatte einmal das zweifelhafte Vergnügen dabeizusein, als Hungrig-Müde sich abbrauste. Er schaute sich seinen Fleischberg mit sichtlicher Freude im Spiegel an, wandte sich mir wieder zu und meinte kichernd: „Jetzt sehe ich aber aus wie ein fetter Hummer gekocht."

*

Noch eine Angewohnheit belustigte uns sehr. Hungrig-Müde hatte den Ordensfimmel. Er besaß bereits eine ganze Kollektion davon, und am stolzesten war er über seinen türkischen Halsorden. Den hatte er sich freilich mühsam genug erkämpft. Er fuhr lange Zeit mit dem Passagierschiff „Königin Luise" die Strecke nach der Türkei.

Wenn sein Schiff im Hafen von Konstantinopel anlegte, schickte Hungrig-Müde sofort die Bordkapelle an Land. Sie hatte den Auftrag, dem Sultan vor seinem Palast ein hübsches Ständchen zu bringen. Dabei kannte Hungrig-Müde den Sultan gar nicht! Sein einziger Hintergedanke dabei war ja auch nur, daß so ein Ständchen vielleicht mit der Zeit einen Orden herbeimusizieren würde.

Der Sultan kam so zu manchem flotten Ständchen der Bordkapelle, Hungrig-Müde jedoch noch lange nicht zu seinem ersehnten Orden. Die Tücke des Schicksals wollte augenscheinlich, daß er sich den ein bißchen mühsamer verdiene. –

Zur gleichen Zeit, zu welcher der Sultan sich endlich dazu entschlossen hatte, dem freundlichen Kapitän der „Königin Luise" einen Orden zu verleihen, bekam Hungrig-Müde das Kommando über ein anderes Schiff. Nun kreuzte er irgendwo im Atlantik herum.

Als die „Königin Luise" nun wieder einmal unter neuer Führung im Hafen von Konstantinopel einlief, kam eine Abordnung türkischer Hofbeamten an Bord. In einer feierlichen Zeremonie wurde dem neuen Kapitän der Halsorden des Sultans verliehen. Der wußte ganz und gar nicht, wie er so plötzlich und unverhofft zu dieser hohen Auszeichnung kam. Er nahm den Orden jedoch dankbar an und hatte von nun an von der Freundlichkeit der Orientalen eine besonders hohe Meinung. Weder aus seinem Orden noch aus seiner Sympathie für den freundlichen Sultan machte er den geringsten Hehl.

So kam die ganze Geschichte von der Verleihung auch zu Ohren von Hungrig-Müde. Der explodierte beinahe vor Zorn und lief, auch ohne heiße Brause, an wie ein gekochter Hummer. „Da kriegt dieser Kerl m e i n e n Orden!" schnaubte er, „das ist wohl nicht die Möglichkeit!" Aber was half die ganze Empörung, damit kam der Orden noch lange nicht an Hungrig-Müde. Als Mann der Tat setzte er sich schließlich hin und schrieb an den Sultan persönlich.

Siehe da, er hatte Erfolg! Hungrig-Müde bekam seinen Halsorden, nach dem er so lange vergeblich gelechzt hatte. Er strahlte: „Ick habe immer die Musik gemacht, mir steht der Orden zu!" Der unschuldige Kapitän der Königin Luise durfte sich dennoch glücklich preisen, daß er stets außer Hörweite von Hungrig-Müde war; denn der schnaubte vor Zorn, wenn er an seinen unfreiwilligen Konkurrenten dachte. „Und so was will ein Kavalier sein", schimpfte er noch lange, wenn immer die Rede darauf kam.

Wenn er noch so schlechter Laune war, ein Gespräch über seine Orden ließ die Sonne auf Hungrig-Müdes Gesicht aufgehen. Es eignete sich allein schon wegen seiner Breite besonders gut dafür.

Er war ein alter, schrulliger Fahrensmann mit tausend kleinen Eigenheiten, aber mit dem Herzen eines Kindes, und alle, die ihn kannten, werden ihn niemals vergessen.
Erst 1914 trat er im Alter von siebzig Jahren in den Ruhestand und durfte nach einem Leben voller Verantwortung als Teterows größter Sohn sein Leben beschließen.

Folgenschwere Begegnungen

Wir lagen mit der „Deutschland" im Hafen von New York und rüsteten für die Heimreise. Unser Kapitän, den wir hinter seinem Rücken „Agamemnon" nannten, ordnete nochmals einen großen Schiffsputz an. Als die Arbeit vorüber war, glänzte unsere „Deutschland" wie eine Braut. Dann ließ Agamemnon alle seine Offiziere zusammenkommen, und man sah schon auf seinem Gesicht, daß er etwas Bedeutungsvolles zu verkünden haben würde.
Er räusperte sich, ließ seine hellen Augen in der Runde schweifen und begann mit seinem rollenden Baß: „Meine Herren, wie Sie wissen werden, hat sich Prinz Heinrich für einige Zeit in den Vereinigten Staaten aufgehalten. Er wird jetzt in die Heimat zurückfahren. Wie mir gestern mitgeteilt wurde, hat er sich entschlossen, die Reise in die Heimat auf der ‚Deutschland' zu machen!" Alles strahlte! Nach einer kleinen Kunstpause fuhr Agamemnon fort: „Ich habe Sie kommen lassen von wegen die Etikette!" Alle standen gespannt da und warteten, was der gute alte Agamemnon über diesen schwierigen Punkt verkünden würde. „Also, meine Herren", sagte er würdevoll, „Prinz Heinrich ist der ältere Bruder des Kaisers. Damit Sie genau Bescheid wissen."
Man preßte die Lippen zusammen und dachte an Beerdigungen und sonstige traurige Ereignisse. Unter keinen Umständen durfte gelacht werden, auch wenn solche Leute wie Kaiser und Könige nur jüngere Brüder zu haben pflegen. –
„Keiner gibt dem Prinzen die Hand. Wenn einer sie ihm gibt, dann bin ich das. Ich hoffe, wir sind uns über diesen Punkt klar, meine Herren." Agamemnon sah jeden durchbohrend an. „Was die Anrede betrifft", er räusperte sich, „auch ein sehr wichtiger Punkt; wollen doch mal den Obersteward kommen lassen."

Schweigend stand alles, bis der Gerufene kam und keiner dachte im Traume daran, diese für den Kapitän anscheinend unlösbare Frage zu beantworten.
Dann fragte der Kapitän: „Wie ist das mit der Anrede von Prinz Heinrich, Obersteward?"
Der Gefragte antwortete wie aus der Pistole geschossen: „Königliche Hoheit, Herr Kapitän."
„Richtig, ganz richtig, mein Bester, wollte mich nur noch mal vergewissern."
War doch ein schlauer Fuchs, unser Alter, und redete sich heraus, wo es knifflig wurde.
„Alles hat zum Empfang anzutreten, auch der Obersteward." Agamemnon sah auf die Uhr: „Machen Sie sich fertig, in einer halben Stunde kommt der Prinz an Bord."
Der Kapitän entfernte sich in Richtung seiner Kajüte. Alle wußten, womit er in den nächsten Minuten beschäftigt sein würde, denn seine Orden mußten sitzen und der Bart glänzen.
Als Prinz Heinrich angekündigt wurde, erschien der Alte im vollen Schmuck und sah tatsächlich unglaublich eindrucksvoll aus. Er ging am Spalier seiner Offiziere vorbei und rief im Vorbeigehen schnell noch: „Verjessen Sie man ja nich, meine Herren, von wegen die Etikette."
Dann begrüßte er mit einem strahlenden Lächeln den Prinzen an Bord seines Schiffes: „Juten Morjen, Königliche Hoheit!"
Der Prinz ergriff die dargebotene Hand und schüttelte sie kräftig. „Guten Morgen, Herr Kapitän."
„Ich habe schon viel von Sie gehört", rollte der Baß unseres Alten zu uns herüber. Dem Prinzen den Vortritt lassend, ging er nun mit seinem hohen Gast die Reihe der Offiziere entlang.
Freundlich streckte Prinz Heinrich dem ersten Offizier die Hand entgegen. Der schaute zu Boden und versuchte angestrengt, so zu tun, als habe er die Hand überhaupt nicht bemerkt. Noch einige Male wollte der Prinz seine Hand zum Gruße reichen, aber vergeblich. Er mochte denken, daß die Offiziere der „Deutschland" für solche Art von Begrüßung nicht zu haben seien, jedenfalls gab er das fruchtlose Bemühen auf.
Hätte er doch nur den alten Agamemnon sehen können, wie der argwöhnisch darüber wachte, daß niemand seinen ausdrücklichen

Befehl übertrat! Er übersah auch gelassen, daß einige seiner Offiziere vor lauter Verlegenheit rot geworden waren.
Auf dieser Reise sah ich zum erstenmal, wenn auch flüchtig, den Bruder des Kaisers. Hätte ich nur genauer hingeschaut!

*

Ich war als Einjähriger auf dem Schlachtschiff „Kaiser Wilhelm der Große" und stand eines Abends an Deck, als ich das Urlauberboot, von Land kommend, vollbesetzt längsseit gehen sah. Im gleichen Augenblick machte ich eine beängstigende Entdeckung:
Bei der Trinkwasserübernahme war, wie gewöhnlich, das Fallreep aufgeheißt worden, und niemand hatte daran gedacht, es anschließend sofort wieder herabzulassen. So schwebte es noch über dem Wasser, ebenso der Scheerstock, eine lange Stange, die verhindern soll, daß ein anliegendes Boot bei bewegter See etwa unter das Fallreep gerät und kentert. – Das mit etwa siebzig Mann vollbesetzte Boot kam in schneller Fahrt darauf zu. In der Dunkelheit würden meine Kameraden die Gefahr nicht rechtzeitig erkennen und mit dem Boot direkt in Fallreep und Scheerstock hineinfahren.
Eins nur konnte das entsetzliche Unglück verhindern: Ich rief hinunter für die Vorleine. Kaum flog sie vom Boot an Deck, als ich sie mir mehrfach um den Arm schlang. Mit Hilfe der Vorleine wollte ich den Fahrtmoment des Bootes abstoppen und bremste nun die zum Zerreißen gespannte Leine mit aller Kraft. Das vollbesetzte Boot war jedoch stärker als ich. So sehr ich mich auch mit dem ganzen Körper dagegen stemmte, rutschten meine Beine immer mehr der Reling entgegen. Dort wurde mein Körper mit aller Gewalt gegen eine der eisernen Relingstützen gezogen. Loswickeln konnte ich die Leine auch nicht mehr, tief schnitt sie mir in den Arm, und immer unerträglicher wurde der entsetzliche Druck des Eisens gegen meinen Leib. Ich war wie in einen Schraubstock gepreßt, bis sich schließlich die Relingstütze mit dem Geländerknopf tief in den Bauch einbohrte und mir den Leib aufriß. In diesem Augenblick wurde mir schwarz vor den Augen, ich sank bewußtlos zu Boden und fand mich schließlich im Marinelazarett wieder.

Nach langer Zeit wurde ich endlich entlassen und habe seitdem als Erinnerung an diese qualvollen Minuten eine achtundzwanzig Zentimeter lange Narbe auf dem Bauch.
Das war jedoch das Schlimmste nicht: Durch den langen Lazarettaufenthalt hatte ich die vorgeschriebene Bordzeit versäumt und wurde deshalb aus der Reserve-Offizierslaufbahn gestrichen. Alle Kameraden waren längst fort zum Kursus, als ich endlich wieder an Bord kam. Nur ich war noch da!
Was sollte nun aus meinem Versprechen gegenüber dem Vater werden! Selten in meinem Leben habe ich mich so unglücklich gefühlt wie damals. Hatte ich deshalb die Gesundheit, ja das Leben riskiert, um nun, kaum am Anfang, schon am Ende meiner Karriere zu stehen? —
Man wußte an Bord mit dem gewesenen Reserve-Offiziers-Aspiranten gar nichts anzufangen. Als dann gerade eine der Postordonnanzen beurlaubt wurde, mußte ich als Stellvertreter seinen Posten übernehmen.
Eines Tages gehe ich mit der Posttasche durch Kiel und hadere gerade wieder mit dem ungerechten Schicksal. Als ich von Düsternbrook in die Reventlow-Allee einbiege, sehe ich plötzlich auf der anderen Seite der engen Straße zwei Admiräle. Sie gehen hintereinander, weil hier der Bürgersteig so schmal ist. Ruckartig nehme ich Haltung an zum Gruß.
Ich freue mich gerade, wie zackig ich gegrüßt habe, als mich der hintere herüberwinkt. Ganz verschreckt gehe ich auf die andere Straßenseite und stehe nun mit Herzklopfen vor dem Admiral.
In ziemlich scharfem Ton fragt er mich: „Kennen Sie Ihre Offiziere nicht? Wissen Sie nicht, daß Sie Front zu machen haben?"
Himmel, zwei Monate war ich gerade Rekrut gewesen und acht Tage erst an Bord, als mein Unglück geschah. Nun noch die lange Lazarettzeit! Ich kannte mich wahrhaftig nicht mehr in den Instruktionen aus. Was in aller Welt hatte ich hier bloß falsch gemacht? Was sollte ich denn antworten? Nur weil ich die Kameraden vor einem schweren Unfall hatte schützen wollen, kam ich jetzt in so eine fatale Lage! Krampfhaft hielt ich meine Tasche mit der Offizierspost fest und versuchte gleichzeitig, so stramm wie möglich zu stehen. Das Herz rutschte immer tiefer. —
Durchbohrend sieht der Admiral mich an und sagt scharf: „Wissen

Sie denn nicht einmal, daß Sie vor Angehörigen des Kaiserlichen Hauses Front zu machen haben?"
Ganz verwirrt schau' ich ihn an und werfe dann auch schnell einen Blick auf den anderen Admiral, der schweigend ein wenig abseits steht. Grundgütiger Himmel, erst jetzt erkenne ich, daß es Prinz Heinrich, der Bruder vom Kaiser ist!
Ich stehe da, wie vom Schlage gerührt. Mein Gott, will diese Misere denn nie ein Ende nehmen? –
Da fragt der Admiral schon weiter: „Wer sind Sie eigentlich?"
„Der Obermatrose Felix Graf Luckner", antworte ich.
„Auf welchem Schiff?"
„Auf SMS Kaiser Wilhelm der Große."
„Und was sind Sie an Bord?"
„Ich bin Postordonnanz."
Erstaunt sieht er mich an: „Postordonnanz als Einjähriger? Wieso denn?"
Es platzt aus mir heraus: „Weil mir der Leib achtundzwanzig Zentimeter aufgerissen wurde."
Da kommt Prinz Heinrich plötzlich näher: „O Gott, o Gott! was ist denn das? Achtundzwanzig Zentimeter ist Ihr Leib aufgerissen worden?"
„Jawohl, Königliche Hoheit."
„Ja, wie ist das denn bloß passiert?"
Da erzählte ich die ganze Geschichte mit dem Urlauberboot, dem nicht herabgelassenen Fallreep, dem Scheerhaken, und meinen Bemühungen, das Boot in voller Fahrt abzubremsen.
„Mein Gott", murmelte Prinz Heinrich, „und deshalb sind Sie jetzt Postordonnanz?"
„Jawohl, Königliche Hoheit. Ich bin aus der Reserve-Offiziers-Karriere gestrichen, weil mir die vorgeschriebene Bordzeit durch meinen Lazarettaufenthalt verlorenging."
Nun grüßten mich Prinz Heinrich und der Admiral mit einiger Freundlichkeit und wandten sich zum Gehen.
Ich blieb noch wie betäubt einen Augenblick stehen, bis ich weitergehen konnte. Die Pechsträhne sollte eben nicht abreißen.
Etwa drei Stunden später kehrte ich an Bord zurück und wurde sofort zum Kommandanten gerufen. Voll schlimmer Ahnungen machte ich mich auf den Weg zu ihm.

Hörte ich denn richtig? „Ich kann Ihnen eine frohe Mitteilung machen", begann der Kommandant, „Sie sind auf Befehl Seiner Königlichen Hoheit des Prinzen Heinrich wieder zur Reserve-Offizierslaufbahn zugelassen. In vierzehn Tagen wird außerdem auch Ihre Borddienstzeit erfüllt sein."
Das Leben ging wieder weiter. Alle Sorgen endeten mit dem großen Tag meiner Ernennung zum Leutnant der Reserve. Der Rückkehr in das Elternhaus stand nichts mehr im Wege.
Dankbar erinnerte ich mich von nun an meiner Begegnung mit Prinz Heinrich auf der Reventlow-Allee in Kiel.

*

Nun fuhr ich lange als Offizier bei der Hamburg-Amerika-Linie. Eines Tages kam ich als zweiter Offizier auf „Meteor", die Touristenjacht der Hapag. Als sie gerade in Hamburg Werftliegezeit hatte, rettete ich an einem eisigen Dezembertag bei den Sankt-Pauli-Landungsbrücken dem englischen Matrosen Pearson das Leben. Ich konnte ihn gerade noch aus dem Treibeis herausfischen.
Ein paar Tage später wurde ich auf das Bezirksamt gebeten. Dort sollte ich Zeugen angeben, damit mir die Rettungsmedaille verliehen werden könnte. Es war nicht das erste Mal, daß ich das nicht konnte, und wieder mal war die Sache für mich erledigt.
Fünf Wochen später wurde mir vollkommen überraschend die englische Rettungsmedaille verliehen. Am nächsten Tage erschien im Hamburger Fremdenblatt eine Notiz mit der Überschrift: Hoch klingt das Lied vom braven Mann! — Dann wurde nach Würdigung des Vorfalls tadelnd bemerkt, daß die Sache mit dem Engländer ja gar nicht meine erste Lebensrettung gewesen sei. Trotzdem hätte ich nun die englische vor der deutschen Rettungsmedaille erhalten.
Längst hatte ich die ganze Affäre vergessen, als ein Befehl kam, ich hätte mich umgehend in Kiel bei Prinz Heinrich zu melden. Diese Aufregung! Was hatte ich nun schon wieder angestellt! Auf einmal fiel mir auch wieder die Begegnung auf der Reventlow-Allee bleischwer auf die Seele. —
Ich melde mich im Kieler Schloß. Prinz Heinrich kommt mir mit freundlichem Lächeln entgegen und sagt: „Sie haben einigen Men-

schen das Leben gerettet und jetzt die englische Rettungsmedaille vor der deutschen erhalten. Wieso ist das möglich?"
„Königliche Hoheit", erwiderte ich, „ich habe die Courage, Menschen zu retten. Zeugen zu suchen, diese Courage habe ich nicht."
Prinz Heinrich schmunzelt, sieht mich dann nachdenklich an und fragt: „Hätten Sie Lust, aktiviert zu werden?"
Mir blieb bei dieser Frage die Luft weg. Lust!! „Königliche Hoheit, das wäre mein sehnlichster Wunsch. Ich befürchte nur auf Grund meines Werdeganges, daß ich ein ziemlich alter Leutnant gegenüber meinen Kameraden sein werde."
„Das lassen Sie nur meine Sorge sein."
Der Prinz wechselte dann noch einige belanglose Worte mit mir, und ich war entlassen.

*

Nach der Hamburger Werftliegezeit des „Meteor" wurde die Jacht eines Sonnabendnachmittags am Ellerholz-Höft vertäut. Nach „Kompanie"-Befehl durfte ein Schiff nur vorübergehend mit Hanftauen am Kai festgemacht werden. So schnell wie möglich sollten sie dann gegen Stahltrossen ausgewechselt werden. Da nun aber Sonnabend war, bekam ich den Befehl, daß dieser Tausch erst am Montag vollzogen werden sollte. Noch war die Besatzung nicht vollzählig an Bord und Überstunden sollten vermieden werden.
Am frühen Sonntagmorgen weckte mich der Sonnenschein. Ich wollte mich richtig landfein machen, summte zufrieden ein Lied vor mich hin und begann, mich zum Rasieren gründlich einzuseifen. Die Kajütentür hatte ich sperrangelweit offen, damit die Sonne schön hereinkonnte.
Plötzlich hörte ich vom Kai herüber eine Stimme unwirsch den Wachmann anfahren: „Wo ist hier der Wachoffizier? Das Schiff ist ja immer noch mit Tauwerk vertäut! Unerhört! So eine Schweinerei!"
Das fuhr mir in die Krone. So ein unverschämter Ton!
Ich rufe zurück: „Wer brüllt denn hier am Sonntagmorgen so herum!!" Dann sehe ich doch mal schnell 'raus und kriege gleich einen Heidenschreck. Junge, Junge, das ist ja Oberinspektor S., der allmächtige Mann von der Hapag, gefürchtet und noch mehr gehaßt. Da kann nur noch Frechheit siegen. –

Ich rufe sofort dem Wachmann zu: „Ohne Erlaubnisschein kommt mir niemand an Bord! Niemand!!"
Natürlich hat der Oberinspektor keinen in der Tasche. Wütend bellt er: „Ja, kennen Sie Ihren Oberinspektor nicht?"
„Persönlich nicht, aber ich erkenne ihn an seinem flegelhaften Benehmen!"
Er schnaufte und schimpfte. Die sonntäglichen Hafenbesucher hatten ihren Spaß an dem tobenden Mann. Mit hochrotem Kopf und laut vor sich hinschimpfend entfernte er sich schließlich.
So ganz wohl war mir nicht in meiner Haut. Mit Sicherheit würde der Gekränkte jetzt dafür sorgen, daß ich im hohen Bogen aus meiner Stellung bei der Hapag 'rausflog. — Da half ja nun alles nichts, geschehen war geschehen. So hatte ich ihm wenigstens mal die Meinung gesagt.
Unter allerlei sorgenvollen Überlegungen machte ich mich landfein. Ach wat, den Abend verderben lassen!! Wo doch die Einweihung vom „Reichshof" ist, dem größten Hotel Europas, das meinem guten Freund Langer gehört. Bei diesem Fest wollte ich den ollen Oberinspektor schon vergessen.
Am Abend trete ich in die festlich geschmückte Hotelhalle, wo schon viele Gäste versammelt sind, als ein Kellner auf mich zukommt: „Herr Graf, ein Kaiserlicher Kurier wartet auf Sie!"
Überrascht nehme ich das wohlbekannte rosa Formular entgegen. Aufgeregt suche ich in allen Taschen nach meinem Messer. Endlich kann ich den Inhalt lesen: Graf Luckner wird zur Probedienstzeit zu Meiner Marine kommandiert, zwecks späterer Aktivierung. Wilhelm I. R. — Ich lese einmal, ich lese zweimal, ich lese immer wieder.
Freund Langer schiebt sich durch die Menge und sieht mir über die Schulter. Dann verkündet er allen die freudige Nachricht, deren glückhaften Inhalt ich immer noch nicht ganz kapieren kann.
„Komm, Felix", sagt er dann strahlend, „wir wollen gleich erst mal einer Pulle Schnaps den Hals abdrehen. Auf das Glück in unserer beider Zukunft!"
Unbeschreiblich war meine Freude und mein prächtiger Freund war selig mit mir. Doppelt schön war nun auch die Feier und der Inspektor völlig vergessen.
Spät in der Nacht kam ich auf den „Meteor" zurück. Die Aufforde-

rung am Montag beim Chef des Personalamtes der Hapag, Kapitän Polis, zu erscheinen, lag aber schon da. Ach, ich schlief ja so gut! Pünktlich zur angegebenen Zeit stand ich dann vor Kapitän Polis. Er sagte sehr verweisend: „Was haben Sie nur angestellt, Luckner!"
Ruhig entgegnete ich: „Herr Kapitän, ich trage mit Stolz die Uniform der Hapag. Ich konnte es nicht zulassen, daß mich der Oberinspektor S. in Gegenwart von vielen Hafenbesuchern so anfährt. Ohne Ausweis lasse ich befehlsgemäß niemanden aufs Schiff. Da braucht ja einer nur loszuschimpfen, so daß alle denken, er wäre Inspektor. Durch so ein Auftreten kann dann praktisch jeder an Bord."
Ohne Unterbrechung hörte Kapitän Polis mich an.
„Nun habe ich Ihnen eine Mitteilung zu machen", fuhr ich fort, zückte das kaiserliche Telegramm und las den Inhalt vor.
Spontan drückte er mir die Hand: „Gratuliere allerherzlichst, Graf Luckner. Jetzt weiß ich auch endlich, warum vor einiger Zeit von der Marinestation ein Zeugnis über Sie erbeten wurde. Ich konnte Ihnen ein gutes Zeugnis ausstellen." Dann meinte er versonnen: „So was hat es noch nie gegeben! Bisher haben wir wohl mal einen Offizier von der Kriegsmarine übernommen, daß man aber einmal einen Offizier von uns, von der Handelsmarine, aktiv zur Kriegsmarine übernimmt, das ist einmalig!"
Er wünschte mir für die Zukunft alles Gute.
Glücklicher als ich konnte keiner sein. Ein neuer Weg lag vor mir, und den neuen Aufgaben wollte ich mit ganzem Herzen dienen.

Musik gehört dazu

Die harte Zeit meiner Ausbildung, die mit dem Ausmisten des Schweinestalles begann und über Tausendundeinen Beruf zum Kapitän geführt hatte, die Zeit war nun vorüber. Das Jahr 1910 brachte mir als besonderes Geschenk die Übernahme in den aktiven Dienst als Leutnant der Kaiserlichen Marine. Ich war stolz und froh, aber gleich bekam ich wieder eins auf den Hut. Ein älterer Kamerad äußerte mir gegenüber seine ernstlichen Bedenken.

Ich sollte mir mal keine Hoffnungen auf eine Karriere machen. Es wäre ja ganz schön, daß ich aktiviert worden wäre, aber es mangelte mir doch an der notwendigen Bildung. Ich sollte doch mal in die Oper gehen oder ins Theater, auch mal was von Schiller oder Goethe lesen. Ich dachte, was sind das für Admirale? Aber ich nickte nur mit dem Kopf und sagte zu allen Ratschlägen ja, jawoll, ich muß mir eine Bildung anschaffen.

Hatte ich gedacht, daß zum Leben in erster Linie Mut und Ausdauer, Kraft und Beharrlichkeit gehören, so wurde mir nun klar, daß so was wie Bildung ebenfalls dazu gehört. Einbildung, Ausbildung, Herzensbildung, das waren schon ziemlich Begriffe für mich. Aber ganz schlicht Bildung? Was war das?

Eines Tages gehe ich an Land und denke über diesen unklaren Punkt nach. Ich habe an diesem Abend nichts zu tun und überlege, daß ich jetzt ja mal mit der Bildung anfangen könnte. Aber wie soll ich so schnell die Bildung finden? Na, denk' ich, schau mal an der Litfaßsäule nach. Da steht groß angeschrieben „Lohengrin". Ich stelle fest, daß es gerade kurz vor Beginn ist und beschließe, hinzugehen. Lohengrin, das kommt mir irgendwie auch bekannt vor. Das ist doch, wo der Vogel auf die Bühne kommt. Der Schwan! Mal sehen, was der für 'n Anlegemanöver macht. –

An der Opernkasse verlange ich nach einigem Nachdenken einen Parterresitz. Ich denk', das ist niedrig und wird wohl am nächsten zur Bühne sein. Die Kieler Oper war gerade neu erbaut, ich marschiere im Vestibül umher und schau' mir die ganze Pracht an, als ob ich ein gewohnter Operngänger wäre. Dann gehe ich hinein. Ganz geblendet von all dem Glanz setze ich mich hin und – rutsche 'runter. Ich halte mich gerade noch an der Lehne des nächsten Sitzes fest, aber mein Dolch hat sich ganz verbogen. Mensch, Phylax, die Büldung fängt ja gut an! – Ich ahnte ja nicht, daß das Klappsitze waren! Heutzutage kennt sie ja schon jedes Kind vom Kino her, aber damals gab's ja noch keine so vornehmen Lichtspielhäuser wie heute. – Ganz bescheiden komme ich wieder aus meiner Versenkung hoch und wage gar nicht, mich umzugucken. Schließlich sehe ich, daß die anderen Leute ganz automatisch den Sitz erst zurückklappen. Aha, denke ich, da biste dumm aufgefallen. Schließlich kann auch ich mich mit Hilfe des freundlichen Nachbarn niederlassen und sehe mich erleichtert um. Die Leute sind aber prima

angezogen, die Damen nicht ganz so sehr. Aber großes Dekolleté gehört wohl zu Lohengrin. Ein hübscher Anblick! Leider kann ich mir gar nicht alles so genau ansehen, denn plötzlich wird's dunkel und der Vorhang geht auf. Ich krieg' einen gewaltigen Schreck.
Eine Musik!! – Als ob alle Instrumente selbständig sind! Ich denk', Phylax, halt aus! Musikalisch biste zwar nicht, aber den Vogel willste sehn. Ich langweile mich aber sehr. Möglichst unauffällig schaue ich mich um. Will mal sehen, ob ich der einzige bin, der nichts von der Sache versteht.
Da sehe ich so vierzig Grad Steuerbord vor mir einen dicken Mann, der schläft. Gott sei Dank, endlich ein sympathischer Mensch! Vorsichtig schiele ich nach meinem Nachbarn. Der sitzt mit einem Buch in der Hand da. Sieht immer vom Buch auf die Bühne und von der Bühne wieder aufs Buch. Ich kiek' mir den Mann genau an. Der muß das wohl nachlesen, weil er's eben auch nicht versteht. Plötzlich sehe ich oben auf dem Buch fett gedruckt: „Elektra" – Oper von Richard Strauß. Mensch! Der hat ja die verkehrte Oper aufgeschlagen! Ich bin ganz platt, daß er so eine Ausdauer hat und überhaupt gar nichts merkt. Nun warte ich gespannt, bis der Vogel kommt, dann wird ihm ja wohl auch ein Licht aufgehen. Aber der Schwan kommt und kommt nicht. Der Mann liest eifrig weiter.
Schließlich frage ich ihn leise: „Verzeihen Sie, wann kommt eigentlich der Schwan?"
Der sieht mich ganz entgeistert an und murmelt zurück: „Lohengrin wird doch erst morgen gegeben. Das hier ist Elektra!"
Ich wollte mich nun schleunigst in der Pause drücken, aber nicht einmal eine Pause gab es und ich mußte bis zum Ende aushalten.
Auf dem Heimweg ging ich an der Litfaßsäule vorbei: Der Mann hatte recht, ich hatte mich im Datum geirrt. Ich hab' gehört, daß so 'ne Pleite auch anderen schon passiert ist. –
Seit dieser Zeit machte ich einen gewaltigen Bogen um die Oper und versuchte, mir die Bildung im Kabarett oder dergleichen zuzulegen. Da war auch mehr los. –
Aber auch hier blieb mir eine Pleite nicht erspart!
Ich hatte die Stimme einer kleinen Sängerin so gern und verschaffte mir für die Dauer ihres Auftretens einen Logenplatz. Abend für Abend saß ich in meiner Seitenloge direkt über der Bühne. Was für eine hübsche Stimme! Aber ob die Dame auch sonst nett war? Aus

angeborener Schüchternheit brachte ich es nicht fertig, sie einmal am Bühnenausgang abzupassen. Die Zeit begann zu drängen, drei Tage noch, und das Gastspiel war zu Ende. Das fiel mir an dem vorletzten Tage besonders auf die Seele. Auf meinem Weg zum Theater sah ich über einen Gartenzaun soeben erblühte Kirschknospen hängen. Schnell besorgte ich mir einen netten Strauß dieser zarten Frühlingsboten und ging weiter. Dann saß ich in der Loge wie immer und hielt meinen Strauß auf dem Schoß. Diese süße Stimme! Donnernder Applaus, die Vorstellung war zu Ende.

Jetzt oder nie! Ich sprang auf die Logenbrüstung und von dort hinab auf die Bühne, meiner Angebeteten direkt vor die Füße. Mit einer tiefen Verbeugung, aber ohne einen Ton herauszubringen, übergab ich meinen Strauß. So schüchtern war ich! Die Schöne sah mich ganz kalt an und meinte schnippisch: „Was meinen Sie damit, mein Herr, das sind ja Sauerkirschenzweige!" —

Damit ließ sie mich stehen und knickste wieder zum Publikum hin. Vor lauter Verlegenheit machte ich den Zuschauern ebenfalls eine kurze Verbeugung. Dann hob ich mich schleunigst von dannen. Nie mehr habe ich Sauerkirschenzweige geklaut!

So spielte mir das Schicksal manchen bösen Streich, wenn ich versuchte, mir eine Büldung zuzulegen.

Aber so ganz ungebildet bin ich manchmal gar nicht. Man kann sich zum Spaß auch dümmer stellen als man ist, und die Leute fallen darauf herein! —

Charles Gounod war mir bereits ein Begriff, als ich 1917 Kommandant vom „Seeadler" war. Im „Seeteufel" habe ich schon erzählt, daß Gounods „Liebchen, komm in das duftige Grün" mein Lieblingslied ist. Nun mußte ich damals gerade ein Schiff versenken, das ausgerechnet den Namen meines Lieblingskomponisten trug.

Jahrzehnte später, im Jahre 1950, war ich einmal in ein sehr feines Lokal eingeladen, sicher das beste von ganz New York. Ich saß mit Freunden zusammen, und wir unterhielten uns bei einer Flasche altem Rotwein über Einwanderungsprobleme. Eine ungarische Kapelle spielte gedämpft im Hintergrund.

Plötzlich kommt der Kapellmeister auf mich zu und freut sich, mich endlich kennenzulernen. Er habe schon so schrecklich viel von mir gehört. Dann fragt er, ob ich irgendeine Melodie oder einen Komponisten besonders gerne mag.

„Ach ja", antworte ich, „von Charles Gounod würde ich gerne etwas hören."
„Vielleicht das Frühlingslied?"
Ich nicke zustimmend. – Leise erklingt die sehr hübsche kleine Melodie, und ich höre hingerissen und begeistert zu.
Danach kommt der Kapellmeister an unseren Tisch zurück, und ich bedanke mich für seine Aufmerksamkeit. Er lacht über das ganze Gesicht und sagt: „Sie ahnen gar nicht, Count Luckner, wie es mich gefreut hat, Ihnen gerade dieses Lied spielen zu dürfen. Charles Gounod ist nämlich mein Lieblingskomponist!"
„Ach!" ruf' ich überrascht, „meiner auch!"
Der Kapellmeister druckst so herum und bringt schließlich heraus: „Verzeihen Sie, Count Luckner, wie kommt es bloß, daß der Sea-Devil, ein Freibeuter und Pirat, daß der ausgerechnet Charles Gounod so gerne hat?"
Ick segg: „Das ist ganz einfach! Im Krieg hab' ich mal ein Schiff versenkt, das hieß so. Der Kapitän erzählte mir dann, daß Charles Gounod der Name eines berühmten Komponisten ist. Jetzt hab' ich nun endlich auch mal Musik von ihm gehört."
Der Kapellmeister schaut ganz verdutzt drein, und meine Freunde lachen sich schief.
„Merkwürdige Freundschaft allerdings", wirft Tommy ein.
„Ich hoffe, das Frühlingslied hat Ihnen gefallen, Count", sagt der Kapellmeister etwas unsicher.
„Na und ob!" –
Meine Freunde hatten nichts Eiligeres zu tun, als die Entstehung meiner Sympathie zu Gounod in die Zeitung zu bringen. Wie haben sie sich damit nur „blamoren"! Hätten sie doch meinen „Seeteufel" richtig gelesen. Dort steht nämlich schon, daß „Liebchen, komm mit in das duftige Grün" – mein Lieblingslied ist! Na, ich hatte mal wieder einen Spaß gehabt!
Am liebsten sind mir sonst noch die Volkslieder und ganz besonders gerne habe ich die alten schwermütigen Shanties. Wer so lange wie ich vor dem Mast gefahren ist, der kennt eine ganze Menge dieser Lieder. Da kroch die Sehnsucht nach der Heimat selbst in die Herzen der ältesten Seeleute, wenn wir sangen: „Rolling home, rolling home, rolling home across the sea!" Alle kannten das Lied, ob es nun Norweger oder Franzosen, Amerikaner, Engländer oder

Deutsche waren. Und immer war die See das Begleitorchester, das Meer, dessen Wellen uns heimwärts trugen oder auch neuen Hoffnungen entgegen.
Bestimmt sangen wir Seeleute eher laut als schön. Aber wer nahm das schon wichtig. Wichtig war, daß alle die gleiche Melodie kannten, damit nicht so ein furchtbares Tohuwabohu entstand. Doch dazu kam es nie. Wir Seeleute sind eben doch musikalische Menschen!

Wasserstoff und Harzer Käse

Phylax Lüdicke war fein geworden! Der Graf hatte sogar einen Burschen bekommen und mußte sich seine Stiefel nicht mehr selber putzen. So was besorgte der gute Hein, ein flinker, ordentlicher Junge, mit dem ich mich sehr gut verstand. Nur eines störte mich mit der Zeit an ihm. Er benützte, ohne die geringsten Skrupel dabei zu haben, mein teures Haarwasser. Ich konnte darauf nicht verzichten, denn bei meinem Schopf hätte ich es sonst nie zu einer Frisur gebracht, wie man das von einem Leutnant der Kaiserlichen Marine erwartete. Hein eiferte mir nach! Manchmal versuchte ich, dem guten Jungen so ganz nebenbei klarzumachen, daß der enorme Verschleiß an Haarwasser mir schwer zu denken gab. Er sollte merken, was die Glocke geschlagen hatte, aber auf dem Ohr war er taub.
Eines Tages wurde mir die Sache zu bunt, und ich beschloß, ihm den Unterschied zwischen „Mein und Dein“ beizubringen. Ein freundlicher Drogist mischte unter mein Haarwasser eine tüchtige Portion Wasserstoff, da ich ihm klarmachte, es sei mein Wunsch, in kürzester Zeit blond zu werden. Zwei Tage lang schmierte ich mir Margarine ins Haar, damit es nicht dazu käme. Hein tat das aber mitnichten. Mit dem Erfolg, daß er über Nacht hellblond wurde. Ich wußte, daß er wußte, aber wir übergingen die Angelegenheit mit Stillschweigen. Eine andere Haltung wäre absolut taktlos gewesen.
Aus naheliegenden Gründen konnte er natürlich mit keiner Menschenseele über seine Verwandlung sprechen und höchsten still in seiner Koje zu allen Göttern beten, daß das unpassende Blond auf seinem einstmals dunklen Haupt bald wieder verschwände. Nun

reichte mein Haarwasser wieder doppelt so lange, und der Zweck der Übung war hundertprozentig erreicht.
Hein war noch immer wasserstoffblond, als ich wieder etwas Ärgerliches erlebte, dem aber mit einem solchen Trick nicht beizukommen gewesen wäre. Mein treuer Freund und Bordkamerad Hugo versuchte, wie ich zufällig herausbekam, mir bei einer hübschen Hamburger Deern den Rang abzulaufen. Ich zerbrach mir den Kopf! Ich grübelte tagelang darüber nach, wie ich diesem bösen Tun Einhalt gebieten könnte, aber es wollte mir partout nichts einfallen.
Als mir Hugo eines Morgens gar zu strahlend mitteilte, daß er am Abend dienstfrei hätte und an Land ginge, hatte ich plötzlich eine Idee. Ich ließ unauffällig seine Mütze verschwinden. Es war eine sogenannte englische Schiebermütze, der letzte Schrei für einen vornehmen Herrn damals! Diese Mütze hatte einen Schirm, in dem aus mir völlig unerklärlichen Gründen eine Tasche war. Das kam meinem Vorhaben aber sehr zustatten.
Am Nachmittag besorgte ich Harzer Käse, verfügte mich in meine Kajüte, schnitt das köstliche Produkt der Molkereiindustrie in feine Scheiben und verstaute diese in besagtem Mützenschirm. Kein Mensch, stellte ich mit Vergnügen fest, würde auf den abwegigen Gedanken kommen, daß die Mütze nun als Käseglocke diente, und mit tiefer Befriedigung stellte ich sie an einen kalten Ort.
Danach widmete ich mich zufrieden meinem Freunde Hugo, der gerade dabei war, sich nach allen Regeln der Kunst fein zu machen. Als er fertig war und nach seiner Mütze greifen wollte, war sie nicht da! Gemeinsam bemühten wir uns, das unentbehrliche Requisit eines feinen Herrn wieder aufzufinden. Vergeblich! Als Hugo schon auf dem Höhepunkt der Verzweiflung angelangt war, rief ich arglos: „Mensch, Hugo, warte mal! Ich weiß, wo deine Mütze ist!"
Ich sauste aus seiner Kajüte, holte mit Windeseile das Ding aus seinem kühlen Versteck, kehrte zurück und rief, nach Atem ringend: „Hier ist sie ja! Du hast sie bei mir liegenlassen!"
Gerührt über so viel Freundschaft, bedankte sich Hugo und enteilte.
Ich machte mich fertig für den Dienst und stand dann im Dämmerlicht des Sommerabends an Deck. Mir wurde die Zeit gar nicht lang! Ich dachte voller Freude an den Verlauf des Rendezvous von meinem lieben Hugo. Ich malte mir aus, wie er erst einmal zusam-

men mit dem Mädchen in einem heißen Lokal dinieren würde. Der warme Sommerabend verlockte bestimmt anschließend zu einem längeren Spaziergang. Früher oder später würde nun der Harzer Käse tun, was ich von ihm erwartete: Stinken, aus dem Mützenschirm heraus über Hugos Gesicht laufen und immer mehr stinken. Ich war der festen Überzeugung, eine beginnende Liebe ließe sich durch den Geruch von Harzer Käse mit tödlicher Sicherheit im Keime ersticken.
So muß es diesmal wohl gewesen sein, denn Hugo kam ungewöhnlich früh vom Landurlaub zurück. Als er an mir vorbeiging, fing ich einen Blick auf, der zehn Neger auf der Stelle getötet hätte. Ein ganz zarter Käsegeruch umschwebte meinen guten Hugo, als er wort- und mützenlos im Niedergang verschwand. –
Einige Tage später warf ich mich todmüde auf mein Bett und fuhr für den Bruchteil einer Sekunde zu spät wieder auf. Nur mit Hilfe eines Spiegels konnte ich verschiedene Reißnägel von Stellen meines Körpers entfernen, wo sie wirklich nicht hingehörten. Ich hielt es aber für gut, über diesen Vorfall zu schweigen. – Über den Ablauf seines Rendezvous hatte mir Hugo schließlich auch keine Silbe verraten. –
Doch er blieb trotz Harzer Käse Sieger, und ich durfte bei seiner Hochzeit mit dem hübschen Hamburger Mädchen als Trauzeuge fungieren. Das Wort Käse haben wir allerdings nie mehr in den Mund genommen, denn es gehört zum guten Ton, taktvoll zu sein. –

So 'ne Zigarre

Seinen Namen will ich lieber verschweigen, obgleich er mir erst neulich schwarz auf weiß versichert hat, daß längst aller Groll vergessen ist. Es sind ja auch schon über vierzig Jahre her! Tiefster Frieden herrschte, und wir jungen Offiziere genossen das Leben in vollen Zügen, sobald der Dienst uns Zeit dazu ließ. Mein Freund war leidenschaftlicher Zigarrenraucher und hatte die fixe Idee, eine ihm von mir verehrte Zigarre müßte ganz besonders gut schmecken. Das hörte ich nicht nur einmal, sondern mindestens hundertmal.
Schließlich dachte ich ganz ernstlich daran, ihm die harmlose kleine

Freude zu machen. Kaum hatte ich diese Überlegung angestellt, da führte mich mein Weg an einem Zigarrengeschäft vorbei, bei dessen Schaufensterdekoration mir die Spucke wegblieb. Als Reklame und größte Attraktion hing da eine ganz gewaltige Zigarre. Sie schwebte, an leuchtendroten Seidenbändern aufgehängt, mitten im Schaufenster des Geschäftes.

„Die is Karlchen seine", war mein erster Gedanke, und ich nix wie 'rin in den Laden.

„Sagen Sie mal", fragte ich den Verkäufer, „könnte ich vielleicht die große Zigarre in Ihrem Fenster kaufen?"

Der Mann lächelte höflich. „Das ist leider nur eine Attrappe, mein Herr."

„Wieso denn, die sieht doch so echt aus!" rief ich erstaunt.

„Das stimmt schon, mein Herr, dennoch ist die Zigarre zum größten Teil nur mit Seegras gefüllt. Anfang und Ende sowie das Deckblatt sind natürlich echt und von bester Qualität", erklärte der Verkäufer.

Ich schaute mir die Zigarre nochmals von außen an. Kein Mensch konnte auf den Gedanken verfallen, in ihrem Bauch Seegras zu vermuten. Und Karlchens Magen würde so ein bißchen Seegras zwischendrin bestimmt nichts schaden. Ich für meinen Teil war nun besonders scharf darauf. Ich ging wieder in den Laden. „Wissen Sie, ich möchte die Zigarre doch gern haben, wenn es möglich ist", sagte ich.

Der Verkäufer war von meiner Hartnäckigkeit überrascht. „Mein Herr, gewiß würde Ihnen die Zigarre nur bei den ersten Zügen munden. Ich habe hier eine neue Sorte aus Sumatra bekommen. Selbstverständlich nicht ganz so groß, aber in ihrer Qualität sehr empfehlenswert." Er nahm eine Zigarrenkiste vom Regal und hielt sie mir anpreisend unter die Nase.

„Ach, vielen Dank, ich bin leider Pfeifenraucher", sagte ich. Als ich aber sah, daß der brave Mann durch diese Erklärung aus der Fassung geriet, ergriff mich Mitleid für ihn, und ich fügte schnell hinzu: „Ihre große Schaufensterzigarre könnte mich jedoch reizen, mich auf Zigarren umzustellen."

„Aber das Seegras ..."

„Das macht nichts, ich mag schwere Sachen gern."

Der Verkäufer geriet ob meiner Hartnäckigkeit völlig durchein-

ander. Mir machte die Sache einen Heidenspaß. Er schaute ganz ratlos drein. „Ich weiß gar nicht, ob die Zigarre überhaupt verkäuflich ist."
„Nun, dann bitte ich Sie, den Inhaber des Geschäftes zu fragen."
Er verschwand und kehrte mit einem wohlbeleibten Herrn zurück.
„Sie wollen die große Zigarre haben, mein Herr?"
„Das ist allerdings mein Wunsch", erwiderte ich.
„Sie haben doch den Herrn über den Inhalt unterrichtet, nicht wahr?" Der Angestellte nickte bestätigend.
„Also, was kostet sie", sagte ich, denn schließlich wollte ich ja nicht ewig in diesem Laden bleiben. Nun hub ein langes Feilschen an. Endlich waren wir handelseinig.
Froh zog ich mit meiner hart erkämpften Beute von dannen. Auf meiner Bude löste ich von einer Zigarrenkiste das farbige Bild der Göttin Diana und verfertigte für meine Beute daraus eine imposante Bauchbinde. Himmel, war mein Geschenk für Karlchen jetzt schön! Ich glaubte beinahe schon selbst daran.
Denkbar bester Laune machte ich mich am Abend in unser Stammlokal auf, wo ich mich regelmäßig mit Karlchen und den anderen Kameraden traf. Nach der Begrüßung wickelte ich aus vielen Hüllen weißen Seidenpapieres mein Angebinde aus und überreichte es Karlchen.
Alle starrten verblüfft auf das schöne Geschenk, und Karlchen hatte es sogar die Sprache verschlagen. Zärtlich wie eine Mutter ihr Kind hielt er die Zigarre im Arm und rief dann sichtlich bewegt: „Felix, daß du wirklich daran gedacht hast, mir diese Freude zu machen."
Neugierig fügte er hinzu: „Sag bloß, wie hast du dieses Prachtstück eigentlich bekommen?"
Bereitwillig erklärte ich ihm, daß es eine Spezialanfertigung sei.
Ganz gerührt sah er mich an: „Nein, Felix, das vergesse ich dir mein ganzes Leben lang nicht."
„Das glaube ich auch", bestätigte ich bescheiden, „für einen Freund wie dich tue ich alles, auch wenn es lange dauert."
„Was lange dauert, wird gut!" riefen die anderen, aber das klang fast ein bißchen neidisch.
„Gleich nach dem Essen brenne ich sie an", sagte Karlchen und bestellte sich ein Eisbein. Ich nickte zustimmend und dachte im stillen daran, wie ihm dieses bekommen würde. Dann machten wir

uns alle mit großem Appetit über das Essen her. Danach holten wir unsere Pfeifen oder Zigaretten hervor, und Karlchen brannte andächtig seine Zigarre an. Ganz leicht war sie nicht, und so stützte er sich mit dem Ellbogen auf den Tisch.
„Wie köstlich! Wie herrlich!" schwärmte er glücklich und paffte genießerisch dicke blaue Rauchwolken vor sich hin. Während wir uns angeregt unterhielten, beobachtete ich so unauffällig wie möglich den weiteren Verlauf von Karlchens Raucherei. Und siehe da, nach einer Weile wurde Karlchen so merkwürdig still. Sein frisches, rundes Gesicht verfärbte sich in leidende Blässe und bekam schließlich einen ausgesprochen philosophischen Ausdruck. Schließlich erhob er sich wie von der Tarantel gestochen. Er raste in Richtung jener Räumlichkeiten, in denen man sich nicht nur die Hände wäscht.
Kaum war er unseren Blicken entschwunden, ließ sich auch mein Lachen nicht mehr zurückhalten. Die anderen bestürmten mich mit Fragen. „Was ist los, Felix?" „Warum ist Karlchen so schnell . . .?" „Was hast du wieder angestellt?"
Nun erzählte ich, welche Bewandtnis es mit dieser Zigarre hatte. Nun lachten alle, daß die Gläser auf dem Tisch hüpften wie bei Windstärke zehn. Besonders auch, weil Karlchen nicht allein, sondern mit der Zigarre verschwunden war. Er tauchte an diesem Abend auch nicht mehr auf.
Böse Zungen haben später behauptet, Karlchen habe bis zum Morgen auf jenem stillen Örtchen gesessen. Die Zigarre soll auf dem Fensterbrett gelegen haben.
Meine Standpauke bekam ich einige Tage später, und es dauerte eine Weile, bis mein Freund mir diesen Streich verzeihen konnte. Doch wie ich schon zu Beginn sagte: Ich hab's schwarz auf weiß, daß er mir schon lange nicht mehr böse ist. Einen Schaden hat nur die Zigarrenindustrie gehabt. Sie verlor einen ihrer besten Kunden, da Karlchen von diesem Tage an nur noch Pfeife rauchte.

Der Kaiser

Während des zweiten Weltkrieges starb auf Schloß Doorn in Holland ein einsamer, alter Mann. Es war der letzte deutsche Kaiser, und mit ihm sank eine ganze Epoche ins Grab. Auch heute noch ist seine Persönlichkeit sehr umstritten, und Meinung steht gegen Meinung. Es muß eine ganz besonders schwere Aufgabe sein, historische Ereignisse sachlich zu beurteilen. Werden sie sofort schriftlich niedergelegt, fehlt der Abstand. Wird später darüber geschrieben, dann sind die Zeitgenossen gestorben, und man kann nicht mal schnell den einen oder anderen fragen: „Wie haben Sie denn eigentlich die Sache damals gesehen?" — So kommt es, daß in den Geschichtsbüchern ein Urteil vom anderen aufgehoben wird, bis vielleicht mit der Zeit etwas Bleibendes dabei herauskommt. Aber es lohnt sich schon, den Ablauf der Geschichte ein wenig zu verfolgen. Manchmal staune ich doch, wenn ich feststelle, wie verschieden die Urteile oft ausfallen! Ich denke da zum Beispiel an Kaiserin Maria Theresia und ihre österreichischen Landeskinder, die Friedrich den Zweiten wie die Pest haßten. Die Herrscherin konnte den Verlust Schlesiens nicht verschmerzen. Niemand innerhalb ihres großen Reiches fand auch nur ein einziges freundliches Wort für den Preußenkönig. Diesen wiederum störte es besonders, daß Maria Theresia eine Frau war. Von denen hielt er gar nicht viel. Er und seine Zeitgenossen gossen die Lauge ihres beißenden Spottes über das Haupt der gekrönten Frau.

Als der Stern Napoleons aufging, begannen die Völker Europas unter der Tyrannei des Korsen bitter zu leiden. Man ließ über ein Jahrhundert lang kein gutes Haar an ihm.

Heute sieht alles ganz anders aus. —

Heute weiß man, daß Kaiserin Maria Theresia eine Frau war, die den Posten einer Herrscherin hervorragend ausfüllte, und dem Preußenkönig macht man seinen Namen „Friedrich der Große" nicht mehr streitig. — Bei Napoleon hat sich inzwischen herausgestellt, daß er nicht nur ein Tyrann war, sondern zweifellos auch ein genialer Staatsmann.

An diesen wenigen Beispielen sieht man, daß gültige Werturteile kaum von den Zeitgenossen berühmter Menschen gefällt werden können. Der Mensch neigt zu vorschnellen Urteilen, besonders wenn es sich um Zeitgenossen handelt, und darum verlieren solche Aussagen, von wenigen Ausnahmen abgesehen, früher oder später ihre Gültigkeit.

Große Menschen haben selten ein Privatleben, und jedes ihrer Worte wird auf die Goldwaage gelegt. Herr Meier kann den ganzen

Tag seine Familie beschimpfen, sie wird unter ihm leiden oder vielleicht auch mit der Zeit über ihn lachen. Ein unüberlegtes Wort von ihm kann auch keine politische Krise heraufbeschwören. – Die Zeitgenossen eines großen Mannes notieren mit unerbittlicher Genauigkeit alles, was er sagt und tut, und übersehen dabei, daß auch er nur ein Mensch ist. Sie verschleiern die großen Zusammenhänge sehr oft mit einem Nebel nichtssagender Kleinigkeiten.

Kaiser Wilhelm dem Zweiten ist durch die Voreiligkeit seiner Biographen gewiß auch manches Unrecht geschehen, und ich wüßte gerne, wie die Geschichte seine Persönlichkeit in hundert Jahren beurteilt. Schon jetzt beginnen viele, über den letzten deutschen Kaiser anders zu denken. Die Entwicklung nach dem ersten Weltkrieg, der Ausbruch des zweiten und sein grauenvolles Ende haben wesentlich dazu beigetragen. Als der Kaiser 1918 die Abdankungsurkunde unterzeichnete und der tapfere Kampf Deutschlands gegen die ganze Welt seinen bitteren Abschluß gefunden hatte, konnte niemand wissen, was es für Deutschland bedeutete, daß die Monarchie unterging. Revolution und Bruderkampf hatten die Herzen und Sinne verwirrt.

Ich habe beide Kriege dieses Jahrhunderts miterlebt und damit begonnen, Vergleiche anzustellen. Sicherlich bin ich von meinen Zeitgenossen nicht der einzige, der zu dem gleichen Schluß gekommen ist: Uns wurde nach 1918 noch mehr zerstört als 1945! Städte kann man wieder aufbauen, auch der Eiserne Vorhang wird sich eines Tages beiseite schieben lassen, und der Nationalsozialismus war zu wenig im deutschen Volke verankert, als daß er gar zu viele Trauernde hinterlassen hätte. –

Der Kaisergedanke wurzelt seit mehr als einem Jahrtausend im deutschen Volke. Das letzte Kaiserreich hatte uns eine Epoche herrlichen Friedens beschert. Erst die Konkurrenz zwischen den Völkern lieferte den Zündstoff für den Ausbruch des Weltkrieges. Als Deutschland den Kampf verloren hatte, wurde es von der ganzen Welt schuldig gesprochen.

Die Verbitterung im Vaterland führte dazu, in den eigenen Reihen nach einem Schuldigen zu suchen, und die Deutschen fanden ihn in ihrem treuesten Sohn. Der Kaiser ging, und der Großteil seiner verhetzten, durch Not und Enttäuschung verbitterten Untertanen verleugneten seine Verdienste und sagten: „Er ist geflohen."

Der verbannte Kaiser erlebte nicht mehr, daß sein Volk das Urteil über ihn revidierte; aber die Geschichte wird einst auch für ihn ein gerechteres Urteil finden.
Viele meiner Erinnerungen sind mit der Person des letzten deutschen Kaisers verknüpft, dem ich auch persönlich viel zu verdanken hatte. Durch seinen Befehl wurde ich in den aktiven Dienst übernommen, und meine Ausbildung als Offizier der Kaiserlichen Marine bestritt er aus seiner Privatschatulle. Als ich den Kaiser dann persönlich kennenlernte, war ich erfreut, in ihm einen Mann zu finden, der in seinem Wesen Macht mit Güte vereinigte. Die folgenden kleinen Episoden habe ich zum Teil selbst miterlebt, zum Teil machten sie in Marinekreisen die Runde. Mit ihnen steigt eine ganze Epoche aus der Vergangenheit herauf, die zu meinen schönsten Erinnerungen gehört.
Ich verdankte dem Kaiser persönlich die Kommandierung auf „SMS Panther". In meinem „Seeteufel" habe ich erzählt, wie ich als Matrose in Jamaika, infolge eines besonderen Mißgeschicks krank, abgerissen und zerlumpt, meine tiefste Demütigung an Bord von „SMS Panther" erlitt. Ich wollte ja nur einmal wieder deutschen Boden unter den Füßen haben und die Muttersprache endlich wieder hören. Ich fühlte mich verlassen, hatte kein Schiff, aber ein gebrochenes Bein und so viel Hunger! Ich wollte mir nur ein wenig neue Hoffnung und neuen Mut bei diesem Besuch an Bord des „SMS Panther" holen. Als ich in meinem jämmerlichen Aufzug an Deck herumhumpelte, sah mich ein Offizier. Mit den Worten: „Schafft mir dieses Individuum vom Schiff!" wies er mich von Bord. Das war sehr bitter! –
Dieses Erlebnis hatte ich dem Kaiser einmal erzählt, und die Herren seiner Begleitung waren anscheinend entsetzt, daß ich ausgerechnet von so etwas sprach. Der Kaiser meinte nachdenklich: „Welche Romantik läge darin, wenn Sie nun auf dem gleichen Schiff ein Kommando erhielten."
Der Kaiser vergaß so etwas nicht! Kurze Zeit später war es soweit. Oft stand ich an der Reling des „SMS Panther" in meiner schönen, weißen Uniform. Dann hielt ich Ausschau nach einem kranken, hungrigen und heimwehkranken Matrosen, der vielleicht, wie einst Phylax Lüdicke, Sehnsucht nach einem deutschen Schiff oder einem guten Wort hatte.

*

Ein Erlebnis ganz besonderer Art war es, mit dem Kaiser eine Nordlandfahrt mitzumachen. Das war auch die beste Gelegenheit, ihn öfters zu sehen. Ich glaube, daß niemand sich wundern wird, daß Seiner Majestät Offizier Felix Graf von Luckner dann manchmal den Grafen völlig vergaß, und die Anwesenheit des Kaisers als Weltwunder für Phylax Lüdicke empfand. Wenn sich mein Leben auch von Grund auf verändert hatte, konnte ich doch die harten Lehrjahre nicht vergessen. Zu oft sah ich mich in der Erinnerung hungernd und erschöpft, abgerissen oder heimwehkrank. Darum war Kaiser Wilhelm der Zweite für mich nicht nur der oberste Kriegsherr und Herrscher, sondern auch der Kaiser aus dem Märchen, mit einer funkelnden Krone auf dem Kopf, Bratkartoffeln vom goldenen Teller essend.

Sein liebenswürdiges Wesen, vor allem seine Freude an Späßen jeder Art und ganz besonders an der Zauberei, brachte es mit sich, daß er so sehr gern den in dieser Kunst bewanderten Luckner um sich sah. Er konnte so herzlich über ein kleines Kunststück lachen! Bei manchen Tricks war er derart sprachlos, daß jeder sein helles Vergnügen daran hatte.

An Bord des Flaggschiffes „Kaiser" ließ er mich mit schöner Regelmäßigkeit rufen, wenn immer er einen Besuch hatte. Einmal lag „SMS Kaiser" im Kieler Hafen, als der König von Italien mit seiner Jacht zu Besuch kam. Natürlich wollte Seine Majestät diesen hohen Gast durch eine große Einladung auf sein Schiff gebührend ehren.

Ebenso natürlich hatte ich wenige Stunden danach schon eine genaue Liste der Geladenen. Meine Verbindungen bewährten sich wieder einmal so glänzend, daß ich auch ganz genau wußte, wer von den Geladenen an der langen Tafel mit den beiden Majestäten zusammensitzen würde.

So konnte ich denn in aller Ruhe die notwendigen Vorkehrungen treffen. Ich bummelte am Tag zuvor durch Kiel und hielt Ausschau nach schönen, seidenen Taschentüchern. Von der Sorte, die mir am besten gefiel, kaufte ich gleich zwei Dutzend auf einmal. Danach hatte ich allerlei Gänge zu erledigen. Am Abend kam ich endlich wieder auf „Kaiser" zurück und suchte auch hier noch die verschiedensten Leute auf.

Als ich mich dann gegen Mitternacht zu Bett legte, konnte ich mit ruhigem Gewissen einschlafen: Sollte morgen die Aufforderung an mich ergehen, der Tafelrunde einige Zauberkunststücke zu bieten: Der Luckner war bestens vorbereitet! –

Am nächsten Tage saß ich noch in der Messe beim Nachtisch, als schon eine Ordonnanz von der kaiserlichen Tafel erschien. Majestät bäte mich, zu ihm zu kommen. Ich schlang schnell die letzten Pflaumen herunter, strich mir noch mal über die Haare und ging. Der Spaß konnte von mir aus beginnen.

An der langen Tafel saß neben dem Kaiser sein Ehrengast, der König von Italien. Dann folgten die Herren der hohen Admiralität, darunter mein Gönner, Prinz Heinrich. Anwesend war selbstverständlich auch der Kommandant sowie noch mehrere andere verdiente Offiziere.

Zuerst bat ich darum, ein Ei bestellen zu dürfen. Im Nu wurde es gebracht. Ich legte es auf die flache Hand, bedeckte es mit einem rotseidenen Tuch und sprach ein feierliches „Hokuspokus“ darüber. Vorsichtig lüftete ich das Tuch ... kein Ei mehr da! Alle staunten und der Kaiser hatte ganz blanke Augen. Nun schwang ich das Tuch in der Luft herum – weg war's – meine Hände waren leer!

Die veilchenblauen Augen Seiner Majestät starren mich an. Ich verbeuge mich: „Wenn Euer Majestät die Güte haben wollen, in der rechten Rocktasche nach dem vermißten Tuch zu sehen?“

Der Kaiser greift eifrig in die Rocktasche, seine Bewegung wird plötzlich langsam. Sprachlos zieht er tatsächlich das rote Tuch daraus hervor. Er sieht mich mißtrauisch von der Seite an, rückt so ein bißchen weg von mir, überlegt ... Sein Blick gleitet über die Gesichter der verstummten Gäste und bleibt an den markanten Zügen des Flottenchefs, Admiral von Ingenohl, hängen. „Das mit dem roten Tuch müssen Sie unbedingt noch einmal machen. Diesmal soll es bei Admiral von Ingenohl erscheinen, der sitzt so schön weit weg von Ihnen.“

Der Kaiser reicht mir das Tuch zurück, ich schwinge es mit einem „Hokuspokus“ hoch in die Luft – weg!

Meine Verbeugung gilt nun dem Flottenchef: „Bitte, wenn Euer Exzellenz die Güte haben wollen, in der linken Brusttasche nachsehen zu wollen?“

Admiral von Ingenohl versenkt seine Hand mit todernstem Gesicht in die Brusttasche und – zieht das rote Tuch heraus.

Wiederum allgemeines Staunen, besonders der Kaiser kann's gar nicht fassen. Plötzlich huscht ein Lächeln über sein Gesicht, er wird ganz aufgeregt: „Der Luckner soll das noch einmal machen", verkündet er der Runde, „geben Sie ihm bitte das Tuch schnell herüber."

Ich kann mir das Lachen kaum verkneifen bei diesem Eifer und sehe sehr wohl den raschen Seitenblick Seiner Majestät zum König von Italien. Der trug nämlich, da er traditionsgemäß Chef des Husarenregiments König Umberto war, die fesche Husarenuniform. Der mit vielen Schnüren besetzte Rock, die sogenannte Attila, ist bis zum Halse eng geschlossen und quer über der Brust mit dicken, seidenen Schnüren versehen.

Der Kaiser mochte meinen, daß sich in einen Harnisch dieser Art ganz unmöglich ein Taschentuch hineinzaubern läßt. Wie erwartet, so kam es auch: Beim König von Italien sollte das Tuch gefunden werden, und in der inneren Rocktasche!

Na, denn man tau. Hokuspokus – weg ist das Tuch! –

Der König wird ganz rot im Gesicht und beginnt sofort, an seiner Attila herumzufingern. Er zerrt ungeduldig an den Schnüren, kommt aber gar nicht mit der verwirrenden Mechanik von Kordeln und Schnüren zurecht. Der Kaiser kann's gar nicht erwarten, beugt sich eifrig zu seinem Gast hinüber und hilft. Endlich haben beide Majestäten unter erheblichen Anstrengungen das Patent gelöst. Nun ist aber so eine Uniformjacke außerdem noch von oben bis unten mit vielen Häfteln, Haken und Ösen fest verschlossen. Kein Kammerdiener war zur Hand, und die beiden mußten jetzt auch noch mit diesem schwierigen Problem fertig werden. Die Spannung wuchs, das Schweigen aller vertiefte sich.

Endlich gelang es den vereinigten Kräften der hohen Herren, an die innere Rocktasche vorzudringen. Als auch in der Hand des Königs ein rotes Tuch leuchtete, wollte das Staunen kein Ende nehmen, und mein Ruf als Zauberer war von da an endgültig gesichert.

Ich aber dachte nach meiner gelungenen Vorführung: Es geht doch nichts über die Verschwiegenheit von Kammerdienern und Burschen!

Ein paar Tage später bekam ich einen bösen Anpfiff von einem der hohen Offiziere, die an der Tafel teilgenommen hatten. Sofort nach dem Fest war er in der gleichen Uniform nach Berlin zu seiner Frau gefahren. Sie entdeckte zu ihrer maßlosen Empörung ein fremdes, rotseidenes Tuch in seiner Rocktasche. Trotz aller Treuebeteuerungen hielt sie ihm eine furchtbare Gardinenpredigt, die er nun schleunigst ganz empört an mich weiterleitete.

Sein ganz persönliches Pech, daß er bei der Zauberei nicht „drangekommen" war. Was kann ich außerdem dafür, daß er sich nicht vor der Abreise nach Berlin umgezogen hatte!

Diese kleine Panne konnte mich aber nicht davon abhalten, weiterhin den Zauberer zu spielen. Alle haben so einen Spaß dabei! Das Lachen, das Staunen, das Wundern macht aus allen Leuten wieder Kinder. Wenn sie nur wüßten, wie gut ihnen das steht!

Ganz besonders schön waren stets die Flottenmanöver!

Ein Schiff immer im Kielwasser des anderen, so zogen Einheiten aller Größen und Klassen in kilometerlanger Reihe am Kaiserlichen Flaggschiff vorüber. Der Anblick dieser schwimmenden Festungen ist einfach unbeschreiblich imposant gewesen. Ich liebe Segelschiffe seit meiner Kindheit, aber ich muß zugeben, daß die wuchtigen Linienschiffe und Schlachtkreuzer, die schnittigen Kleinen Kreuzer und die schnellen Zerstörer und Torpedoboote doch auch fabelhafte Kähne waren. Der Seemann sagt selbst zu dem prachtvollsten Schiff meistens „Kahn", und dabei fällt mir ein, wie sehr der Kaiser gegen diese in Marinekreisen eingefleischte Bezeichnung angegangen ist. Bei einem Flottenmanöver kam es wegen dieses verpönten Wortes zu einem Zwischenfall, der sich mit Windeseile in der ganzen Marine verbreiten sollte.

Der Kaiser stand auf der Flottenchefbrücke seines Flaggschiffes und nahm die Parade ab. Bis über die Toppen geflaggt zogen die Schiffe bei strahlendem Kaiserwetter eines nach dem anderen vorüber und grüßten den Herrscher. Hingerissen beobachtete dieser das eindrucksvolle Schauspiel. Trotzdem entging ihm nicht, wie der Kommandant auf der darunterliegenden Brücke zu einem seiner Offiziere sagte: „Sehen Sie sich nur diesen schönen Kahn an!" Der Kaiser blickte hinunter und rief: „Kommen Sie doch bitte mal 'rauf!"

Als der Sünder vor seinem obersten Kriegsherrn stand, sagte der scharf: „Eines will ich Ihnen ausdrücklich sagen: Meine Schiffe sind keine Kähne. Bitte sich das endlich zu merken."

„Zu Befehl!" antwortete zerknirscht der Kommandant. Darauf

wandte sich der Kaiser wieder dem grandiosen Anblick zu. Plötzlich wies er mit der Hand nach vorn und fragte: „Sagen Sie bitte, wie heißt denn das Schiff dort hinten? Ich kann den Namen nicht erkennen."

Eilfertig hob der Kommandant das Glas, schaute hinein, setzte es wieder ab, stotterte: „Das ist Euer Majestät Schiff Peli ... Peli ...", er stockte, „Pelischiff", brachte er schließlich leicht verlegen heraus.

„Pelischiff?" Erstaunt sah ihn der Kaiser an.

„Sehr wohl, Majestät", kam die klassische Antwort, „Majestät haben mir verboten, ‚Kahn' zu sagen."

Im gleichen Augenblick rauschte das Schiff vorbei und an der weißen Bordwand blitzte in Goldbuchstaben „SMS Pelikan". Der Kaiser versuchte vergeblich sein Lachen zu unterdrücken. Das Pelischiff wurde jedoch durch diese kleine Episode berühmter als mancher große Kollege. –

*

Wenn der Kaiser eine Seereise machte, hatte er die Angewohnheit, irgendwann spät am Abend noch einen kleinen Rundgang an Deck zu machen. Bei einer solchen Gelegenheit sah er einmal einen seiner Offiziere einsam an der Reling stehen. Er hielt ein Blatt Papier in der Hand und schaute tief in Gedanken versunken hinunter auf die dunkle See. Darum merkte er auch nicht, daß sich Schritte näherten und fuhr erschrocken zusammen, als er so unverhofft den Kaiser erkannte. Sofort nahm er Haltung an und grüßte.

Der Kaiser sah im Gesicht des jungen Mannes die Spuren von Kummer und Leid. Darum blieb er wohl stehen und fragte: „Hängt Ihr Kummer etwa mit diesem Brief hier zusammen?"

Der Offizier sah den Kaiser an und nickte stumm.

Da fragte der Herrscher: „Haben Sie Vertrauen zu mir?"

„Jawohl, Majestät", kam die leise Antwort.

„Nun, dann können Sie mir ja wohl den Grund Ihres Kummers anvertrauen. Vielleicht kann ich Ihnen helfen."

Der Offizier gab dem Kaiser zögernd das Blatt Papier. „Dieser Brief ist der Grund, Majestät", sagte er und versuchte umsonst, seiner Stimme einen festen Klang zu geben.

Der Kaiser grüßte und ging mit dem Brief fort. Der Offizier, ein Leutnant J., blieb allein an der Reling zurück und wischte sich heimlich die Tränen aus den Augen. Der Brief, den der Kaiser mitgenommen, bedeutete für den jungen Leutnant die Zerstörung aller Hoffnungen und aller Lebensfreude. Das hochwohlgeborene Fräulein von R. mußte ihm auf seinen Antrag hin mitteilen, daß ihr die Heirat mit einem Bürgerlichen von der Familie verboten worden sei. Wohl stand auch in dem Brief, wie sehr sie ihn liebte, daß sie niemals aufhören würde, ihn zu lieben. Aus den erwähnten Gründen sei aber eine Heirat völlig ausgeschlossen.
Der Leutnant J. grübelte trotz des hohen Besuches weiter über das grausame Schicksal nach. Er verstand die Welt nicht mehr, die Liebenden verbot, einander zu lieben, nur weil er ein schlichter Leutnant J., sie jedoch ein adeliges Fräulein war. Stunde um Stunde verging. Er war immer noch an Deck, sein Kummer war viel zu groß, als daß er in dieser Nacht Schlaf gefunden hätte. — Ja, er glaubte, trotz der Anteilnahme des Kaisers, an nichts mehr.
Er konnte ja nicht wissen, daß der Kaiser die Sache inzwischen in die Hand genommen hatte. In der gleichen Nacht ging nämlich ein Telegramm an die Eltern des Fräulein von R.
Der Inhalt lautete:
„Gratuliere zur Verlobung meines Leutnants von J. mit Ihrer Tochter. — Wilhelm II. I. R."
Am nächsten Morgen erfuhr ein unausgeschlafener Leutnant der Kaiserlichen Marine, daß er über Nacht ein von und damit seine Herzallerliebste gewonnen hatte. Das war ein Glück!
Wenn der Kaiser noch leben würde, dann führe ich mit einem reizenden jungen Mädchen zu ihm. Wenn er mich dann fragte, wer die junge Dame sei, würde ich ihm antworten: „Majestät, diese junge Dame ist die Enkelin des Leutnants von J."
Beim Anblick des bezaubernden kleinen Geschöpfes würde er mit seiner einstigen Rolle als Heiratsvermittler bestimmt sehr zufrieden sein. —

*

Der flotte Schnurrbart mit den hoch emporstehenden Enden war die große Mode geworden, weil der Kaiser ihn so trug. Herr Haby, der Leibfriseur Seiner Majestät, erfand eine Bartbinde, die es auch

Doppelschrauben-Viermastschoner „Vaterland“
Nach einem Gemälde von Marinemaler Hans Bohrdt

1926 mit dem Kronprinzen in Heiligendamm

1926 mit der Frau Kronprinzessin und zweien ihrer Söhne

1937 mit meiner Mutti

anderen Herren ermöglichen sollte, den Kaiser-Wilhelm-Bart zu tragen. Er nannte diese Bartbinde „Es ist erreicht". Der Name selbst war schon ein Schlager und brachte klar zum Ausdruck, daß man ohne diese Erfindung des Leibfriseurs ganz gewiß keinen Kaiser-Wilhelm-Bart züchten könnte. Schließlich war es auch ein Kunststück, die widerspenstigen Haare daran zu gewöhnen, zu beiden Seiten des Mundes flott in die Höhe zu stehen. Mit erheblichen Mengen an Bartwichse und besagtem Hilfsmittel strebten viele Herren eifrig dem kaiserlichen Bartwuchs nach. Wem es gelang, einen solchen Schnurrbart zu züchten, durfte mit berechtigtem Stolz sagen: „Es ist erreicht", und so bekam der Bart seinen Namen.

Auch der Marinemaler Salzmann huldigte dieser Mode. Er fehlte auf keiner der traditionellen Nordlandfahrten. Es fiel aber keinem Menschen ein, den Maler mit seinem richtigen Namen zu nennen. Jeder nannte ihn „Onkel August", genau wie der Kaiser. Onkel August war nicht nur ein guter Maler, sondern auch ein Unikum mit köstlichem Humor und allseits bekannter Schlagfertigkeit. Seine Augen strahlten vor Lebensfreude aus einem wohlgenährten Gesicht. Kahl war sein Haupt, aber um so schöner und vollkommener wirkte sein „Es-ist-erreicht"-Bart. Trutzig und verwegen standen zu beiden Enden seines Mundes die Schnurrbartenden in die Höhe. Er hatte es wirklich erreicht!

Von dem sprichwörtlichen Humor und der Schlagfertigkeit des Onkel August sollte auch ich einmal eine Kostprobe mitbekommen. Der Kaiser liebte es, spazieren zu gehen. An einem herrlichen, aber sehr heißen Nachmittag wurde beschlossen, das schöne Norwegen einmal von oben anzusehen. Ein hübsches Café auf der Spitze eines kleinen Berges sollte das Ziel der Wanderung sein. Zu diesem Ausflug war auch ich eingeladen. Der Kaiser galt als ausgesprochen guter Wanderer, wovon ich mich nun selbst überzeugen konnte. An der Spitze unserer kleinen Kavalkade ging er mit weit ausladenden Schritten voran. Kurz hinter ihm folgte schwitzend und schnaubend Onkel August. Die Glatze hatte er mit Hilfe eines viermal geknoteten Taschentuches recht unzureichend vor der sengenden Sonne geschützt, weil ihm die Mütze noch unbequemer war.

Endlich, endlich war das Ziel der Wanderung erreicht. Der Kaiser blieb stehen und wartete, bis auch die Nachzügler bei ihm waren.

Dicht neben ihm stand Onkel August und wischte sich schnaufend die Glatze trocken. Spontan nahm der Kaiser seine weiße Mütze ab, stülpte sie dem überraschten Onkel August aufs kahle Haupt und rief vergnügt:
„Da, Onkel August, trag du auch einmal die Krone!"
Der also Geehrte verbeugte sich bis zur Erde, richtete sich würdevoll wieder auf, zwirbelte seine recht ramponierten Schnurrbartenden stolz in die Höhe und seufzte dabei glücklich lächelnd:
„Majestät, es ist erreicht!"
Der Kaiser lachte so, daß er beinahe keine Luft mehr bekam, und Onkel August war wieder einmal der Held des Tages.

*

So hatte der Kaiser wie andere Menschen auch sehr liebenswerte Züge. Sie sind leider später oft in Vergessenheit geraten. Ich habe ihm viel zu verdanken und bewahre ihm ein ehrendes Andenken.
Es war mir auch vergönnt, seinen Sohn, den Kronprinzen, kennenzulernen. Er trug sein Schicksal mit solcher Würde, daß ihn alle liebten. Ein Bild, welches uns zusammen zeigt, gehört zu meinen schönsten Erinnerungen. Kurz nach dem Zusammentreffen kam die Kronprinzessin mit den jungen Prinzen an Bord meines Schiffes „Vaterland". Hell war die Begeisterung der Jungs an dem schönen Segler, mit dem ich bald hinausfahren würde, um für Deutschland Freunde zu finden. Mit ungelenker Knabenhand trugen sie sich der Reihe nach im Gästebuch ein. Weil es ihnen gar so gut an Bord meines Schiffes gefallen hatte, durften sie die „Vaterland" noch einmal besuchen. Die kleinen Prinzen flitzten an Deck und unter Deck herum, hatten tausend Fragen an die Matrosen und wären am liebsten als Schiffsjungs mitgefahren. Sie waren voll frischer Natürlichkeit, und jeder schloß sie ins Herz.
Keiner sollte jemals die Krone der Ahnen tragen dürfen, aber dennoch sind sie die Träger einer großen Tradition. Sie haben alle im Leben bestanden und auch ohne die Vorrechte, die ihnen die Geburt bestimmte, ihr Schicksal tapfer gemeistert.
Ein Großteil deutscher Geschichte ist mit dem Hohenzollernhause eng verknüpft, soviel steht fest.
Ich bin nur ein schlichter Seemann und kein Geschichtsprofessor.

Ich kann nur sagen, daß zu den Menschen, die ich kannte und verehrte, auch Wilhelm der Zweite gehörte, Deutschlands letzter Kaiser.

Mißglückte Rettung

Nachdem der Weltkrieg ausgebrochen war, bemühte ich mich um die Kommandierung auf ein Schlachtschiff, aber das war gar nicht so einfach. Da konnte nur eine Krankheit helfen! Mir fiel ein, daß ein Blinddarm zum Leben nicht nötig ist. Ich ließ meinen herausnehmen und bekam nach meiner Gesundung die Planken eines nagelneuen Schlachtschiffes unter die Füße. Mehr wollte ich ja nicht erreichen.
Ich wurde Divisionsoffizier auf dem „Kronprinz", — eine Aufgabe, die mir sehr viel Spaß machte. Vom Krieg zur See bekam man allerdings auch dort noch nicht viel zu spüren. Wir exerzierten und hielten Übungen am laufenden Band ab, um im Ernstfall schnell bereit zu sein.
Unterbrochen wurde der Dienst eigentlich nur vom Kohlennehmen. Da hieß es, feste 'ran und ordentlich zupacken, damit die Arbeit so schnell wie möglich vorüber war. Das Schiff war ja während dieser Zeit nicht gefechtsklar. Darum gab es stets einen gewaltigen Wettstreit zwischen den einzelnen Divisionen, um die Sache schleunigst zu beendigen. Die Arbeit war schwer und vor allen Dingen entsetzlich schmutzig. Aus diesem Grunde durfte jeder in seinen alten Klamotten zur Arbeit erscheinen. Müßig zu sagen, daß diese Gelegenheit zu einem gewissermaßen offiziellen Mummenschanz nach Kräften ausgenützt wurde.
Die Mannschaft erschien in der unmöglichsten Aufmachung, und mancher sah wirklich zum Brüllen komisch aus. Das allein verlieh dem Kohlennehmen einen humoristischen Anstrich, und bei guter Laune schafft sich bekanntlich alles leichter. Auch die Offiziere packten tüchtig an, und wir arbeiteten einträglich zusammen, daß der Ruß nur so flog.
Ich selbst zog zu diesem Anlaß stets mit größtem Vergnügen meine alten Phylax-Lüdicke-Sachen an, in denen ich mich so heimisch und wohl fühlte. Dann hatten sie ihren Ehrentag. Als Krönung

meines verwegenen Aussehens stülpte ich mir dann noch einen Zylinder aufs Haupt. So erschien ich auf der Bildfläche und schippte mit meinen Jungs um die Wette. Der kohlenschippende Luckner mit dem festlichen Zylinder auf dem Kopf war mit der Zeit eine feststehende Einrichtung geworden. Noch heute erzählen mir alte Kameraden von diesem merkwürdigen Anblick und den Lachsalven, die mein Auftritt verursachte.
Als ich einmal die Überwachung der gesamten Arbeit übertragen bekam und daher nicht mitarbeiten konnte, setzte ich als Preis für die schnellste Division meinen teuren Zylinder aus. Da flogen die Schaufeln nur so! Natürlich lag meiner Division besonders daran, die Trophäe zu erringen. Sie wollten unter keinen Umständen, daß der Zylinder ihres Divisionsoffiziers in andere Hände überging. Tatsächlich gewannen sie das Rennen nach erbittertem Kampfe und zogen kohlrabenschwarz, aber hochbeglückt mit meinem Zylinder ab. Oberleutnant H., ein Bordkamerad, mag wohl etwas verstimmt gewesen sein, daß nicht seine Division den Preis davontrug. Er hatte sowieso eine gewisse Anlage zum Neid. Aber auf was bloß! Ich wußte es lange Zeit nicht.

*

Immerhin setzte er sich gern dazu, wenn ich meinen Jungs etwas erzählte. Die Gelegenheit dazu ergab sich beim Zeugflicken. Während fleißig genäht und gestopft wurde, unterhielt ich sie durch die Erzählungen von meinen zahllosen Abenteuern. Von Mexiko hörten sie besonders gern. Da war ich eine zeitlang Soldat und half mit, das Hinterportal des Schlosses zu bewachen. Porfirio Diaz, der damalige Diktator, mochte allen Grund haben, sich gehörig beschützen zu lassen. Mexiko war ein heißes Pflaster, und die jeweiligen Herrscher wechselten so schnell wie die Damen ihre Hüte. Die Wachmannschaft hatte es wahrhaftig nicht leicht, denn die Sonne brannte den ganzen Tag und nirgends gab es Schatten. Wir marschierten mit dem Gewehr über „immer an der Wand lang".
Um sicherzugehen, daß die Soldaten ihrer Pflicht gewissenhaft nachkamen und nicht im Gehen schliefen, hatte man sich eine perfide Überwachungsmethode ausgedacht. Na, nun wurde mir schnell

klar, warum das erste Geschoß im Lauf des Gewehrs eine Platzpatrone war.

Der wachhabende Offizier ging zur Kontrolle an der Außenseite des Palasthofes entlang, so daß wir ihn weder sehen noch hören konnten. Er hatte eine Lanze bei sich, an deren Spitze eine Kokosnuß befestigt war. Hielt er die Lanze hoch, so daß die Kokosnuß über den Rand der Mauer hinweg im Innenhof sichtbar wurde, mußten wir sofort Feuer geben. Auf diese einfache Art und Weise stellte er ohne Mühe fest, ob wir aufpaßten. Die Kokosnuß diente also sozusagen als Ersatz für den Kopf eines vermeintlichen Attentäters. Eine vertrackte Erfindung! Mit dem Dösen war's nichts, denn jeden Moment konnte ja so eine Nuß über dem Mauerrand erscheinen. Ob wohl der Ausdruck: „Paß auf, sonst bekommst du eins an deine Nuß" von dieser seltsamen Überwachungsmethode herstammt? —

Manchmal hatte ich auch Innendienst. Dann putzte ich das feine Tafelsilber auf Hochglanz oder mußte Geschirr abtrocknen. Ich hatte so lange keine Gelegenheit gehabt, solch schöne Sachen zu sehen, und darum machte mir diese Arbeit besonders Spaß. Unvergeßlich ist mir das wundervolle feine Porzellan aus der Kaiserzeit mit dem goldenen M des unglücklichen Kaisers Maximilian in der Mitte und der wuchtigen Krone darüber. Mir tat es immer leid, daß zwischen die Teller keine Schondeckchen gelegt wurden. Ich glaubte nämlich, mit der Zeit würde ohne solche Schondeckchen das kostbare Gold abschubbern.

Viele Jahrzehnte später sah ich ein Stück dieses Tafelservices in einem schwedischen Antiquitätengeschäft und kaufte es. Nun hängt der schöne Teller in meinem Heim an der Wand. Das goldene M mit der Krone darüber erinnert mich immer wieder an meine Soldatenzeit im heißen Mexiko. —

Lange hielt es mich jedoch nicht. Irgend jemand erzählte mir, daß gar nicht so weit entfernt sehr ergiebige Goldfelder seien, wo man sein Glück in Kürze machen könnte. Ich natürlich nichts wie hin. Die Sache erwies sich jedoch nur auf dem ganz im Gegenteil langen Weg als romantisch. Am Ziel meiner Reise angekommen, entdeckte ich, daß alles anders aussah, als es sich meine blühende Phantasie vorgestellt hatte. Die Goldgräber schienen nichts weniger als reich zu sein. Sie diggten von morgens bis abends ununterbrochen. Die

Frauen und selbst kleine Kinder schüttelten von morgens bis abends den Sand durch ein feinmaschiges Sieb. Glücklich konnte sich preisen, wer am Abend ein paar winzige Goldkörner beieinander hatte. Reich konnte man aber bei dieser Arbeit augenscheinlich nicht werden. Die Leute hausten in erbärmlichen Notunterkünften und mußten den Großteil ihrer Ausbeute an die Händler abgeben. Die kamen von weither, nützten die Hilflosigkeit ihrer Kunden aus und verkauften ihnen die Lebensmittel zu doppelten Preisen. Diese Händler sahen ganz ohne Goldgräberei nach Gold aus.

Ich selbst hatte es unter diesen Umständen auch bald satt und sah mich nach einer einträglicheren Beschäftigung um. Ich schloß mich einem Mann an, der einen Karren und zwei Esel besaß. Wir gründeten eine Trinkwasser-Verkaufsgesellschaft; auch etwas, was in der sandigen Einöde des Goldgräberdorfes nicht zu haben war. Gemeinsam zogen wir in die Berge und füllten unsere Holzfässer mit frischem Quellwasser. Im Eiltempo ging es dann zurück, und wir verkauften es an die Goldgräber. Das Geschäft blühte und um den Absatz brauchten wir uns keine Sorgen zu machen. Trotzdem, immer Wasserverkäufer? Ne! Ich besaß nun ein wenig Gold, mein Leinensäckchen hatte ich voll, aber — die Nase auch. Ich verabschiedete mich von meinem Kompagnon und wanderte in die Stadt zurück.

Dort kehrte ich in einem Drugstore ein, so einem Mitteldings zwischen Apotheke und Bar, Lebensmittelgeschäft und Kaufhaus, ließ dort mein Gold auf einer mittelalterlichen Waage wiegen und bekam dafür die entsprechende Menge Geldes ausbezahlt. Und nun lockte die See mich wieder. Ich heuerte auf einem Schiff an, das Chile-Salpeter nach Frankreich geladen hatte. —

Meine Jungs hörten stundenlang zu und manche faustgroße Beule wurde dabei fein säuberlich zugestopft. Dem Oberleutnant H. schien die Erzählung meiner Abenteuer ebenfalls mächtig Spaß zu machen. Trotzdem blieb er immer sehr auf Distanz. Neidete er mir gar die Zuneigung meiner Leute? Oder waren etwa meine Rettungsmedaillen der Stein des Anstoßes? Das konnte möglich sein.

Oberleutnant H. war ein besonders feiner Knopp, groß, schlank wie der Mast, sehr gepflegt und sehr eitel. Ob aber mein finsterer Verdacht berechtigt war, konnte ich nicht feststellen, bis Fietje über Bord fiel.

Wir standen alle dabei, auch Oberleutnant H., der gerade in Begriff war, an Land zu gehen. Er hatte sich natürlich fabelhaft in Schale geworfen und sah mit seiner großen Schärpe wie der Kriegsgott persönlich aus. Nur die Brustseite, wo die Orden hingehören, war völlig kahl. Das mochte auch ihm durch den Kopf geschossen sein, als er unseren Fietje so mir nichts, dir nichts ins Wasser sausen sah. Ohne Rücksicht auf sein göttliches Aussehen warf er sich in voller Uniform hinab in die trüben Fluten.

Nun erlebten wir Zuschauenden ein Schauspiel von geradezu unbeschreiblicher Komik. Fietje schwamm zielsicher und entschlossen in Richtung Fallreep. Sein tapferer Oberleutnant hinterher. Es sah aus wie ein Wettkampf unter ungleichen Voraussetzungen. Schließlich hatte Fietje ja auch keine Galauniform an, wie sein todesmutiger Retter. Der Kampf war ungewöhnlich spannend, da der Oberleutnant den Fietje trotz verzweifelter Bemühungen nicht einzuholen vermochte. Die Schärpe schien besonders hinderlich zu sein! Als Fietje beim Fallreep angepaddelt kam und schon den Arm ausstreckte, um sich hochzuziehen, hörten wir den Oberleutnant verzweifelt keuchen: „So warten Sie doch, Mann, ich will Sie ja retten!"

Der hartherzige Fietje kümmerte sich jedoch nicht um den Ruf seines verhinderten Retters. Er hatte wohl genug vom Baden und wollte ohne Zeitverlust wieder ins Trockene. Nach ihm erschien triefend der Oberleutnant an Deck. Wie sah die schöne Uniform aus, ein Jammer! Zartfühlend verzogen wir uns bei diesem traurigen Anblick.

Ich vor allem hatte es besonders eilig zu verduften. Und dabei hätte ich dem Oberleutnant eine Rettungsmedaille wirklich von ganzem Herzen gegönnt!

Kiek in de Sünn!

Ich hab' Schmetterlinge immer gerne gehabt, aber bevor ich mir eine Sammlung zulegen konnte, riß ich von zu Hause aus. Auf See dachte ich in vielen einsamen Stunden an meine Mutti und überlegte immer, mit was ich ihr eine Freude machen könnte, wenn ich irgendwann einmal wieder ins Elternhaus kommen sollte.

Ich hatte ja solche Sehnsucht! Schließlich fiel mir ein, daß ein Tablett mit Schmetterlingen verziert ganz gewiß hierfür geeignet sein würde. Ein Brett machte mir der freundliche Schiffszimmermann, und ich verwahrte es in meiner Seekiste. Das Bullaugenglas war ja ziemlich dick, aber man konnte durchschauen. Also war ich zufrieden. Jetzt fehlte nur noch das Wichtigste: Die Schmetterlinge!

Um die Jahrhundertwende fuhr ich als Matrose auf der „Castilia" nach Venezuela. Eines Sonntags hatte ich Landurlaub und machte mich fein. Weißes Zeug, wie die Offiziere, besaß ich natürlich nicht. Aber mit meinen einzigen Schuhen, auf Hochglanz poliert, kam auch ich mir bereits hochelegant vor.

Als ich durch die Stadt schlenderte, landete ich in einem großen Park mit herrlichen alten Bäumen. Schließlich stand ich vor einem großen Denkmal, auf dessen Spitze ein riesiger Adler seine mächtigen Schwingen entfaltete. Dunnerkiel, da flogen die schönsten Schmetterlinge in allen Farben und Größen herum. Das Tablett für Mutti fiel mir ein!

Ich bestieg die Stufen des Denkmals, nahm meine Mütze ab und machte mich auf die Jagd. Ich sprang und hüpfte auf den Stufen herum, bis ich ganz außer Puste war. Als ich einen Augenblick innehielt, um Atem zu schöpfen, sah ich einen Mann in großer Eile näher kommen. Wollte der etwa auch?

Ganz im Gegenteil! Ihm schienen meine Bemühungen offensichtlich nicht zu gefallen. Kaum stand er am Fuße des Denkmals, so übersprudelte er mich mit einer Flut unverständlicher Wörter. Aus Höflichkeit kam ich herunter, um den Grund seiner Aufregung zu erfahren. Minsch! Der sah ja wie ein Polizist aus! Am Gürtel baumelte ein schwerer Colt, und um die Schultern hing ihm ein großes Lasso. Kein Zweifel: ein spanischer Schupo!

Wieder überschüttete er mich mit einer Flut unverständlicher Wörter und endete schließlich mit einem strengen „Capito?" Ich nickte gehorsam mit dem Kopf, obgleich ich wirklich nicht wußte, was ich ausgefressen hatte. Angesichts der Bewaffnung des Herrn hielt ich es aber für klüger zu „capito". Der hätt' mich ja mit seinem Lasso eingefangen wie eine Kuh!

So landete ich im Gefängnis. Nach endlosem Warten auf einem stickigen Gang erfuhr ich endlich die Ursache meiner Verhaftung:

„Das Fangen von Schmetterlingen war verboten!" Wirklich – nicht nur das Herumklettern auf dem Denkmal!
Man führte mich in einen kleinen Raum, in dem nichts weiter als eine äußerst schmale Holzbank stand. Am Abend kam ein finsterer Geselle, dem ich meine Schuhe abgeben mußte. Eine wirksame Maßnahme, freiheitsliebende Gefangene an einem Ausbruch zu hindern. Auf dem heißen Sand dieser Gegend wäre ich auch nicht gerne barfuß gegangen. –
Die Zeit schlich dahin. Mit jeder Stunde fand ich Länder, in denen der Schmetterlingsfang verboten ist, unausstehlicher.
Am anderen Morgen bekam ich nur meinen rechten Schuh zurück. Der linke sei leider verschwunden, bedeutete man mir. Da sank mir wirklich der Mut! Das kann nur der richtig verstehen, der selber, wie ich damals, nur ein einziges Paar Schuhe besitzt. Ich trauerte sehr. –
Barfüßig fegte ich die endlosen Gänge des Gefängnisses sauber. Zu Mittag gab es eine eigenartige Suppe. Sie bestand aus braunen Bohnen, die in einer schmutzigen Brühe schwammen. Sie schmeckte wie dreißig Jahre alte Mauleselbouillon. Meine Stimmung sank auf den Nullpunkt.
Nach dem Essen wurde ich wieder verhört und erfuhr dabei, daß ein Polizist auf die „Castilia" geschickt worden sei. Er sollte meine Angaben überprüfen und beim Zahlmeister drei Mark einkassieren. Bißchen viel Pension für ein Gefängnis, wo man feste arbeiten mußte und trotzdem nur Mauleselbouillon bekam. –
Meine Dankbarkeit gegenüber dem Zahlmeister stieg ins Grenzenlose, als der Polizist mit dem Gelde wiederkam. Der Alte hätte mich ja auch ohne weiteres länger brummen lassen können. Die Ladung war gelöscht, und die „Castilia" lag ohnehin noch eine Weile im Hafen.
Kiek eins an, plötzlich war mein lieber linker Schuh wieder da, und ich wurde vor die Gefängnistür gesetzt: Als freier Mann!
An Bord erfuhr ich dann, daß man einen fremden Matrosen nicht nur gerne erwischte, sondern auch mit Wonne ein bißchen länger als nötig brummen ließ. Jeder Tag brachte schließlich eine Arbeitskraft ein und noch dazu ganze drei Mark!
In Chile wurde ich nochmals eingesperrt. Wieder waren die heißersehnten Schmetterlinge schuld, daß ich mich hinter Gittern

wiederfand. Sie schienen tatsächlich damals in diesen Ländern einen gewissen Schutz zu genießen. Von da an schwur ich mir, die lieben Tierchen in Frieden zu lassen. Aber ich war doch recht traurig, meiner lieben Mutti kein Schmetterlingstablett anfertigen zu können. Mein ganzes Ideal schwand dahin! Und das war viel schlimmer als im Gefängnis gewesen zu sein. Dort kann man als Seemann sehr schnell mal landen. Man kennt die fremden Länder und ihre Sitten nicht und ist — heidi — im Kittchen.

Wenn ich an ein späteres Erlebnis in Texas denke, muß ich allerdings sagen, daß man auch ohne irgendwelche Schuld in den „Armen" der Polizei landen kann. In Texas kam ich durch meinen „Seemannsgang" und — die Wahrheit fast hinter schwedische Gardinen. Ich hielt einige Vorträge in der hübschen Stadt Dallas. Die Texaner, dieser tollkühne und mutige Menschenschlag, waren von meinen Erzählungen besonders hingerissen. Sie rasten vor Begeisterung. Meine verwegenen Kaperfahrten mit einem alten Segler gegen moderne Kohlenpötte erregte ihre helle Freude. Die Erlebnisse in der Gefangenschaft, Fluchten und Fluchtversuche waren so recht etwas nach ihrem Herzen, und ich war der Held von Dallas. Bei zahlreichen Festlichkeiten war ich der Mittelpunkt und konnte mich kaum vor der Begeisterung meiner Freunde retten.

Eines Abends wurde es spät und später. Ich beschloß, meinen Verehrern auszukneifen und nach einem nächtlichen Spaziergang durch die frische Luft heimlich, still und leise mein Hotel aufzusuchen. Mit List und Tücke gelang es mir, unauffällig zu entwischen. (Übung darin habe ich.)

Frohen Mutes ging ich durch die stillen Straßen. Wo ein Schaufenster erleuchtet war, blieb ich stehen und besah mir die Pracht. Herrlich, einfach herrlich die frische Luft. Sogar die heißgeliebte Piep ließ ich ausgehen, behielt sie aber nach alter Gewohnheit in der Hand.

Der Gang durch das nächtliche Dallas machte mir ausgesprochenes Vergnügen. In der Stille hörte ich, wie sich Schritte näherten, aber ich achtete nicht darauf. Als die Schritte mich einholten, sah ich kurz zur Seite und bemerkte zwei baumlange Polizisten. Sie verhielten ihren Schritt und sahen mich so merkwürdig an. Sie kannten mich wohl auch schon! Gerade wollte ich freundlich grüßen, als der

eine ziemlich barsch fragte: „Was streichen Sie hier nachts durch die Gegend?"
„Ich gehe spazieren", antwortete ich nur und wunderte mich ein wenig über seine schroffe Art.
„Jetzt um diese Zeit?" brummte er argwöhnisch und musterte mich von oben bis unten.
Der Kollege fragte scharf: „Wie heißen Sie?"
„Ich bin Count Luckner."
Die beiden sahen sich kurz an und lachten höhnisch:
„Das ist der Mann, der Sie wohl gern sein würden, he?"
Ich starrte sie ganz verblüfft an. Ruhig Blut, Phylax, das Mißverständnis wird sich schon aufklären! Erst mal die Piep wieder anzünden.
„Stop!" riefen sie. „Was haben Sie da?"
„Das ist eine Pfeife vom russischen Zaren", antwortete ich wahrheitsgemäß.
Wieder bemerkte ich, daß die beiden blitzschnelle Blicke wechselten. Und ehe ich wußte, wie mir geschah, packten sie meine Arme und banden sie auf dem Rücken zusammen. Roheit! Wehren wäre sinnlos gewesen. — Einige Wochen vorher hatte ich mir bei einem schweren Autounfall mehrere Knochen gebrochen. — Jetzt sah ich wirklich rot. Was bildeten sich die Kerle eigentlich ein! Doch meine Wut störte sie in keiner Weise. Sie hielten mich fest und sahen sich meine Piep an. Ich hatte sie über einen russischen Großfürsten vom Zaren erhalten. Die Polizisten murmelten: „Tatsächlich keine Pistole, — sah aber ganz so aus . . ."
„Vorsicht!" rief ich, „macht mir ja nicht die Pfeife vom Zaren kaputt!"
„Shut up!" war die unfreundliche Erwiderung. Die Polizisten schupsten mich weiter.
Im Polizeirevier klärte sich der Irrtum sehr schnell auf. Die beiden machten vielleicht Gesichter, als sich herausstellte, daß sie wirklich den Count Luckner arretiert hatten und nicht einen Landstreicher, der es einmal wenigstens sein wollte!
Ihnen war bei dem nächtlichen Kontrollgang ein verdächtig aussehender Mann aufgefallen, weil er so ziellos in einer höchst merkwürdigen Gangart herumschlenderte. Meiner Bemerkung, der Count Luckner zu sein, konnten sie keinen Glauben schenken. Den

hatten sie sich in Frack und Zylinder vorgestellt! Als ich dann noch sagte, daß meine Piep vom russischen Zaren sei, glaubten sie felsenfest, dieser verdächtige Mann könnte eine Gefahr für das nächtliche Dallas sein.

Alle ihre Erklärungen nützten nichts. Sie bekamen von der Obrigkeit einen Rüffler, der bestimmt nicht von schlechten Eltern war.

Nur weil sich der Irrtum so schnell herausstellte, blieb mir ein Gefängnisaufenthalt in Dallas erspart. – Der Polizeichef wollte mit allen Mitteln verhindern, daß der peinliche Zwischenfall, in den so ein bekannter Mann verwickelt war, in die Zeitungen kam. Aber die Reporter hatten es schon heraus. – Der Polizeichef hatte sich aber bei mir in der liebenswürdigsten Form entschuldigt. Na, da konnte auch ich nicht länger böse sein. Die Polizei hatte letzten Endes den Schaden gehabt. Für den Spott sorgten die Zeitungen. –

*

Richtig eingesperrt war ich, als meine Kriegsgefangenschaft begann. Da bekam ich erst einen wirklichen Einblick in das Leben der Gefangenen. Vor allem, weil man uns in Neuseeland ins Zuchthaus steckte. Das war sehr bitter! Ich kam in Einzelhaft und konnte in meiner winzigen Zelle darüber nachdenken, wieso und warum man als Soldat ins Gefängnis, ins Zuchthaus sogar, gesteckt wird. Bloß weil mein Hilfskreuzer der Schrecken der Meere wurde? Bloß weil die Versicherungen deswegen blitzartig in die Höhe schossen? Bloß weil alle Reeder um ihre Schiffe und die wertvolle Ladung zitterten?

Als ehrliche Soldaten hatten wir fürs Vaterland auf recht verlorenem Posten gekämpft – nun wurden wir wie die Mörder eingesperrt! Je mehr ich darüber nachdachte, desto enger wurde die kleine Zelle. –

Die Stunden und Tage schlichen dahin. Eine Qual!

Langsam kam mir der Gedanke, daß man diesen Zustand auch unter einem anderen Gesichtspunkt betrachten könnte. Nichts hatte ich – nur Zeit, viel Zeit sogar! Sollte ich sie nicht ausnützen, mal über mich, den Felix Luckner, alias Phylax Lüdicke, nachzudenken? Über zwei Jahrzehnte – seit ich von zu Hause fortlief – war dazu niemals Zeit gewesen. So dachte ich nun über

mich selber nach. — Ne ganze Menge hatte ich goldrichtig gemacht. — Man fängt ja gerne beim „PLUS“ an. Doch 'ne Menge, 'ne ganze Menge sogar hätte ich bestimmt anders machen müssen. Vieles sah in der düsteren kleinen Zelle auf einmal ganz anders aus! Ich kam mir vor wie ein alter Seemann, der seine Seekiste ausmistet und darin ein bißchen Ordnung schafft.
Ich habe in der Einsamkeit meiner Zelle, bei der drückenden Untätigkeit viel gelernt. In der Hast und Eile des modernen Lebens denke ich oft, daß es vielen Menschen mal ganz gut täte, wenn sie völlig isoliert, endlich einmal Zeit für — sich selber hätten.
Damals nützte ich die Zeit für mich aus und richtete außerdem eine Spinne zur Gefährtin meiner Einsamkeit ab.
Die Zelle war recht dunkel, nur durch ein schmales Fenster mit schweren Gittern stahl sich ein wenig Licht herein. Jeden Tag wartete ich auf eins: die Sonne. Glücklich sah ich den goldenen Strahlen entgegen, dachte dann an die ferne Heimat und an meine Mutti. Dort war die Sonne vorher gewesen. Jetzt begrüßte sie auch mich und brachte mir die Grüße von zu Haus. Die Minuten, in denen die Sonne bei mir war, vergingen immer besonders schnell. Wenn ich mich dann traurig vom Fenster wegwandte, lag wie ein dunkles Mauseloch vor mir die dunkle Zelle.
Im Zuchthaus auf Neuseeland entstand mein Wahlspruch:

„Kiek in de Sünn un nich in dat olle
Musloch, wo dat so düster is.“

Glück muß der Mensch haben!

Ich weiß nicht, ob es den Lesern meines „Seeteufels“ bewußt geworden ist, daß die im letzten Augenblick befohlene Verschiebung des Auslaufens meines Hilfskreuzers große Probleme heraufbeschwor. Alle Schiffspapiere meines „Seeadlers“ lauteten auf den Namen „Maletta“, eines neutralen Schiffes, das die Blockade der Engländer gefahrlos durchqueren würde. Selbst eine funkentelegraphische Rückfrage hätte uns nicht geschadet, sondern unsere Harmlosigkeit ganz besonders deutlich erwiesen. Durch die Verzögerung unserer Abreise konnte uns „Maletta“ nicht mehr nützen, denn die wirkliche Maletta hatte Kopenhagen inzwischen bereits

verlassen, mußte also bei unserem Auslaufen auch die Blockadelinie bereits passiert haben.
Nach reiflichen Überlegungen änderten wir den Namen in „Carmoe" um. Die Farbe war noch nicht trocken, als wir erfuhren, daß die wirkliche „Carmoe" abgefangen und von den Engländern zur Untersuchung eingeschleppt wurde.
Wieder war ein so vertrauenerweckender Name für uns nutzlos geworden. Was tun? Die Zeit drängte und ich mußte nun einen unumstößlichen Entschluß fassen. Ich änderte die Schiffspapiere, meinem guten Stern vertrauend, entschlossen und endgültig in „Irma" um.
Sollte es nun allerdings zu einer Untersuchung auf See kommen und außerdem noch eine funkentelegraphische Rückfrage erfolgen, dann ging es uns wohl an den Kragen. Eine harmlose Irma schwamm nirgendwo herum.
Welch ungeheuren Dusel ich mit „Irma" hatte, das erfuhr ich viele Jahre später durch den im Kapitel London erwähnten Kapitän Holland, der im Dezember 1916 den „harmlosen" Segler „Irma" untersuchte.
Ich traf den gleichen Offizier in Amerika in den dreißiger Jahren wieder und gewann ihn zum Freund. So erfuhr ich denn, wie es eigentlich dazu kam, daß wir trotz strengster Untersuchung schließlich doch ungeschoren durch die Blockade fuhren. Diese aufregende Geschichte brachte ich später im Vorwort zu dem Buch „Mein Freund Juli-Bumm"; da sie jedoch besonders gut demonstriert, welch ein Glückskind ich immer war, möchte ich sie in meinen Lebenserinnerungen noch einmal festhalten.
Kapitän Holland konnte nach der Untersuchung des harmlosen Seglers seinem Kommandanten nichts Verdächtiges melden. Der fand aber unsere „Irma" nicht auf der Liste, die damals jeder der neutralen Staaten acht Tage vor der Ausreise seiner Schiffe einreichen mußte. Er funkt also um Auskunft nach London, weiß aber nicht, daß der Dienst wegen Weihnachten nach Liverpool verlegt ist. In London sitzt am Empfänger nur ein junger Wireless operator, der an etwas ganz anderes denkt als an seinen Dienst, nämlich an seine Braut. Plötzlich wird er aus seinem sehnsuchtsvollen Nichtstun gestört durch die kurze Anfrage: What's about Irma? (Was ist mit Irma?) Nun ist das zufällig der Name von seinem

Sweetheart. Da er selbst öfters auf einem der Blockadekreuzer Dienst getan hat und weiß, daß die Langeweile gelegentlich einmal durch einen Scherz unterbrochen wird, so denkt er, einer seiner Kameraden will ihn anulken, geht auf den vermeintlichen Spaß ein und antwortet nur kurz: Irma okay. (Irma in bester Ordnung.)
Der ahnungslose Funker vom Blockadekreuzer „Avenge" gibt die Nachricht an seinen ebenso ahnungslosen Kommandanten weiter. Der läßt also beruhigt den „Seeadler" weiterfahren und wünscht ihm sogar noch eine glückliche Reise!
Aber die Anfrage der „Avenge" ist in Liverpool vom dortigen Dienst ebenfalls gehört worden, doch jetzt kommt ein besonderer Glücksumstand: Liverpool hat bei der schnellen einmaligen Anfrage den Absender nicht feststellen können und deswegen gelingt es ihm nicht, seine Antwort anzubringen, daß nämlich von einem Schiff „Irma" nichts bekannt sei. Der diensthabende Funker in Liverpool versucht sofort, etwas über die geheimnisvolle „Irma" zu erfahren und fragt Norwegen an. Dort herrscht jedoch drei Tage lang Weihnachtsruhe! Erst am vierten Tage antwortet Norwegen, daß „Irma" kein norwegisches Schiff ist, also wohl verdächtig sei.
Jetzt ist's mit der Weihnachtsruhe in der englischen Marine aus. Der Chef der Blockadeflotte Admiral Goodenough läßt gleich sieben Kreuzer nach Nord und Süd auslaufen und dazu dreiundzwanzig Wachboote. Auf den Gedanken kam natürlich keiner, uns dicht bei Grönland zu suchen, wohin uns der Sturm bis Neujahr 1917 verschlagen hatte!
Die Engländer dachten, mein guter „Seeadler" wäre ein U-Boot-Mutterschiff, das für die Blockade Brasiliens bestimmt sei. Sie beorderten also meine Verfolger an die südamerikanische Küste, während ich frohgemut geraden Kurs nach Süden zur afrikanischen Küste nahm. Dort wäre ich sicher geschnappt worden, denn in dieser Gegend wimmelte es von feindlichen Schiffen. Aber es zeigte sich wieder einmal, daß der Kühne auch Glück hat. Kapitänleutnant Valentiner war nämlich mit seinem U-Boot nach Madeira gekommen und hatte dort unserem gemeinsamen Gegner durch seine famosen Torpedierungen einen tüchtigen Schrecken eingejagt, und damit veranlaßt, daß die englischen Schiffe von der afrikanischen Küste fortgezogen wurden. Unbehelligt konnte der „Seeadler" dort seine Kapertätigkeit beginnen.

So haben einige Zufälligkeiten unseren Blockadedurchbruch sehr begünstigt. Doch auf das Glück allein konnten wir uns nicht verlassen — hilf dir selbst, so hilft dir auch Gott!

„Niobe"

An manchen Erinnerungen hängt der Mensch besonders. Darum und auch aus ein paar anderen Gründen möchte ich doch noch einmal von der „Niobe" erzählen. An sehr viel erinnert mich dieser Name.

Mein erstes Schiff hieß „Niobe", und mein letztes im Dienst der Marine ebenfalls. Auch das große Segelschulschiff der Kaiserlichen Marine, auf dem alle berühmten Männer der jungen deutschen Flotte ihre Ausbildung erhielten, trug diesen Namen. Davon wußte ich schon als kleiner Dreikäsehoch, als ich noch nicht ahnte, daß mein Seemannsleben auf einer „Niobe" beginnen würde. Natürlich hatte dieser verdreckte russische Kahn mit dem stolzen Schulschiff der Kaiserlichen Marine nur den Namen und die Segel gemeinsam. Rückblickend ist für mich die Hauptsache, daß mein erstes Schiff und viele andere danach durchweg Segler waren.

Für die Ausbildung des seemännischen Nachwuchses kann ich mir nichts Besseres als einen Windjammer denken. Die Segelschiffe hatten vor der Jahrhundertwende noch keine Hilfsmotoren und waren von den Elementen völlig abhängig. Nur ein tüchtiger Kapitän mit einer guten Mannschaft konnte es wagen, in See zu stechen und hoffen, das Ziel seiner Reise unbeschadet zu erreichen. Vom Wind hing es ab, wie lange eine Reise dauerte und das bedeutete, sich auf viele Monate einzurichten. Kühlschränke, Heizung, tiefgefrorenes Gemüse, Trockenkartoffeln oder gar Brot in Büchsen kannte man zu jener Zeit noch nicht.

Was den Proviant anbetrifft, so läßt sich dazu nur sagen, daß die Reeder zu rechnen verstanden. Das bedeutete für die Kapitäne oft mächtiges Kopfzerbrechen, bei so knappem „Haushaltsgeld". Die lange Fahrtdauer und das hohe Risiko hätten die Gewinne sehr verringert, wenn man auf die Mannschaft mit ihren „Tafelwünschen" Rücksicht genommen hätte. Nach spätestens sechs Wochen Fahrt waren die Kartoffeln und das Frischgemüse alle. Nun aßen wir mit

Als Kommandant des
Segelschulschiffs „Niobe“

Meine Ingeborg

1935 mit Ingeborg auf dem
Flugplatz von London

1955 in Portugal am
geliebten Meer

todsicherer Regelmäßigkeit Erbsen, Linsen, Bohnen, und manchmal gab es als besondere Delikatesse Sauerkraut oder eingesalzene Bohnen. Der Hartbrot konnte schwerlich härter werden, dafür wurde es grün und belebte sich mit Maden. Von diesen Verdrießlichkeiten abgesehen, war das Essen jedoch sehr kräftig, denn jedem Mann stand pro Tag ein Pfund Salzfleisch oder vierhundert Gramm Speck zu. Smutje konnte also in die Suppe für vierzig Mann ganze vierzig Pfund Fleisch 'reinhauen, und das Fett schwamm fingerdick auf der Brühe! Bevor das Essen verteilt wurde, angelte er das Fleisch heraus, schnitt es in Portionen und gab es extra aus. Wer was davon übrigbehielt, legte es sich am Abend auf die Stulle.

Morgens stippten wir das Hartbrot in die heiße Zichorienbrühe und lernten es, die Maden zu übersehen. Man gewöhnte sich letzten Endes an die lieben Tierchen. Die älteren Matrosen unterließen es nicht, die Jungs extra darauf aufmerksam zu machen und sagten wohl gelassen: „Kiek man, lieber Buttje, dat is Frischfleisch!"

Die zärtliche Sorge der ganzen Besatzung galt den beiden Schweinen. Das eine mußte auf der Hinreise bei Kap Horn dran glauben, das andere Borstentier hauchte sein Sauleben auf der Rückreise aus. Von diesen beiden großen Ereignissen träumten wir wochenlang und stürzten uns dann wie die Wölfe über das lang entbehrte Frischfleisch. War der Traum aus, so freuten wir uns wieder auf den Sonntag mit seinen Plumm un Klueten. Junge, Junge, wie das schmeckte! Die frische Luft und die schwere Arbeit machten eben hungrig.

Heutzutage ist das Deck eines modernen Schiffes leer, wenn eine hohe See über die Reling fegt, und der Sturm die Brecher gegen den Bug knallt. Damals hieß es bei solchen Gelegenheiten: Alle Mann an Deck! Die Segel wurden noch mit Handwinden bedient, und die Innenfläche unserer Hände bekam die Härte von Leder. Die schweren Brecher schlugen über uns hinweg, und naß wie die Katzen arbeiteten wir weiter. Wenn die Sonne schien, konnte das Zeug ja wieder trocknen, aber im umgekehrten Fall! Splitterfasernackt krochen wir in die Koje, in der stillen Hoffnung, das nasse Zeug würde über Nacht trocknen. Den Gefallen tat es uns aber meistens nicht, und so mußte man am Morgen wohl oder übel in die klammen Hosen klettern.

Wir kannten trotzdem keine Erkältungen oder sonstigen Wehwehchen, und wer früher ein Muttersöhnchen gewesen war, vergaß es bald. Unter den härtesten Bedingungen wuchsen wir salzwassergegerbt bei Hartbrot mit Maden, Salzfleisch und Hülsenfrüchten stark wie die Eichen heran. Wer so ein Leben einige Monate überstanden hatte, mußte ein ganzer Kerl werden, selbst wenn er die Lust dazu in der Zwischenzeit gänzlich verloren hatte. Die Elemente lehrten ihn mit harter Unerbittlichkeit, und ein einziger tüchtiger Sturm half dem Zögernden erkennen, daß nur der Einsatz der ganzen Person die Gefahr überwinden kann.

Ich glaube darum, daß es Segelschulschiffe geben wird, so lange noch Seeleute leben, die von ihren Erfahrungen erzählen können. Sie werden den Wert eines Segelschiffes für die Ausbildung der Jugend bestätigen.

Im Jahre 1920 gab es keine deutsche Flotte mehr, sie lag auf dem Meeresboden bei Scapa Flow. Ein paar kümmerliche Schifflein waren uns von den Siegermächten großmütig überlassen worden.

Im gleichen Jahr traf ich nach einem Vortrag mit Admiral Behnke zusammen, der bei der Kaiserlichen Marine mein Chef gewesen war und nun im Reichsmarineamt die Belange der Schiffahrt wahrzunehmen hatte. Schon nach kurzer Zeit waren wir in unserem Gespräch bei dem Problem „Seemannsnachwuchs" angelangt, und ich meinte: „Hätten wir wenigstens ein Segelschiff zur Ausbildung." Der Admiral sah nachdenklich vor sich hin, und ich wußte, woran er dachte: An unser Deutschland, verarmt und versklavt, gebunden an den Versailler Vertrag. Plötzlich schaute er auf: „Ein Schiff könnten Sie haben, Luckner, aber das ist auch alles. Wenn Sie es trotzdem wagen wollten?"

Mein Herz tat einen Freudensprung. „Hauptsache das Schiff, Herr Admiral, alles andere wird sich finden." Mein alter Chef lächelte: „Ja, Luckner, Sie sind doch immer noch der gleiche Draufgänger, recht erfreulich in dieser Zeit. Aber stellen Sie sich die Aufgabe nicht zu einfach vor. Die Alliierten bringen es fertig, zu glauben, dieses Segelschulschiff liefere ihnen ein zweites Skagerrak. Deswegen dürfen wir kein Aufsehen erregen, sonst steigen sie uns aufs Dach. Bis die die Ungefährlichkeit des Schiffes festgestellt haben, können Jahre vergehen. Also, daß mir keine Klagen kommen!"

Nachdem ich Admiral Behnke hoch und heilig versprochen hatte, alles zu tun, um dem Reichsmarineamt wegen des Schulschiffes keinen Ärger zu bereiten, besprach er mit mir die näheren Einzelheiten und nannte mir auch das in Frage kommende Schiff. Es handelte sich um den als Prise im Weltkrieg aufgebrachten norwegischen Frachter Thyholm.

Ich konnte fast die ganze Nacht nicht schlafen. Phylax bekommt wieder ein Schiff!

Am Morgen ging ich in aller Frühe zum Hamburger Hafen, um die Thyholm aufzufinden. Ich suchte und suchte. Wo in aller Welt lag das Schipp bloß? Als ich es schließlich und endlich fand, wurde mir die Schwere meiner Aufgabe schlagartig bewußt. Man hatte die Thyholm vergessen, und sie fristete weit draußen im Hafen ein kümmerliches Dasein.

Ich kletterte an Bord und besah mir die Bescherung. Junge, Junge, wie das Schiff aussah! Ein reines Wunder, daß es überhaupt noch schwimmt, dachte ich im ersten Augenblick. Bei meiner gründlichen Besichtigung fand ich jedoch zu meiner großen Beruhigung heraus, daß der Kahn trotz seiner Verkommenheit sehr stabil gebaut war, und aller Voraussicht nach gute Segeleigenschaften haben mußte. Bei dieser Untersuchung entdeckte ich auch, daß die Thyholm gar nicht so verlassen war, wie ich dachte. Wer kommt mir allein und wie ein Fragezeichen persönlich entgegen? Paulchen, der freche Schiffsjunge von der Caesarea, mit dem zusammen ich mal nach Panama kutschiert bin. Das war vielleicht eine Begrüßung! Das Leben beschenkt mich oft mit Überraschungen dieser Art. –

In seiner Kapitänskajüte erzählte mir Paulchen dann die Misere seines Lebens nach Kriegsende. Er konnte keine Arbeit finden und litt bittere Not. Außerdem lag er auf der Straße. Bei der verzweifelten Suche nach einer Bleibe entdeckte er die verlassene Thyholm, richtete sich wohnlich in der Kapitänskajüte ein und sparte auf solche Weise seit Monaten die Miete. Ich erklärte ihm nun den Zweck meines überraschenden Besuches und informierte ihn darüber, daß sein trautes Heim in Kürze das erste Segelschulschiff nach dem Kriege sein würde. Da strahlten die Augen in Paulchens zerknittertem Gesicht, und unter diesen erfreulichen Umständen nahm er seine „Kündigung“ mit großer Würde entgegen.

Kurz nachdem ich Admiral Behnke einen Bericht über den Zustand der Thyholm geschickt hatte, bekam ich von Berlin den Befehl, das Schiff nach Kiel zu bringen. Paulchen übernahm das Ruder, und ein paar andere Helfer für die Fahrt fanden sich in Blitzesschnelle.

Bald sahen die Kieler in ihrem Hafen ein altes, verrottetes Schiff vor Anker liegen. Sie kannten den Kahn nicht. Über den Luckner wußten sie natürlich Bescheid.
Kaum hatte ich durchsickern lassen, daß ich für mein Schiff eine Mannschaft brauchte, da kamen Berge von Post. Ich hätte wohl hundert Schiffe bemannen können. Meine Kajüte quoll förmlich über, und ich begann an Platzmangel zu leiden. Ich las und sichtete und hatte eine so große Auswahl, daß ich von den Besten die Besten für die spätere „Niobe" aussuchen konnte. Meine Besatzung hatte ich bald beisammen, und trotzdem ebbte der Sturm von Angeboten nicht ab. Schließlich wußte ich mir nicht anders zu helfen, als die gesamte Post unter meine Matratze zu legen. Hier wurde also mal ein schlechtes Gewissen zu einem sanften Ruhekissen. Ich muß zu meiner Rechtfertigung erklären, daß ich ohne diesen Akt der Selbsthilfe wohl heute noch damit beschäftigt wäre, Bewerbungsschreiben zu lesen.
Auf diesem Bett in meiner Kajüte lag ich später manche Nacht ruhelos vor Sorgen, wie ich es schaffen sollte. Wenn mir dann die Briefe unter meiner Matratze einfielen, dann faßte ich neuen Mut. Bei solcher Begeisterung für die Seefahrt mußte die Aufgabe doch zu lösen sein.
Meine Jungs hatte ich ja nun beieinander, aber mit der Ausrüstung sah es düster aus. Es fehlte praktisch alles auf diesem Schiff, von der Hängematte angefangen bis zum Segel. „Geld können Sie nicht erwarten", hatte Admiral Behnke mir gesagt. Wer kein Geld hat, soll wenigstens Ideen haben. Auf dem Werftgelände von Kiel mußte doch allerhand Kram zu haben sein, witterte meine Nase. Ich also nichts wie hin.
Junge, Junge, war das 'ne Pracht. Alles da! Bei der Abrüstung und Verschrottung hatten sich dort Schiffsausrüstungen en gros angehäuft. Besitzer war eine jener Treuhandgesellschaften, von denen es nach 1918 bedenklich viele gab. Sie stießen sich reich bei dem Geschäft. Mit Hilfe der Werftarbeiter, die ich zum Teil noch von früher kannte, schleppten wir heimlich still und leise so viel wie möglich auf unser Schiff. Gewissensbisse? Nein! Schließlich wurde von den Treuhandgesellschaften — alles andere als treu — Millionenwerte verschleudert, die Deutschland gehörten. Außerdem waren diese finsteren Landhyänen vor allem auf Metalle scharf.

Als das Schiff bis zur Grenze seiner Tragfähigkeit beladen war, bekamen die Herren Wind und machten die Luken dicht. Vorerst hatten wir sowieso genug, lichteten die Anker und fuhren nach Mürwick, unserem Bestimmungshafen. Dort fingen wir damit an, unsere Bestände zu sichten.
Nach einigen Wochen schwerster Arbeit entstand aus dem verkommenen, verdreckten, vergessenen Segler Thyholm, wie Phönix aus der Asche, unsere wunderschöne „Niobe".
Dann schauten sich die guten Flensburger die Augen aus dem Kopf. Was lag da auf einmal für eine seute Deern in ihrem Hafen! Ja, es war die reinste Pracht, aber ich wußte besser, wieviel noch fehlte. Also auf zu einem neuen Fischzug nach Kiel! Aber die Herren Treuhänder waren durch Schaden klug geworden und paßten höllisch auf. Unsere ganze Beute bestand deshalb nur aus einem Faß Schmierseife. Was nun? Nur nicht den Mut sinken lassen, weitergehen muß es. Aber wie? Aus Berlin kamen allenfalls Klagen, daß die Treuhänder sich über uns beschwerten. Geld kam keines. Die Inflation ließ die Notenpressen heißlaufen, das wertlose Geld wurde en gros gedruckt, und man bekam immer weniger dafür.
Da lag ich nun oft nachts schlaflos in meiner Koje, auf den Briefen deutscher Begeisterung für die christliche Seefahrt und wußte nicht, wie ich meine braven Jungs am nächsten Tag satt bekommen würde. Wir fischten zwar, was das Zeug hielt, aber selbst die fanatischsten Fischesser konnten bald keine Flosse mehr auch nur von Ferne sehen. Was tun? Vorträge halten, damit was in den Kochpott kommt. In großen Städten konnte ich nicht sprechen, sonst hätte ich von Berlin eins aufs Dach bekommen, „von wegen dem Aufsehen". So graste ich die Dörfer ab, wo wir bald bekannt wie die bunten Hunde wurden.
Bei diesen Vorträgen erredete ich so manches liebe Schwein, das dann im Triumph unter den flotten Klängen der Bordkapelle aufs Schiff geschleppt wurde. Wir luden die Spender ein, uns zu begleiten, und jeder kannte die Devise unseres Zuges, mit dem Schwein vorweg: „Der Keule folgen." Nie werde ich die rührende Hilfsbereitschaft der Fehmarner Bevölkerung vergessen. Sie begriffen, ob Bauer oder Knecht, daß dieses Schiff die schwere Zeit überstehen mußte, und alle halfen nach besten Kräften. Die Niobe, meine Jungs, unsere Ziele waren für sie ein fester Begriff geworden. Als

letztes aller deutschen Schiffe zeigte es an seinem Mast die alte Reichskriegsflagge, unter der so viele den Tod fürs Vaterland gestorben sind.

Mein Schiff segelte von Ort zu Ort, und wir waren stolz auf unsere brave Niobe mit ihren fabelhaften Segeleigenschaften. Sie hatte außerdem sogar einen großartigen, starken Motor. Er hatte einen kleinen Fehler, einen Schönheitsfehler sozusagen nur: die Schraube fehlte! Darum versagte er uns hochmütig seine Dienste, und wir mußten uns in Geduld üben, wenn Flaute herrschte.

Einmal spielte der Wind uns einen bösen Streich, denn wir segelten, o Tücke des Schicksals!, in der Nähe von Kolberg in ein Damenbad. Das war vielleicht ein Geschrei bei der holden Weiblichkeit, was uns noch verlegener machte, als wir angesichts dieser fatalen Situation ohnehin schon waren. Als Revanche für den ausgestandenen Schrecken lud ich die Wassernixen aufs Schiff ein. Und alle, alle kamen. Die Bordkapelle meiner sehr musikbeflissenen Jungs spielte zum Tanze auf, und der ganze Groll wurde dabei geschlossen über Bord geworfen.

Ein andermal begegneten wir auf See einem Ausflugsdampfer, der die Molkereibesitzer Holsteins an Bord hatte. Wir nahmen die Herren geschlossen über, eine fette Fracht, fürwahr! Sie waren hell begeistert von unserer Niobe, die stolz mit der Reichskriegsflagge am Mast durch die Ostsee kreuzte. Wir veranstalteten ein großes Fest und tranken Grog mit Schlagsahne. Als die Stimmung ihren Höhepunkt erreicht hatte, versprachen mir die einzelnen Molkereibesitzer, jede Woche ein Pfund Butter zu schicken. So wurden wir das reinste Butterschiff, und meine Jungs bekamen endlich so was wie Fett auf die Knochen. Die kleinen Mädchen wurden scharf auf die Kadetten und andere Leute auf die regelmäßig eintreffende Butter. Schließlich mußte ich einen Dienst einrichten lassen, durch den die Butter direkt von der Post abgeholt wurde, damit sie unterwegs nicht verschütt ging.

Aber von Butter allein kann der Mensch leider nicht leben, außerdem hatten meine Jungs immer noch keine Uniform. Also Phylax, immer feste ruff aufs Rednerpult! An einem herrlichen Maitag segelten wir nach Kolberg, wo ich einen Vortrag halten sollte. Auf den Hügeln und am Ufer standen die Kur- und Badegäste dicht gedrängt und winkten der Niobe zu, die mit geblähten Segeln,

der leuchtenden Reichskriegsflagge am Mast und einem Haufen junger, deutscher Seekadetten an Bord langsam näherkam. Kaum lagen wir vor Anker, bestieg ich das Dingi, unser kleinstes Boot, um damit an Land zu gehen. Vor den Augen Hunderter von Menschen kippte es um, und ich nahm in voller Uniform und Ordensschmuck ein Erfrischungsbad in der lieblichen See ...
Frischgebadet und triefend stand ich kurz danach auf der Rednerbühne und um mich herum bildete sich – trop trop – eine Ostsee in klein. Ich war sehr froh, meinen Zuhörern das Mißgeschick am Anfang meiner Rede erzählt zu haben. Die hätten sonst vielleicht gedacht, der Seeteufel wäre nicht stubenrein. –

*

Ein stolzer Tag war es, als meine Jungs endlich ihre schmucken Uniformen hatten. Sie sahen fabelhaft darin aus und erregten überall Aufsehen. Nun war die Niobe komplett und ein kleiner, aber würdiger Repräsentant Deutschlands geworden. Wo immer sie auftauchte, gab es neue Hoffnung, und der Glaube an das liebe Vaterland wurde bestärkt. Das war in dieser Zeit so bitter nötig! Darum entschloß ich mich auch, meine Zeit nicht mehr zu teilen. Ich hoffte, durch eine Erweiterung meiner Vortragstätigkeit noch mehr Menschen davon zu überzeugen, daß man verschüttete Ideale wieder ausgraben muß, wenn man ein schweres Schicksal meistern will. So reichte ich meinen Abschied ein und übergab die Niobe an einen neuen Kommandanten. Trotzdem ich freiwillig aus der Marine ausschied, ging mir der Abschied von meinem Schiff sehr nahe, und es war, als gäbe ich damit ein Stück von mir selbst aus der Hand. In dem nun folgenden Jahrzehnt verfolgte ich stets mit größtem Interesse die Fahrten des Schulschiffes, ob ich nun in Deutschland oder gerade in Amerika war.
Jahre später, im Juli 1932, riß eine Fallbö das Schiff mit seinen hundertundneun Kadetten im Fehmarn-Belt in die Tiefe. Neunundsechzig junge Menschen fanden dadurch den Seemannstod. Ich erfuhr von dem entsetzlichen Ereignis auf einer Vortragsreise und weiß noch, daß ich wie betäubt immer und immer wieder die Zeitungsberichte darüber las. Ich kann gar nicht sagen, wie sehr mich ganz persönlich das entsetzliche Unglück getroffen hat. So hart

griff das Schicksal zu, und das ganze Deutschland trauerte um seine Söhne.
Aber trotzdem werden, solange die Meere bestehen, Jungs wünschen, auf einem Segelschiff Männer zu werden. Kein Unglück würde sie davon abhalten und ich glaube, das muß so sein!

Ein goldenes Herz

Wer hatte unter den vielen Menschen, die ich kennenlernte, ein wahrhaft goldenes Herz?
Friedrich August III., der letzte König von Sachsen!
Um die Person dieses außergewöhnlichen Königs spann schon zu seinen Lebzeiten das Volk eine Fülle liebevoller Legenden.
Wer kennt nicht die Geschichte von dem kurzen Besuch des Königs in seiner einstigen Residenz Dresden, nicht lange nach der Abdankung? – Den Hunderten von Menschen, die sich hochrufend auf dem Bahnhof um das Abteilfenster seines Zuges drängten, drohte er leicht mit dem Finger – so erzählt man – und mit einer Mischung von leiser Verbitterung und tiefer Rührung soll er seinen Sachsen dabei zugerufen haben: „Ihr seid mir scheene Republikaner!"
Legende ist auch, daß er bei der Abdankung selbst, im Jahre 1918, zu den neuen Herren des Landes geäußert habe: „Nu macht euern Dreck alleene!"
Wie oft habe ich, neben vielen anderen, gerade diese beiden Anekdoten, liebevoll bis ins kleinste ausgeschmückt, in allen Teilen Deutschlands erzählt bekommen! Wenn mir nicht der Sohn des Königs, Markgraf Friedrich-Christian von Meißen, ausdrücklich geschrieben hätte, daß auch sie in das Reich der Phantasie gehören, so hätte ich Stein und Bein geschworen, daß sie nicht erfunden sind! Da ich den König nicht nur vom Ansehen kannte, darf ich behaupten, daß die beiden Aussprüche sehr gut von ihm stammen k ö n n t e n! Ganz außerordentlich treffend charakterisieren sie nämlich den Sachsenkönig. Wie gut muß ihn sein Volk begriffen haben, das ja schließlich alle Legenden um ihn erfand!
Schlagfertigkeit, ein sonniger Humor, und eine Natürlichkeit ganz

persönlicher Art, verbunden mit einem verstehenden, gütigen Herzen, zeichneten diesen Herrscher besonders aus.
Er brachte in reichem Maße jene Voraussetzungen auf den Thron seiner Väter mit, die man sich für einen König wünscht. Ungewöhnlich klug und von umfassender Bildung, besaß er die Freundschaft aller. Seine Standesgenossen und der übrige Adel des Landes bewunderten den König, das Volk liebte seinen August. Die Würde war ihm so angeboren, daß er sie nie zur Schau stellen mußte, um die Hochachtung und Ehrfurcht seiner Untertanen zu erringen. Wie kein anderer Herrscher konnte er es sich leisten, ein Mensch zu sein wie jeder andere.
Ich entsinne mich noch ganz genau seines Besuches in Wilhelmshaven, wohin er wie viele Landesherren im Sommer 1916 gekommen war, um die tapfere Flotte unmittelbar nach der Rückkehr von der Skagerrak-Schlacht zu ehren.
Die Sachsen wurden auf dem Achterdeck des Linienschiffes „König Albert" versammelt, damit der König dort die Teilnehmer an der Schlacht begrüßen könnte. Der „König Albert" war nicht nur deswegen für diese Feierlichkeit ausersehen worden, weil das Schiff den Namen des bekannten sächsischen Heerführers aus den Kriegen 1866 und 1870/71 trug, des Onkels von König Friedrich August, sondern auch, weil es durch Werftliegezeit an der Teilnahme an der Schlacht verhindert worden war. So sollte der Besuch des Königs auch ein Trostpflaster für die Schiffsbesatzung selbst sein, die es schwer verschmerzen konnte, am ersten Einsatz der Flotte nicht teilgenommen zu haben.
Als geborener Dresdner stand auch ich in Reih und Glied zwischen meinen Kameraden von der Seeschlacht auf dem Achterdeck des „König Albert" in Erwartung des hohen Besuches.
Schon kommt der König in Begleitung des Admirals von Trotha. Der sieht uns an und ruft: „Sachsen, euer Landesherr ist heute eigens hergekommen, um euch persönlich zu begrüßen und seinen Stolz und Dank für euren Einsatz zu bekunden!"
Mit gütigem Schalk in den Augen sieht der König den Admiral an: „Nu, eegentlich wollt' ich die zerdebberten Schiffe besähn ... Sachsen hab' ich genug derheeme."
Das war leise gesprochen, aber hören konnte es doch mancher

von uns und mußte sich bemühen, nicht über das ganze Gesicht zu grinsen.
Dann hielt der König eine zündende Rede, die seinen ganzen Stolz auf die tapferen Sachsen verriet, und verteilte im Anschluß daran viele Orden und Auszeichnungen. Bei dieser Gelegenheit erhielt ich aus seiner Hand den Albrechts-Orden I. Klasse. — Die drastische Äußerung Seiner Majestät machte bald im Offizierkorps der Marine die Runde.
Die Begrüßung war vorüber, und die Herren der Admiralität versammelten sich um den König zu einem festlichen Imbiß. Wahrscheinlich langweilten den hohen Herrn aber mit der Zeit die trockenen strategischen Erörterungen. Er verabschiedete sich nämlich recht bald mit den Worten: „Nu will 'ch mal zu de Leutnants gehn!"
So hatten wir den König wieder. Er saß in unserer Mitte und wollte Episoden aus der Seeschlacht erfahren. Er hörte unseren Schilderungen gespannt zu. Dann aber lachte und scherzte er mit uns und äußerte schließlich den Wunsch, uns eine Freude zu machen. Da tippte ein besonders kecker Leutnant an und meinte, es wäre einfach großartig, wenn wir alle einmal zwei Tage lang Sekt trinken könnten, soviel wir wollten.
„Scheen, meine Herrn, scheen!" stimmte der König spontan zu, sehr zum Mißfallen des begleitenden Hausministers, der wohl für seine Kasse einen rapiden Schwund befürchtete. — Doch der König blieb dabei. Zwei Tage lang sollten wir zur Belohnung für unsere Tapferkeit auf seine Kosten Schampus trinken können. Mit einem Tag Pause dazwischen, bestimmte er. —
So teuer, wie der ängstliche Hausminister befürchtete, wurde der Spaß gar nicht. Erstens war der Sekt für uns ja zollfrei und darum entsprechend billig, und zweitens trinkt man komischerweise gar nicht so viel, wenn man weiß, daß der Schampus nichts kostet. Kurz, ich glaube, daß die Königliche Schatulle wegen der Sektspende für die Leutnants nicht pleite gehen mußte. Wir hatten jedenfalls einen unbeschreiblichen Spaß gehabt und dabei unseren König August noch mehr ins Herz geschlossen.
Der König sorgte noch für eine weitere Anekdote. Wir hörten nämlich von seinem Gespräch mit dem König von Bayern, der

natürlich ebenfalls anläßlich der Rückkehr der Flotte nach Wilhelmshaven gekommen war. In seiner praktischen offenen Art fragte Friedrich August diesen: „Was für einen Orden hast du denn dem Admiral Scheer für die Schlacht gegeben?“
„Den höchsten natürlich!“
„Den heechsten? — Der soll doch noch mal eene Seeschlacht machen, was kriegt ’r denn dann?“

*

Im Anschluß an seinen Besuch in Wilhelmshaven besuchte der König noch seinen Namensvetter, den Großherzog August von Oldenburg, in Rastede. Der wußte schon lange zu seinem nicht geringen Mißfallen, daß der gute Vetter aus Sachsen mit dem Flachland nichts anzufangen wußte. Verliebt in sein schönes Land, wollte er dem König endlich eine andere Meinung beibringen. Er ließ die Pferde anspannen und lud den Vetter zu einer großen Ausfahrt ein. Endlos dehnten sich die weiten Marschen, verträumt lagen dazwischen die stattlichen Höfe, wie vor ewigen Zeiten. Fünf- bis sechshundert Jahre spielen hier gar keine Rolle. Der Großherzog wies über die herrlichen Felder und Wiesen: „Sieh doch bloß mal, dieses weite fruchtbare Marschland! So was gibt's in ganz Deutschland nicht! Hier ist jedes Haus historisch, hier ist die Tradition zu Haus, hier wird sie gepflegt und erhalten.“
Die Pferde traben vorbei an Häusern mit leuchtend buntgemalten Giebeln, vorbei an malerischen alten Brunnen, vorbei an grünen Weiden mit prächtigen schwarz-weiß gefleckten Rindern, die sich an dem saftigen Gras gütlich tun.
„Sieh nur, August!“ ruft der Großherzog begeistert seinem Gast zu, „sieh dir diese Kühe an! Sie liefern die beste Milch, die du dir denken kannst. Viel Milch und sehr fetthaltig, wie nirgends in ganz Deutschland! Na, August, sag mal, möchtest du nicht auch hier leben?“
Der schaut ihn lange an und meint schließlich trocken: „Wenn ich ä Rindvieh wär', dann wär's ja hier ganz scheen!“ —

*

Während der Inflation war ich einmal von der Kronprinzessin nach Schloß Oels eingeladen worden. Unweit davon entfernt liegt auch

Sibyllenort, wo der König von Sachsen nach der Abdankung lebte. Kaum war ich eingetroffen, als er schon anrief: „Cecilie, schick mir doch auch mal für ein Weilchen den ollen Seeräuber 'rüber!"
Die Kronprinzessin wollte mich nicht hergeben, doch er ließ nicht locker.
So fuhr ich nach Sibyllenort, nachdem ich der Kronprinzessin noch hoch und heilig versprochen hatte, höchstens zwei Stunden dort zu bleiben.
Der König begrüßte mich mit herzlicher Freundlichkeit in seinem unbeschreiblich schön eingerichteten Schloß und setzte mir gleich einen geradezu köstlichen Wein vor. Er selbst rührte ihn jedoch nicht an und wollte nur, daß ich ihm dabei recht viel aus meinem Leben erzählte. Seine trockenen Randbemerkungen würzten unser Gespräch beträchtlich, und wir kamen schließlich aus dem Lachen gar nicht heraus.
Da klingelt das Telefon: „Die Frau Kronprinzessin."
Der König nimmt den Hörer und sagt beschwörend: „Ach, Cecilie, unser Seeräuber hat ja gerade erst eine Flasche getrunken. Das ist doch nicht genug für ihn, laß ihn mir noch ein bißchen! — Außerdem sind wir gerade so schön beim Thema."
Doch sie bestand darauf, daß ich nun endlich zurückkäme, und so blieb dem König nichts anderes übrig, als mich wieder fortzulassen. Ich versprach ihm fest, recht bald mal wieder sein Gast zu sein.

*

Ich sollte ihn jedoch nicht wiedersehen. Er starb, fern der Heimat, in Sibyllenort. Auch dort trauerte nun Arm und Reich um den Fremdling, der in so kurzer Zeit allen zum Freund geworden war. Noch einmal zeigte sich an seinem Sarge, wie sehr er geliebt wurde. Weit über die festgesetzte Zeit mußte der Sarkophag in der Hofkirche in Dresden aufgebahrt bleiben. Eine unabreißbare Kette Trauernder zog schweigend und ergriffen daran vorbei. Ungerufen kamen selbst die einstigen Bediensteten, um von ihrem früheren Gebieter Abschied zu nehmen.
Der letzte König von Sachsen ist tot, doch sein goldenes Herz soll nicht vergessen werden!

Die Galakutsche

Es muß im Jahre 1920 gewesen sein, als ich einmal beim König von Württemberg zu Gast war. Ein König im eigentlichen Sinne war der würdige alte Herr freilich schon lange nicht mehr. Er lebte wohl auf seinem schönen Schloß in Friedrichshafen, aber im übrigen litt er unter der schweren Zeit genau so wie jeder andere Württemberger. Ich glaube, er hat sich gefreut, daß ich da war. Wenn ich ihm aus meinem Leben erzählte, hatte er wenigstens mal Gelegenheit, seine eigenen, sicher nicht leichten Sorgen zu vergessen. Darum fühlte ich auch, daß er mich gerne für unbestimmte Zeit dabehalten hätte. Er sagte auch manchmal: „Luckner, Sie können bleiben, so lange es Ihnen bei mir gefällt." Ich fand das sehr nett. Leider war ich aber mit der Zeit beschränkt.
Und nun kam auch noch ein Brief dazwischen! Vom Vater meines früheren Burschen Peter. Er schrieb mir, daß sein Sohn 1918 noch gefallen wäre. Auf dem letzten Heimaturlaub habe er eigentlich immer nur von mir, „seinem Grafen", erzählt. Noch heute stünde mein Bild auf der Kommode. Nun wäre sein sehnlichster Wunsch, den Menschen kennenzulernen, den sein Sohn so verehrt und geliebt habe. Er wüßte, daß ich beim König zu Gast sei und könnte sich darum schwer vorstellen, daß ich die königliche Gastfreundschaft mit der eines armen Steineklopfers vertauschen wolle. Der einzige Raum, den er habe, sei eine kleine, dunkle Küche. Viel mehr als das Bett sei nicht vorhanden. In dem sollte ich schlafen, wenn ich wirklich kommen würde. Seine Frau sei kurz nach dem Heldentod des einzigen Kindes auch gestorben, und er nun ganz allein. Er würde es nicht wagen, eine derartige Bitte auszusprechen, wenn es nicht der letzte Wunsch seines Lebens wäre, mich zu sehen.
Ich mußte den Brief mehrmals lesen, so sehr rührten mich die Zeilen des alten Mannes, dem Vater meines guten Peter. Ich dachte an den prächtigen Jungen, der so an mir hing und mir auch jeden Wunsch von den Augen ablas. Darum gab es kein langes Überlegen, der Besuch mußte gemacht werden, und zwar so schnell wie möglich. Das war ich meinem guten Peter schuldig.
Ich ging zum König und sagte ihm, daß ich nun doch früher als beabsichtigt fort müßte. „Warum so eilig, lieber Luckner", sagte er, „was ist denn geschehen?"

Da überreichte ich ihm den Brief. Er ging ans Fenster und las.
Als er fertig war, schaute er mich freundlich an. „Ich verstehe Sie, Luckner. Unter solchen Umständen vertauschte ich ebenfalls das königliche Schloß mit der Küche eines Steineklopfers. Sagen Sie einmal, ist dieser Mann ein Württemberger?"
„Ja, Majestät, sein Dorf ist nur ein paar Kilometer von Friedrichshafen entfernt."
Der König sah nachdenklich vor sich hin. Dann meinte er mehr zu sich, als zu mir: „Wenn ich dem Alten doch eine Freude machen könnte. Das ist schlimm, Luckner, wenn man nicht mehr helfen kann. Aber", er stockte einen Augenblick, „wissen Sie was? Für diese Fahrt bekommen Sie eine meiner Galakutschen, Luckner. Wahrscheinlich das letzte Mal, daß so etwas gebraucht wird. Den Viererzug habe ich allerdings nicht mehr, aber es wird ja auch mit zwei Pferden gehen. Ich glaube, die Fahrt zu einem alten, einsamen Württemberger ist für die Kutsche ein würdiger Abschluß ihrer großen Zeit."
Ich dankte dem König und hatte ihn in diesem Augenblick besonders gern. Dann schickte ich dem alten Mann sofort ein Telegramm, in dem ich meine Ankunft für den nächsten Tag ankündigte.
Am anderen Morgen begleitete mich der König persönlich zum Portal. Dort stand schon die herrliche Kutsche bereit, die Pferde waren mit dem kostbaren Geschirr geschmückt, und der Kutscher hatte einen glänzenden Zylinder auf dem Kopf. Ich bedankte mich für die wundervollen Tage, und der König wünschte mir alles Gute. Dann stieg ich ein, die Peitsche knallte, und wir fuhren davon.
Auf dem Weg durch die kleinen Dörfer und über Landstraßen mußten die Pferde mehr als einmal halten, weil die Leute auf den Feldern von der Arbeit wegliefen, als sie die königliche Kutsche sahen. Den König hatten sie vergessen, aber seine Galakutsche kannten sie noch gut. Ich unterhielt mich mit den Leuten und sagte ihnen, woher ich gerade kam. Da machten sie große Augen und begannen, mich auszufragen.
Sie waren sehr erstaunt, als ich ihnen sagte, daß auch der König genau so schlecht dran wäre wie sie. „Warum?" wollten sie wissen.
„Aber das ist doch klar. Euch muß es ja besser gehen, weil ihr eure Freunde behalten habt. Freunde helfen sich gegenseitig in schweren Zeiten. Der König hat keine mehr und schon aus diesem Grund

geht es ihm nicht gut.“ Sie hörten schweigend zu und wurden nachdenklich, als ich ihnen sagte: „Er ist sicher von allen Württembergern der einsamste.“ Und dann wurde ich mit Fragen überschüttet. Keiner hatte daran gedacht, daß auch ein König einsam sein und unter einer schweren Zeit genau so leiden kann wie jeder andere Sterbliche. Manchen sah man an, daß sie sich schämten, ihn so vergessen zu haben. Es dauerte viele Stunden, bis ich endlich in dem Dorf des Vaters von Peter ankam.

Als wir vor dem alten, kleinen Häuschen hielten, war die Kutsche im Nu von den Dorfbewohnern umringt. Zuerst begrüßte ich jedoch den Alten. Mit Tränen in den Augen bedankte er sich immer wieder, daß ich seinen Wunsch erfüllt hatte.

Bevor ich jedoch mit ihm in seine Küche ging, mußte ich noch allen Leuten erzählen, wieso ich mit der königlichen Galakutsche gekommen war. „Der König hat gesagt“, erklärte ich, „daß die letzte Fahrt der Kutsche zu einem alten, einsamen Württemberger gewiß ein würdiger Abschluß ihrer großen Zeit ist.“ Dann wendete der Kutscher, schwenkte grüßend seinen Zylinder und fuhr unter Begleitung nebenher laufender Dorfkinder langsam davon.

Nun ging ich mit dem Alten in das Haus hinein in seine kleine dunkle Küche. Auf der Kommode stand zwischen dem Bild von Peter und dem meinen ein bunter Feldblumenstrauß. Der Alte konnte immer noch nicht so recht begreifen, daß ich wahr und wahrhaftig mit ihm zusammen in seiner dürftigen Behausung saß, wo ich doch Gast im königlichen Schloß gewesen war. Dann erzählte ich ihm von Peter, seinem Buben. Bald war uns, als sei er mit uns zusammen im gleichen Raum. Wir verlebten unvergeßliche Stunden, angefüllt mit Erinnerungen an einen prächtigen jungen Menschen, der zu früh hatte sterben müssen.

Spät in der Nacht gingen wir schlafen. Der gute Alte hatte tatsächlich auf dem Fußboden sein Lager richten wollen, aber das ließ ich nicht zu. So schliefen wir im gleichen Bett. Es hatte ja Raum genug für zwei.

Als ich dann am andern Morgen Abschied nahm, fand der alte Mann kaum Worte, um mir noch einmal für meinen Besuch zu danken. Immer wieder stammelte er den gleichen Satz: „Ach, Herr Graf, Ihr Besuch war die größte Freude meines Lebensabends. Ich danke Ihnen ja so sehr.“ Er konnte nicht ahnen, wie sehr auch ich mich gefreut hatte, ihn kennenzulernen. Nur, daß mein guter Peter fehlte, das machte mir doch sehr zu schaffen.

Später erfuhr ich, daß durch meinen Besuch noch jemand eine Freude gehabt hatte. Viele Leute waren nach Friedrichshafen gekommen. Sie wollten den König sehen. Einige Frauen waren darunter, die in Weidenkörben Lebensmittel anbrachten. Für den König! Es war für ihn sicher eine frohe Überraschung, wieder einmal Besuch von seinen Württembergern bekommen zu haben.
So bereitete eine wunderschöne alte Galakutsche durch ihre letzte Fahrt zwei Menschen unverhoffte Freude: einem Steineklopfer und dem König von Württemberg.

Präsident

Mehr als das Reiten an sich, liebe ich die Pferde. Es sind edle Geschöpfe, und ihre schönen, sanften Augen haben es mir angetan.
Nach dem Weltkrieg gab es noch sehr viele Pferdedroschken, und das Auto hatte sie bis zu diesem Zeitpunkt in keiner Weise verdrängen können. Aber wie sahen die armen Gäule nur aus! Mager und klapperdürr, obgleich ihre Besitzer bestimmt alles taten, um ihren treuen Helfern das notwendige Futter zu verschaffen. War das schon im Krieg äußerst schwierig gewesen, so entwickelte sich der Futtermangel in der Zeit danach zu einem unbeschreiblich großen Problem. Besonders aber in der Inflation!
Als ich einmal in dieser für Mensch wie Tier so schweren Zeit mit einer Droschke durch Hamburg fuhr, kam ich mit dem Kutscher ins Gespräch. Froh, einen mitfühlenden Partner zu haben, klagte er mir sein Leid und sprach damit gewiß seinen Berufskollegen aus der Seele.
Jeden Morgen wurde an der Börse der augenblickliche Geldwert nach dem Dollarkurs bekanntgegeben. Von Tag zu Tag kletterten die Ziffern höher, und der Geldbriefträger zog schließlich einen Handwagen mit Geldscheinen hinter sich her. Jeder, der seinen Lohn oder das Gehalt ausbezahlt bekam, ließ alles stehen und liegen und raste so schnell ihn seine Beine trugen zum nächsten Kaufmann, um die notwendigsten Lebensmittel einzukaufen. Tat er das nicht, so war sein sauer verdientes Geld am nächsten Tage

vielleicht nur noch die Hälfte wert. Jeder war zwar Millionär, konnte sich für eine Million aber gerade nur ein Brötchen kaufen. Man rechnete schon mit Milliarden und, wer's erlebt hat, weiß, daß man sich schließlich sogar an Billionen gewöhnen mußte.

„Sehen Sie, Herr Graf", sagte der Kutscher sehr bekümmert, „diese Zustände bedeuten für unsere Pferde den sicheren Hungertod. Die paar Leute, die sich heute schon mal eine Droschke leisten, fahren nur am späten Abend oder wollen erst am frühen Morgen nach Hause. Sie zahlen mit dem Geld von heute, wenn schon alle Geschäfte zu sind. Und wenn wir am nächsten Tag damit einkaufen wollen, kriegen wir nur noch die Hälfte. Auch die Hälfte Hafer natürlich nur!"

Ich war an meinem Ziel angekommen und stieg nachdenklich aus. Während ich dem zaundürren Droschkenpferd über die Kumme fuhr, überlegte ich, wie man da wohl helfen könnte.

„Ja, ja, meine Rosa wird auch nicht mehr lange machen", seufzte der Kutscher traurig, und sein faltiges Gesicht bekam noch ein paar Fältchen mehr.

Und mir kam eine Idee. „Hören Sie", sagte ich, „am nächsten Dienstag habe ich hier einen großen Vortrag. Da will ich mal ein gutes Wort für die armen Gäule einlegen. Vielleicht hilft das weiter."

Die Augen des Kutschers glänzten freudig auf.

„Passen Sie auf", fuhr ich fort, „ich lade Sie und alle Ihre Kollegen zu diesem Vortrag ein. Zwei von euch müssen selbstverständlich so eine Art Notdienst machen. Falls der Storch überraschend kommen will oder irgendwer plötzlich krank wird."

Der Alte strahlte über sein ganzes runzliges Gesicht. Wir machten noch Ort und Zeitpunkt aus und nach einem freundschaftlichen Klaps auf Rosas Hinterteil sowie einem festen Händedruck mit ihrem sorgenvollen Herrn ging ich meiner Wege.

An dem betreffenden Dienstagabend kam ich etwas früher als üblich in den Vortragssaal. Ich wollte ja meine Ehrengäste persönlich begrüßen und außerdem dafür sorgen, daß sie auf dem Podium einen Platz fanden. Sie waren auch alle schon zur Stelle und musterten mich verstohlen mit einer Mischung aus Neugier und Hoffnung. Schließlich saßen sie auf ihren Stühlen mit kerzengeradem Rücken und drehten die Zylinder vor lauter Beklemmung.

Inzwischen hatte sich der Saal gefüllt, und ich begann meinen Vortrag. Mit leisem Schmunzeln bemerkte ich das Erstaunen meiner Zuhörer angesichts der merkwürdigen Ansammlung von Droschkenkutschern hinter meinem Rücken. Die Neugier wollte ich schon stillen! Nach einiger Zeit legte ich eine kleine Pause ein, holte Atem und rief:
„Liebe Freunde! Ich habe gesehen, daß ihr euch über meine Gäste hier auf dem Podium schon seit Beginn meines Vortrages die Köpfe zerbrecht. Ich habe alle Droschkenbesitzer dieser Stadt heute abend hierher gebeten, damit sie mit eigenen Ohren hören können, daß die Hamburger mit Recht auf der ganzen Welt als besonders tierlieb bekannt sind. Ich appelliere an eure guten Herzen im Namen der armen Hamburger Droschkenpferde. Die haben ja solchen Hunger!"
Alle sahen mich gebannt an, und ich erzählte meinen Zuhörern nun, wie es zu der ganz besonderen Misere der Pferde gekommen war. Zum Schluß bat ich: „Ich lasse jetzt eine Spendenliste herumgehen. Bitte zeichnet kein Geld ein, das können die Pferde nur schlecht verdauen. Zeichnet doch zur Abwechslung einmal Hafer. Dann ist ihnen geholfen."
Gerührt sah ich zu, wie viele Menschen dieser Aufforderung nachkamen und sich in die Liste eintrugen.
Als die Liste wieder an mich zurückging, sah ich mit einem Blick, daß eine ganze Menge zusammengekommen war. Die Pferde konnten bestimmt auf diese Sammlung hin für einige Zeit wieder einmal ihre reguläre Portion Hafer bekommen. Ich bedankte mich herzlich, die Droschkenkutscher standen auf, machten eine tiefe Verbeugung, und ich setzte meine unterbrochene Rede wieder fort.
Am Ende meines Vortrages überreichte ich den glückstrahlenden Ehrengästen die Liste mit Namen und Adressen der freundlichen Haferspender. Sie konnten es gar nicht recht fassen, und wir waren schrecklich gerührt, die Droschkenkutscher und ich. –
Einige Wochen später bekam ich überraschenden Besuch. Zwei Droschkenkutscher suchten mich auf. Ich kannte sie nun schon, wie viele ihrer Kollegen. Wenn immer ich eine Droschke benutzte, wurde ich als Gast behandelt und durfte nicht zahlen. Verlegen drehten meine Besucher ihre glänzenden Zylinder in den schwieligen Händen und kamen erst nach einer endlosen Verlegenheitspause mit

dem wirklichen Zweck ihres Besuches heraus. Sie berichteten, daß alle Spender getreulich ihr Wort gehalten hätten. Und die Rosa, die Flora, die Suse und die Minka ließen ihren allerherzlichsten Dank für den schönen Hafer sagen.

In einer Versammlung hätten nun die Droschkenkutscher allesamt gemeinsam überlegt, wie sie mir zum Dank eine kleine Freude machen könnten. Einer der alten Leute sagte schließlich mutig: „Wollen Sie, Herr Graf, uns die Ehre erweisen, Ehrenpräsident unseres Vereins zu werden?"

Ohne zu zögern, nahm ich mit Dank die hohe Auszeichnung an.

Viele verübelten mir diese seltsame Würde und ich weiß, daß nicht nur einer tadelnd sagte: „Der Graf Luckner macht sich mit den kleinen Leuten gemein."

Kleine Leute können zuweilen recht groß sein, und große verflixt klein. Kleine Leute! Was ist das eigentlich? So genau wie mancher andere weiß ich das nämlich bis heute noch nicht. Ich glaube aber, daß mir diese „Wissenslücke" nie geschadet hat.

Große Ehrungen sind mir im Laufe eines langen Lebens zuteil geworden. In unzähligen Klubs und Vereinigungen bin ich Ehrenmitglied. Vereine und Verbindungen alter Tradition tragen meinen Namen. Auch die Anzahl meiner Orden könnte ich nicht auf Anhieb nennen. Ich war Gast beim letzten deutschen Kaiser und beim Kronprinzen, bei Henry Ford und W. Vanderbilt, dem Sohn des großen Vanderbilt, dessen Gartenjunge ich einst war. Viele hochgeborene und berühmte Menschen darf ich zu meinen Freunden zählen, die der Welt ein Begriff sind. Über jedes Herz freute ich mich, das ich gewinnen konnte. Sollte ich für die Ehrung durch die Hamburger Droschkenkutscher etwa nicht dankbar sein? Ne, dat givt et nich! Ich bin immer stolz darauf gewesen und glücklich, daß mein einstiger Appell an die Herzen der tierliebenden Hamburger einen so schönen Erfolg hatte. Ehrenpräsident der Hamburger Droschkenkutscher zu sein, war nach diesem Echo letzten Endes ja auch ein Dank an die verständnisvollen Haferspender! –

Viel ist in den letzten Jahrzehnten unmodern geworden. Die Droschken sind verschwunden, und von meinen alten Freunden jener Zeit lebt keiner mehr.

Meine Piep kann piepen

Wenn einer eine Reise tut, dann kann er was erzählen. Na, auf keine Kuhhaut geht, was man da erleben kann. Nicht immer geht 'ne Reise glatt, und wenn sie glatt geht, ist sie oft nur halb so schön. Vortragsreisen sind deshalb besonders anstrengend, weil man aus dem Aus- und Einpacken gar nicht herauskommt. Aber was hilft es, ohne Gepäck keine Reise. Besonders wichtig dabei war mir immer meine Pfeife. Sie hat alle Reisen mitgemacht und ist so ein Stück von mir geworden. Und ich hänge sehr an Sachen, die mit mir älter geworden sind. Meine Piep hat die „Seeadler-Fahrt" mitgemacht, Gefangenschaft und Fluchten, schöne Stunden und auch ein paar scheußlich schwere und ist immer heil geblieben. Wenn irgend etwas passiert, suche ich automatisch erst nach der Pfeife und stelle dann fest, ob noch alle Knochen heil sind. Steige ich aus einem Zug aus, zähle ich zuerst gewissenhaft alle Gepäckstücke einschließlich meiner Ingeborg, und zum Schluß greif' ich nach der Piep.

*

Eines Tages fahr' ich von Berlin nach Halle. Der Zug ist nur schwach besetzt, und ich hab' ein Abteil für mich allein. Ingeborg kuriert zu Hause einen Schnupfen aus. Am Abend zuvor hatte ich einen Vortrag gehalten, den Vormittag in einer Schule gesprochen, und die Nacht dazwischen saß ich bis zum Morgengrauen mit einigen Freunden zusammen. Nun stehe ich also am Fenster meines Abteils und sehe zum Fenster hinaus. Die Gegend hab' ich gern, sie ist so heimatlich. Und so komme ich ins Träumen. Plötzlich klappert was, ich schrecke auf und sehe gerade noch, wie was auf den Schotter fällt. Weg! Auf einmal bin ich wieder hellwach. Meine Piep ist über Bord gefallen, Mensch, meine Piep!
Ich nischt wie die Notbremse gezogen. Die Bremsen kreischen, der Zug verlangsamt die Fahrt. Rut ut d'Zug, meine Pfeife! Ich gehe am Bahndamm entlang und suche das teure Erinnerungsstück. Zufällig sehe ich, wie auch andere Leute aus dem Zug gestiegen sind.
Ein Mann nähert sich: „Hären Sie emol, was suchen Sie denn hier?"
„Die Pfeife", antworte ich nur. Der dreht sich um und ruft anderen

zu: „Der Zug hat die Pfeife verloren. Na, nu wissen wir ja auch, warum er steht." Ich sage nichts dazu, sondern lache in mich hinein. Laß sie doch denken, daß meine Piep piepen kann! Und gleich darauf entdecke ich sie auf dem Schotter des Bahndammes.

Zufrieden und glücklich marschiere ich zum Zug zurück und höre dabei, wie jemand sagt: „Heeren Se emol, der Zug gann ja gar nich die Pfeife verloren haben, der fährt ja elegtrisch!" Na, endlich ist der Groschen gefallen. Und sonst sind die Sachsen doch so helle! Außerdem haben sie mich wohl mit einem Bahnbeamten verwechselt, weil ich den blauen Mantel anhabe und die Mütze vom Kieler Jachtklub auf dem Kopf. – Ich steige wieder ein, setze mich in mein Abteil und der Zug fährt weiter.

Da geht der Schaffner an meiner Tür vorbei, stoppt und tritt ein: „Verzeihen Sie, hier war vorhin die Notbrämse gezogen worden, waren Sie das etwa?" „Ja", antworte ich. „Nu heeren Se emol, wie gomm' Se denn dazu, die Notbrämse zu ziehen, das ist ja unerheert!"

„Wieso ist das unerhört, ich habe aus Versehen meine Pfeife aus dem Fenster fallen lassen und wollte sie wiederhaben."

„Na, da heert sich aber alles auf. Sie Härr, Sie werd das deier zu stehn gomm'. Wächen einer Pfeife zieht man doch nich die Notbrämse!"

„Wegen so einer Pfeife schon."

„Da wärden Se aber dichtig Strafe zahlen missen", sagt der Schaffner empört. „Dafür gönn' Se glatt ins Gefängnis gomm'."

„Für meine Pfeife gehe ich sogar ins Zuchthaus, wenn's sein muß", erkläre ich freundlich. Der Mann läuft puterrot an, und ich habe wahrhaftig Sorge, ihn könnte auf der Stelle der Schlag treffen.

„Nu jäben Se mir emol Ihre Bersonaljen." Er zückt den Bleistift und notiert meinen Namen und Adresse. Auf einmal schaut er vom Buch auf: „Sachen Se emol, Se sind doch nich etwa der Seedeifel?"

„Doch, der bin ich, vielmehr ich werde öfters so genannt." Der Schaffner ist nun völlig verwirrt, und ich sehe in seinem Gesicht, daß er sich jetzt gar nicht mehr auskennt.

Ich nehme die Pfeife aus dem Mund und sage: „Mein Lieber, die hat vielleicht Zeiten mitgemacht, das kann ich Ihnen aber sagen. Die laß ich nicht im Stich. Auf dem ‚Seeadler' war sie auch mit, die gehört zu mir."

Der gute Mann ist ganz verlegen. „Ach, Herr Jraf, ich mechte Ihnen ja jar nich melden, aber ich muß ja."

„Das ist Ihre Pflicht und Schuldigkeit", erwidere ich.

„Sachen Se, Herr Jraf", meint er sehr zögernd, „gennten Se mir nich än Autogramm gäben?"

Ich ziehe ein Bild aus der Tasche, lasse mir nun meinerseits seinen Namen und Adresse geben und schreibe dem Schaffner eine schöne Widmung drauf. Mit großer Freude nimmt er es entgegen, und mit einem festen Händedruck verabschiede ich mich von dem Mann, der nun meine Einweisung ins Gefängnis befürworten wird. Stillvergnügt denke ich an das entsetzte Gesicht meiner Ingeborg, wenn sie von meinem Reiseerlebnis erfährt.

Vielleicht komme ich auch gleich ins Kittchen, dann schreibe ich ihr von dort ein Ansichtskärtchen. Ich habe ja so lange nicht mehr gesessen! So lange nicht, daß ich mir ausmale, wie gut so ein Erholungsurlaub auf Kosten des Staates mir jetzt täte. Ich komme direkt ins Träumen, alle Gefängnisse und Zuchthäuser meines Lebens ziehen in der Erinnerung an mir vorüber, und ich bin so schnell in Halle wie noch nie.

Ingeborg schüttelte immer wieder den Kopf, als ich ihr mein Reiseerlebnis erzählte. „Ach, was du nur immer anstellst, Phylax!" Ich tröstete sie: „Im Gefängnis ist es gar nicht so schlimm, wie du denkst." Trotzdem schwebte sie Wochen hindurch in der Angst, ich könnte plötzlich mal abgeholt werden, um meine Strafe abzusitzen. Ja, sie erklärte sich sogar heldenmütig dazu bereit, mit mir ins Kittchen zu gehen. Selbst meine Einwendung, daß im Gefängnis aller Wahrscheinlichkeit nach kein Doppelzimmer dieser Art zu haben sein würde, brachte sie von diesem Entschluß nicht ab. „Dann schlafe ich eben vor deiner Zellentür", erklärte sie.

Ich wartete lange, aber vergeblich auf die Aufforderung, ins Gefängnis zu kommen. Nicht einmal Strafe mußte ich zahlen. Mit dem Erholungsurlaub war es wieder nichts.

Meine Pfeife habe ich heute noch. Altersbraun und durchgekaut, begleitet sie mich auf allen meinen Reisen. Würde sie wieder aus dem Fenster fallen, der Himmel verzeihe mir, ich würde wieder die Notbremse ziehen!

Geldschrankknacker wider Willen

Wer meine Bücher kennt, weiß von meinem 1300-Meilen-Marsch von San Franzisko nach Denver, um Buffalo Bill, das Idol meiner Jugend, kennenzulernen.
Der weiß auch, wie ich enttäuscht wurde, weil dieser sich damals gerade mit seinem Wildwestzirkus in Deutschland befand.
Als ein richtiger Tramp lernte ich auf diesem langen, langen Wege im Jahre 1895 Amerika kennen. Ich sah noch Büffelherden weiden, und meine ganze Freude waren die Cowboys auf ihren schnellen Pferden. Braungebrannte, verwegene Kerle, aber gutmütig und hilfsbereit. Am Abend zeigten mir gewaltige Lagerfeuer den Weg zu ihnen, und manchmal saß ich bis spät in die Nacht in ihrem Kreise und hörte begeistert zu, wenn sie von ihrem ereignisreichen Leben erzählten. Da war noch so mancher unter ihnen, der mit den Indianern gekämpft hatte. Zuweilen kam mir der Wunsch, mich den Cowboys anzuschließen, aber ich wußte mein Ziel.
Meine Wanderschaft war also doch nicht umsonst gewesen. Große Teile Amerikas lernte ich dadurch in aller Urwüchsigkeit kennen. Fast die ganze gewaltige Strecke von San Franzisko bis Denver mußte ich zu Fuß gehen. Doch ich wurde des Weges nicht nur deswegen nie müde, weil ich ein Ziel vor mir sah, sondern auch, weil jeder Tag anders war und mir neue Eindrücke schenkte.
Niemals hätte ich Amerika so gut kennengelernt, ohne meine lange Wanderschaft, nie wäre ich dann später dort so heimisch geworden! Damals schon machte ich mir Gedanken darüber, daß zwischen Aufbruch und Ankunft im Grunde wohl das größte Reiseerlebnis liegt und wunderte mich oft über die Hast der Menschen.
Und heute? Heute kommt's nur noch aufs Tempo an. Richtig aufgegangen ist mir der Un-Sinn der modernen Reise erst im Flugzeug. Um drei Uhr steigt man in München in die Maschine, um fünf Uhr sitzt man in Berlin beim Tee. Dazwischen ist nichts, kein Erlebnis, kein Zwischenfall, kein langsames Hineingleiten in eine andere Landschaft. Die Hast hat die Menschheit um sehr viel Schönes gebracht.
Die schnelle Reise ist wirklich nur dann von Nutzen, wenn Zeit gespart werden muß. Die Vereinigten Staaten haben ein großartig ausgebautes Eisenbahnnetz, das ihr weites Land erst richtig er-

schlossen hat. Die komfortablen Pullman-Züge machen auch die längste Reise zu einem angenehmen Vergnügen. Die Entfernungen sind teilweise so groß, daß sich der Reisende oft für mehrere Tage einrichten muß. Daran ist gedacht und darum sind die Züge mit allen nur möglichen Bequemlichkeiten ausgestattet. Hotels auf Rädern! Die Züge des Herrn Pullman sind tatsächlich eine angenehme Sache und zeugen von seiner großen Menschenfreundlichkeit.

Eines Tages sitze ich im Zug in einem bequemen Sessel und fahre nach dem Mittelwesten, wo ich verschiedene Vorträge halten soll. Mit mir und der Welt im besten Einvernehmen schaue ich zum Fenster hinaus und staune mal wieder über die gewaltige Ausdehnung dieses Landes. Vor zwei Stunden habe ich auf die Uhr gesehen, noch immer kein einziges Haus, nur endlose, riesige Wälder und dazwischen grüne Wiesen. Endlich kommt auch mal eine Ansiedlung in Sicht, Rinderherden weiden in der Nähe des Bahndamms, dröhnend fährt der Zug über einen Viadukt, donnert über eine Brücke und hält fauchend bei einer Station an.

Nach kurzem Aufenthalt geht es weiter. Der Platz mir gegenüber wird von einem wohlbeleibten älteren Herrn besetzt. Der schaut mich mehrmals so komisch an. Das ist doch eigenartig. Ob der mich etwa kennt?

Plötzlich räuspert er sich und fragt: „Excuse me please, sind Sie nicht der Count Luckner?"

„Ja, der bin ich."

Er strahlt mich an und reicht mir die Hand.

„Nein, so ein Glück! In New York habe ich so viel von Ihnen gehört. Den Sea-Devil habe ich übrigens auch gelesen. Ein tolles Buch! Und jetzt fahren Sie doch nach K.?"

„Allerdings, aber woher wissen Sie denn ..."

„Dort bin ich zu Hause! Wir warten schon alle auf Sie. Die Zeitungen haben schon lange Ihren Besuch angekündigt und den ‚Sea-Devil' hat die Buchhandlung nachbestellen müssen."

Mr. Carter, so heißt der freundliche Mann, läßt mich jetzt kaum mehr zu Worte kommen. Er überschüttet mich mit Fragen. „Haben Sie wirklich so viele Schiffe versenkt mit Ihrem alten Segler? Und es gab keine Toten dabei? Sagen Sie mal, sind Sie ein wirklicher Graf? Henry Ford ist wirklich Ihr Freund? Nein, nein! Und im

1928 in Amerika mit
Henry Ford

Mit W. K. Vanderbilt

„... Herrgott! Wenn das Boot der Engländer nach hinten treibt, müssen sie unsere Schiffschraube sehen!
Was tun ...?“

„... Haß und Mißgunst, Neid und Eigennutz müssen das Staatsschiff zum Sinken bringen, darum pumpt Anstand und Treue und Liebe zum deutschen Vaterland hinein ...“

Photos
Brindlinger & Hirtz
Augsburg

... vierzehn Pannkauken hatte ich im Magen — und nun dat Preiselbeerkompott dazu. — „Phylax, wer to Middag nix fret, de is de Lump.“

„. . . das Eisenbahnschwellen - Laufen hat seinen eigenen Rhythmus: eine Schwelle und dann zwei Schwellen — und so 1300 Meilen weit bis zu Buffalo Bill . . .“

Photos
Brindlinger & Hirtz
Augsburg

„Wenn einer m i r und m i c h verwechselt, das hat mir noch nie nervös gemacht. Aber wer m e i n und d e i n verwechselt, den mag ich nicht!“

„Was macht eine Mutter so groß? — ihre Liebe! Und ich glaube, es ist kein Unterschied zwischen einer amerikanischen guten Mutter und einer deutschen guten Mutter.“

Photo Schödl

Das Zerreißen von Adreßbüchern
wurde zu einer immer wieder verlangten Attraktion

Zuchthaus haben Sie auch gesessen? Wie haben Sie es nur fertiggebracht, immer wieder auszukneifen ... Jee, was haben Sie alles angestellt! Das dicke Telefonbuch von New York zu zerreißen. Hätt' ich es nicht selbst in der Zeitung gesehen! Nein ..."
Mr. Carter ist völlig aus dem Häuschen, befühlt meine Muskeln, kann's gar nicht begreifen ... Zum Spaß verbiege ich ihm ein Fünf-Cent-Stück. Da verschlägt es ihm Gottlob einen Moment die Sprache. Während er sich mit kugelrunden Augen sein ramponiertes Geld ansieht, nütze ich den günstigen Augenblick aus und frage: „Sind Sie schon lange in K.?"
Er beißt an. Begeistert berichtet er mir. Ich erfahre, daß er der Besitzer des größten Hotels am Platze ist. Soeben erst hat er es von Grund auf renovieren lassen und modernisiert. „Meine neueste Errungenschaft ist ein einbruchsicherer Geldtresor", ruft er stolz. „Ich sage Ihnen, Count, das Ding hat bald mehr gekostet als die ganze Renovierung!"
Um Mr. Carter eine Freude zu machen, werfe ich ein: „So 'n Ding ist immer ganz angebracht. Man kann ja nicht wissen, Gangster gibt es überall."
Mr. Carter nickt mir bestätigend zu. Einen Augenblick ist er ganz überraschend still. Dann haut er mir plötzlich auf die Schulter.
„Was ist denn passiert!" rufe ich ehrlich überrascht.
Mein Gegenüber strahlt über das ganze Gesicht: „Ich habe eine großartige Idee!"
„Was für eine denn?"
Mit einem geheimnisvollen Lächeln sagt er: „Sie sollen für die Dauer Ihres Aufenthaltes Ehrengast meines Hotels sein!"
Donnerwetter, das ist wirklich ein Angebot, das sich hören läßt. Ich bedanke mich dementsprechend herzlich. Aber ist da etwa ein Haken dabei? Mr. Carter zwinkert so listig mit den Augen.

„Stop, lieber Count, freuen Sie sich nicht zu früh. Eine kleine Bedingung ist an meine Einladung geknüpft. Eine ganz kleine für einen Mann wie Sie!"
„Und?" frage ich ahnungslos.
„Sie sollen nur in meinen Geldtresor einbrechen."
Mir bleibt die Spucke weg. Der Mann hat Nerven! Ade, du schöner kostenloser Aufenthalt!
„Mr. Carter", sage ich zögernd, „Ihr Vertrauen ehrt mich tief.

Aus der Einladung kann bestimmt nichts werden. Geldschränke habe ich bisher noch nicht geknackt."

Mr. Carter behält sein siegesgewisses Lächeln bei. „Aber Count, das sagen Sie? Die halbe Welt weiß, daß es für Sie kein ‚unmöglich' gibt! Sie haben schon ganz andere Sachen fertiggebracht, das weiß ich genau!"

Ach du liebe Güte! Da bin ich ja schön ins Fettnäpfchen getreten. „Aber verstehen Sie doch, mein Bester", versuche ich dem Optimisten zu erklären, „wie in aller Welt soll ich einen Tresor öffnen können, von dem Sie mir soeben erzählten, daß er absolut einbruchsicher ist!"

Mr. Carter bleibt ungerührt. „Lieber Count, ein Mann wie Sie kann alles können, davon haben Sie schon genug Proben abgelegt. Kann ja sein, daß es Ihnen nicht gelingt, aber versuchen können Sie es. Just for the fun of it." (Nur wegen des Spaßes.)

„Wie Ihnen eine so aussichtslose Sache Spaß machen kann, Mr. Carter, ist mir allerdings ein Rätsel!"

Da schaut er mich so bittend an ...

„Na also gut", sage ich und ergebe mich in mein Schicksal. „Dann will ich es eben versuchen."

„Okay!" ruft der Hotelier und haut mir noch mal auf die Schulter. Er redet wie ein Buch weiter, aber ich höre nur noch mit halbem Ohr hin. Ich überlege angestrengt, wie man einen einbruchsicheren Tresor öffnet. So 'n Ding hab' ich noch nicht mal gesehen! Im Zuchthaus waren ja lauter schwere Jungs, die hätte man fragen sollen. Der Mann, der mich täglich rasierte, war ein Mörder. Geldschrankknacker gab es dort mit Sicherheit. Ich hätte sie nach ihren praktischen Erfahrungen fragen sollen. Aber wie sollte ich denn ahnen, daß ein so absurdes Ansinnen jemals an mich gestellt würde. Dazu mit einem solchen festen Vertrauen in mein „Können"! Na, da half nun alles nichts. Ich tröstete mich mit dem Gedanken, daß ich den Aufenthalt ja sowieso aus eigener Tasche bestreiten wollte. Aber schön wär's ja gewesen ...

Diese Gedanken und der unaufhörliche Redefluß meines Gegenüber bringen uns bald an das Ziel der Fahrt. Am Bahnhof steht schon der schwere Wagen von Mr. Carter. Ab geht es. Schnell sind wir am Hotel angelangt. Ein sehr hübscher Kasten, der sich sehen lassen kann.

Mr. Carter kann wohl Gedanken lesen. Munter sagt er: „Na, würde es Ihnen nicht Spaß machen, mein Ehrengast zu sein?"
Ich nicke stumm. Gleichzeitig habe ich den unbezwinglichen Wunsch, daß meine Mutter mich besser im Badewasser hätte ertrinken lassen sollen. – Eine Gnadenfrist habe ich insofern noch, als Mr. Carter einen Lunch für uns kommen läßt. Ich habe selten in meinem Leben so langsam gegessen. Aber mit des Geschickes Mächten ...
Wir gehen zusammen in Mr. Carters Büro. Dort stehen schon einige Leute herum und sehen mich erwartungsvoll an. Reklame hat er also auch schnell noch gemacht.
In der Ecke steht mein Unglück. Groß wie ein Kleiderschrank, giftgrün angestrichen. An Stelle einer Türklinke hat er in der Mitte ein großes Speichenrad. Sieht aus wie das Ruder auf einem Schiff. Rundherum grinsen mich weiße Zahlen und Ziffern an. Das Ding krieg' ich nie im Leben auf. Soviel steht fest.
Mr. Carter scheint eine Vorliebe für Handgreiflichkeiten zu haben. Lachend haut er mir auf die Schulter: „Los, Count, nun versuchen Sie Ihr Glück!"
So ein Sadist! Aber mein Lieber, wenn ich schon nicht die dreimal verwünschte Tür öffnen kann, die Schadenfreude will ich dir verderben. Meinen guten Willen soll er sehen, aber vor allem, daß ich in strahlender Laune verlieren kann.
Ich greife in die Speichen des Rades und drehe es langsam einige Male hin und her. Nur zum Spaß ziehe ich auch ein bißchen nach vorne. Da werden mir die Knie weich ...
Langsam geht die eiserne Tür auf, immer weiter und weiter! Fassungslos starre ich in den Schrank hinein, als ob ich aus seinem Inneren Antwort für dieses Wunder bekäme.
Bei meinem spielerischen Drehen an dem Rade muß ich aus reinem Zufall den geheimen Kontakt erwischt haben, der den Öffnungsmechanismus bedient!
Wie still es ist! Langsam drehe ich mich um. Mein heiterer Mr. Carter steht da wie Lots Weib. Sein Gesicht ist aschfahl. Gleich fällt er um! Die Sprache hat es ihm auch verschlagen. Es steht ernst um ihn! Da haue ich ihm meinerseits fröhlich auf die Schulter und rufe: „Wo ist mein Appartement?"
Bei einer Flasche Wein erholten wir uns von dem ausgestandenen Schrecken. Daß ich so ein bißchen Alkohol nach diesem Rätsel eben-

falls nötig hatte, verbarg ich. Im Gegenteil, jetzt spielte ich die Rolle eines Mannes, zu dessen täglichen Aufgaben es gehört, mindestens einen Geldtresor aufzumachen. Ohne Werkzeug, bitte!
Am Abend war die City Hall brechend voll, die Menschen rasten vor Begeisterung. Die ganze Stadt sprach wochenlang von meinem Meisterstück in der Geldschrankknacker-Branche.
Mein Gastgeber hatte sich erholt und sagte immer wieder, er habe es gleich gewußt! Na, na ... Er schrieb am gleichen Tage noch an die Firma, die den Tresor geliefert hatte. Ich erfuhr, daß sie bereit war, diesen einen zurückzunehmen und einen neuen, noch besseren, zum gleichen Preise zu liefern.
Ich aber war heilfroh, daß dieser erst geliefert wurde, als ich längst wieder über alle Berge war. Ein zweites Mal wäre mir Fortuna auch kaum so hold gewesen.
Ich bitte meine liebe Leserschar, mich mit einem Wunsch in der Art, wie ihn Mr. Carter hatte, nicht zu behelligen.
Ich tu's nicht noch einmal, bestimmt nicht. Lieber will ich dann schon Masern kriegen. Davor hatte ich stets eine Heidenangst!

London 1935

In der offiziellen englischen Kriegsgeschichte von Newbolt, Band 4, beginnt auf Seite 195 das Kapitel über meinen Hilfskreuzer „Seeadler". Auf vierzehn Seiten werden hier die Erfolge des einzigen Segelschiffs geschildert, das im Weltkrieg Hilfskreuzer war, und wie sehr sich 1916/1917 die Briten bemühten, uns zu erwischen. Dieses englische Geschichtswerk erschien im Jahre 1928, zu einer Zeit, als der Weltkrieg noch keine zehn Jahre zurücklag.
Im Seeadler-Kapitel wird auch kurz geschildert, was man „ganz offiziell" vom Kommandanten des alten Seglers dachte, dessen Erfolge so viel Kopfzerbrechen bereiteten.
Ich gebe nun im folgenden einige Schilderungen wieder, die sich mit meiner Person befassen. Jedoch nicht nur, weil sie durchaus schmeichelhaft für mich sind, sondern vor allem, weil ich die Fairneß und absolute Neutralität gegenüber einem immerhin früher sehr gehaßten Gegner von Herzen bewundere.

Die deutsche Übersetzung der Auszüge aus Newbolts „History of the Great War" hat folgenden Wortlaut:
... Der neue Hilfskreuzer war „Seeadler", die frühere „Pass of Balmaha", und sein Kommandant hieß Graf von Luckner ... Seine Geschichte fordert unsere Aufmerksamkeit heraus, durch die Vollkommenheit und Gewandtheit, mit der er seine Hilfskreuzerfahrt vorbereitete, und unsere Bewunderung für die seemännische Ritterlichkeit, mit der er sie ausführte ... In allen Zeugnissen seiner französischen und englischen Gefangenen findet sich kein Wort der Klage über ihn, einige gehen gar so weit, zu sagen, wie freundlich er sie behandelte. Wir können deshalb mit Sicherheit darauf schließen, daß er ein kühner, berechnender und verwegener Führer war, und haben ebenso allen Grund zu glauben, daß er ein höflicher und freundlicher Gentleman war ... Am 21. 3. 1917 kaperte er den französischen Segler „Cambronne", der eine Ladung Salpeter nach Frankreich geladen hatte. Auf dieses Schiff setzte er seine zweihundertsechzig Gefangenen über ... Die Gefangenen und ihr Fänger schieden außerordentlich freundschaftlich voneinander. Graf Luckner hatte keine Vorkehrungen getroffen, um zu verhindern, daß der „Seeadler" von ihnen übermannt wurde. Wahrscheinlich dachte er daran, daß die Verschiedenheit der Rassen und Sprachen alle gemeinsamen Aktionen zwischen ihnen unmöglich machen würde. Deshalb war jedem erlaubt, auf dem Schiff herumzustreifen, wie es ihm beliebte. Auch im übrigen handelte Graf von Luckner verschiedentlich freundlich und großzügig ... All dies machte solch einen Eindruck auf die Gefangenen, daß sie auf die „Cambronne" unter Hochrufen und Vivats herüber gingen. Selbst die Franzosen, deren stolze, unnahbare Haltung auf Graf Luckner tiefen Eindruck gemacht hatte, schüttelten ihm die Hand, bevor sie von Bord gingen. —
Hier möchte ich die Auszüge beenden und dazu nur erklärend bemerken, daß ich die „Cambronne" dazu bestimmte, meine zweihundertsechzig Gefangenen in die Freiheit zu bringen.

An Newbolts Geschichtswerk mußte ich denken, als Ingeborg und ich uns im September 1935 auf dem Flug nach England befanden. Nicht das erste Mal war ich eingeladen worden, endlich auch einmal

hinüber auf die Insel zu kommen. Wie würden die Engländer mich wohl empfangen?
Schon kurvten wir über dem Londoner Flugplatz und sahen neugierig hinunter zur Erde.
„Schau nur, Ingeborg", bemerkte ich und wies auf die vielen hundert Pünktchen, „die Menschen alle! – Paß mal auf, vielleicht fliegt eben gerade der Prinz von Wales von hier ab!"
Nun sausten wir dicht über dem Boden dahin, ein leises Beben ging durch die Maschine, die Räder hatten Erdberührung und das Flugzeug rollte aus.
Wir gingen mit den anderen Gästen von Bord und sahen interessiert auf die wartenden Menschen. Doch kein Prinz von Wales war zu sehen!
Da kommen schon zielbewußt einige Herren auf uns zu. Nach herzlicher Begrüßung führen sie uns zu zwei älteren Damen. Sprachlos vor Überraschung höre ich bei der Vorstellung, daß ich hier die beiden Präsidentinnen der Mothers League of the returned Soldiers and Sailors vor mir habe. Dies ist die Vereinigung der Mütter aller aus dem Krieg zurückgekehrten Soldaten und Seeleute. Sie überreichen Ingeborg und mir herrliche Blumensträuße, geschmückt mit schwarzweißroten Bändern. Gerührt sehe ich auf die leuchtende Pracht und denke an meine Kriegsgefangenschaft auf Neuseeland. Dort war es die gleiche Vereinigung, die mir die bittere Zeit durch Zeitschriften und Bücher, durch aufmunternde Briefe und leckere Kuchen zu versüßen bemüht war. Dankbar erinnere ich mich der kleinen Frau Kohler, die mit ihrem Mann auf meinem „Seeadler" in Gefangenschaft war, dort einen Teil ihrer Hochzeitsreise verbracht hatte. Nach der Rückkehr in die Freiheit unterrichtete sie die Liga der Mütter von meiner humanen Art der Kriegführung. Mir aber schrieb sie in die Gefangenschaft, daß ich nun Patenonkel wäre! –
Sekunden dauert es nur, daß mir dies alles durch den Kopf geht. – Ich neige den Kopf zum Handkuß, da wehren sie beide ab und geben mir einen Kuß auf die Stirn. Dann höre ich eine ergriffene mütterliche Stimme. Sie sagt: „Wir möchten Sie im Namen aller Mütter der aus dem Kriege heimgekehrten Soldaten und Seeleute als Gast von England begrüßen. Doch etwas wartet auf Sie mit besonderer Sehnsucht. Das Schönste, was es gibt, etwas, das lebt! Es sind

die nach dem Krieg geborenen Kinder der Männer, die auf Ihrem Schiff gefangen waren und als Gäste behandelt wurden. Diese Kinder kennen Ihre Geschichte genau, sie sehnten sich nach Ihnen, denn sie leben doch durch Sie! Die Väter — einst Ihre Gefangenen — wählten Sie voll Dankbarkeit zum Patenonkel. Einige dieser Kinder sind heute hier, um Ihnen zu danken."

Mehrere Jungs kommen ein wenig befangen näher, und ich umarme sie, tief bewegt. Kein Wort kommt über meine Lippen, vergeblich versuche ich, den Schleier vor meinen Augen fortzuwischen. Dann laufen die Tränen aber doch in Strömen über mein Gesicht. Es gibt auch im Leben eines Mannes Augenblicke, wo er sich seiner Tränen nicht zu schämen braucht. Ich glaube, das war so einer. —

Eine Woge der Ergriffenheit ging auch durch all die vielen Anwesenden, die dieser Begrüßung durch die Kinder beiwohnten. Selbst die Seeoffiziere, zähe Kerle, mit harten Gesichtern, hatten feuchte Augen und machten alle Anstrengungen, ihrer tiefen Bewegung Herr zu werden.

Unbekannte Frauen treten auf mich zu, drücken mir die Hand, sagen mit dankerfüllter Stimme:

„Auf Ihrem Schiff war auch mein Mann als Gast."

„Mein Bruder erzählte mir so begeistert von Ihnen!"

„Mein einziger Sohn verehrt Sie so sehr."

Ich kann immer nur stumm die vielen ausgestreckten Hände ergreifen und deren festen Druck erwidern, zu sagen vermag ich nichts. Wie leicht kann doch die Versöhnung durch ein gutes Beispiel sein — daran muß ich denken, während ich die Männer, Frauen und Kinder begrüße.

Schließlich kommt ein Herr und führt mich aus dem Kreis ein wenig abseits. Dort steht ein Übertragungswagen vom Rundfunk, und ich werde aufgefordert, einige Worte ins Mikrofon zu sprechen. Doch ich war noch derart ergriffen von dieser Begrüßung, daß ich abwehre. „Ich kann jetzt wirklich nicht sprechen, meine Herren, Sie sehen doch selbst, wie erschüttert ich bin." Wieder muß ich mir die Tränen aus den Augen wischen.

„Das wollen wir ja gerade haben", widerspricht der Reporter. „Sehen Sie doch, die Leute von der Wochenschau drehen ja schon die ganze Zeit!" — Jetzt erst bemerke ich die Filmleute und das auf mich gerichtete Objektiv.

„Nur ein paar Worte, Count Luckner", bittet der Reporter. „Wir stellen lediglich Fragen, und Sie brauchen diese nur mit einem Ja oder Nein zu beantworten."
Noch immer ganz benommen, nicke ich mit dem Kopf, bin mir aber noch gar nicht klar darüber, ob auch nur ein einziger Ton von meinen Lippen kommen wird.
Da höre ich schon — höre ich recht? — „Who won the battle of Jutland?"
Was für ein Ansinnen in dieser Situation! — Sollte ich ausgerechnet die Frage nach dem Sieger der Skagerrak-Schlacht beantworten?
Unzählige Abhandlungen waren über die Frage nach dem Sieger der Schlacht am Skagerrak, der Schlacht von Jütland für die Engländer, schon geschrieben worden, mit dem Ergebnis, daß weder ein Ja noch ein Nein dabei herauskam. Sollte das ein Fallstrick sein? Sah es nicht ganz danach aus?
Doch gab mir mein Herz ein, was ich darauf zu antworten hätte. Ich raffte mich zusammen und begann: „Ich", die eigene Stimme klang so fremd, „ich habe auf dem Schlachtschiff „Kronprinz" am Skagerrak in der vordersten Linie mitgekämpft. Ich sah, wie die beiden größten Nationen zur See sich im Kampfe begegneten. Die eine Nation schickte sich an, ihre große Tradition zu verteidigen. Die andere Nation begegnete ihr, wie ein Schüler seinem großen Lehrherrn, um eine neue Tradition auf See zu erkämpfen.
Noch nie haben die Schrauben der Kriegseinheiten unserer Flotte so rasende Umdrehungen erzeugt, wie in dem Moment, als das Signal hochging: Auf zum Kampf! Klar Schiff zum Gefecht!
Die Nordsee war so still, wie man sie kaum zuvor gesehen hatte, sie glich flüssigem Blei. Da rasten die Schlachtkreuzer mit über hunderttausendpferdigen Maschinen als erste heran, gefolgt von der Masse der Flotte, flankiert von kleinen Kreuzern und Zerstörern zu beiden Seiten.
Nie zuvor sind die Schaufeln in den Kesselräumen schneller geflogen! Die Feuer in den Heizräumen waren so mächtig, daß aus den Schornsteinen statt des Rauches rote Stichflammen meterhoch emporschossen. Die Sicherheitsventile der Kessel fingen an zu blasen vom Überdruck des Dampfes. Alles stand auf Überdruck, die Feuer, die Kessel, und die Nerven der Menschen!
Im Nu war die stille See aufgewühlt durch die Bugwellen der

Schiffe zweier Nationen, und durch den Einschlag Tausender Tonnen von Stahl.
Die großen Plätteisen von Schlachtschiffen fingen an zu rollen, von Steuerbord nach Backbord, von Backbord nach Steuerbord. Die See kochte, und mächtige Wassersäulen stiegen hoch in den Himmel, stürzten in schäumenden Kaskaden wieder herab durch die Schornsteine und mischten sich mit dem Feuer in den Heizräumen.
Die Geschütze ragten, auf höchste Höhe gerichtet, steil zum Himmel. Die Stunde war gekommen, in der das Schicksal zweier Nationen auf den Rohren ihrer Kanonen lag!
Tausende Tonnen an Stahl waren verschossen, Hunderte von Torpedos lanciert – doch kein Stahl, kein Torpedo konnte den Geist dieser beiden Nationen besiegen!
Mit der Bewunderung für einen großen Gegner und dem Gefühl der Wehmut verließen wir das Schlachtfeld und fragten uns: Warum kann es keine besseren Diplomaten geben, die diese beiden Nationen gleicher Rasse fest zusammenschließen! Die diesen Geist untrennbar zusammenschweißen, um den Frieden auf der Welt zu garantieren, diesen Geist, der sich in der Gewalt der Schlacht als unbesiegbar erwiesen hat.
Und nun, meine Herren, überlasse ich ihnen die Antwort auf die Frage: „Who won the battle of Jutland?"
Tiefes ergriffenes Schweigen. –
Worte sind wirklich zu arm, um zu schildern, welche Wirkung meine kurze Rede hatte. Ich spüre jedenfalls noch heute, genau wie damals vor zwanzig Jahren, in meinem Herzen das unbeschreibliche Gefühl des Glücks und des Dankes, wenn ich an jene Stunde auf dem Londoner Flugplatz zurückdenke. Erlaßt mir die Schilderung der einfach unbeschreiblichen Wirkung meiner Antwort. Laßt es euch genug sein, wenn ich sage, daß dieser Augenblick mir die Herzen der Engländer schenkte. –
Drei Tage nach unserer Ankunft sahen wir uns die Wochenschau an. Sie lief in allen Kinos von London. Die Menschen rissen sich um mich, und jeder wollte mich sehen. Einer der vielen nun folgenden Einladungen ging ich mit ganz besonderer Freude nach: Eine Gruppe von Seeoffizieren, darunter einige, die früher den Seeadler auf sieben Weltmeeren gejagt hatten, luden mich auf ein im Hafen liegendes Schlachtschiff ein.

Oben auf dem Achterdeck, unter dem aufgespannten Sonnensegel, waren lange Tische festlich gedeckt, und dort standen die Offiziere und einstigen Gegner zu meinem Empfang bereit. Admiral Sir Aubrey Smith streckte mir zuerst die Hand zum Gruß entgegen. Früher war er als Kommandant der „Glasgow" der Schrecken aller deutschen Hilfskreuzer gewesen. Er war es, der uns immer am nächsten kam, und dessen Namen jeder von uns kannte.
Admiral Sir Aubrey Smith hielt jetzt die Begrüßungsansprache:
„Uns geht heute endlich der große Wunsch in Erfüllung, den Mann zu sehen, den wir einst nur zu gerne gesehen hätten. In den sieben Weltmeeren haben wir ihn gejagt und konnten ihn trotz aller Bemühungen nicht fangen. Heute können wir ihn nun auf den Planken eines englischen Schiffes als Ehrengast begrüßen."
Ich hatte schon zu Beginn der Rede unter den vielen Offizieren meinen alten Freund Kapitän Holland erkannt. Einst hatte er zwei Stunden lang mein Schiff untersucht und uns dann mit dem Wunsch „Glückliche Reise!" entlassen. Später hatten wir gemeinsam in Amerika über den Rundfunk gesprochen. –
Der Admiral wandte sich ihm zu und sagte: „Kapitän Holland, vor achtzehn Jahren standen Sie auf den Planken des Schiffes, dessen Kommandant Graf Luckner war. In Ihrer Hand lag sein Schicksal! Zwei Stunden lang untersuchten Sie das getarnte Segelschiff und examinierten seinen Kapitän. Dann haben Sie ihm wohlwollend eine glückliche Reise gewünscht. Er hat uns, ebenfalls in wohlwollender Weise, für fünf Millionen Pfund Sterling Ladungswerte versenkt. – Heute sitzen Sie ihm gegenüber, unserem Gast, den wir bewundern ... Wenn Sie heute in seine Augen schauen, bedauern Sie, daß Sie ihm eine glückliche Reise gewünscht haben?"
Sofort erhob sich Kapitän Holland und rief: „Herr Admiral, aus allen, selbst den hochoffiziellen Berichten der Marine über den Krieg zur See geht eindeutig hervor, daß das Unternehmen „Seeadler" die einzige Romanze dieses Krieges war, wo ein Mann bewiesen hat, daß man mit einem Segler, Schiffen, die vor hundert Jahren ihre Tradition hatten, im modernen technischen Krieg Großes leisten kann! Count Luckner hat mit diesem alten Segelschiff im Stile eines echten Gentleman Krieg geführt. Herr Admiral, ich bin verantwortlich für die einzige Romanze des Weltkrieges! Wenn

ich Count Luckner nicht eine glückliche Reise gewünscht hätte, so wären wir um diese eine Romanze ärmer gewesen!"
In diesem Augenblick sprangen alle von ihren Stühlen auf und riefen vor lauter Begeisterung durcheinander. Sie ließen mich hochleben „Three cheers for the last of the pirates!" Jeder kam und drückte mir die Hand, und auch Freund Holland hatte Mühe, sich der Kundgebungen seiner Kameraden zu erwehren. „You did a fine job", (Das hast du fein gemacht!) lobten sie ihn. Dann setzten wir uns wieder und hatten Gesprächsstoff genug für eine Fahrt um die Welt!
Bei dieser Tafelrunde versank aller Haß im trüben Hafengewässer. Wollte ich euch schildern, worüber wir sprachen, so würde das allein ein ganzes Buch. Wie gut verstanden wir uns vor allem in einem Punkte: In dem Glauben daran, daß Verständnis und Liebe den Frieden auf der Welt am besten zu wahren vermögen!
Wir Seeleute erleben immer viel, ganz gleich welcher Nation wir angehören. Wir kennen die Elemente in ihrer Größe und Unerbittlichkeit. Vielleicht kommt es daher, daß besonders wir so sehr an die Stärke der Liebe glauben? Die Erklärung dafür ist für mich persönlich einfach genug: Wenn mein Vater meine Mutter nicht geliebt hätte, dann wäre ich nicht da. Wenn dein Vater deine Mutter nicht geliebt hätte . . . Junge, dann wärst du auch nicht da! Wer wir auch sind, woher wir auch kommen, eines haben wir alle gemeinsam: Das erste Bettchen! Jeder von uns hatte die erste Wiege unter dem Herzen seiner Mutter! Aus dieser Gemeinsamkeit kann immer Hoffnung auf den Frieden wachsen, ich jedenfalls glaube daran! —
Trotz vieler Einladungen und Besuche durchlebte ich im Geist immer wieder die unvergeßlichen Stunden mit den einstigen Gegnern, die nun meine Freunde waren.
Eine solche Einladung sollte mich nun noch zu einem der mächtigsten Männer führen, die Großbritannien einst in seinem Kampf gegen Deutschland hatte, zu Sir Reginald Hall, dem ehemaligen Chef des Secret Service, des englischen Geheimdienstes. Er schickte mir seinen Adjutanten mit einem schwarzen Rolls Royce, und in schneller Fahrt ging es nach Southampton, wo Sir Reginald außerhalb der Stadt eine Villa mit dem Blick auf das Meer bewohnte.
Ein mittelgroßer, älterer Herr begrüßte mich. Kluge durchdringende

Augen sahen mich an. Mir fiel der schnelle Falke ein, als ich das eindrucksvolle Gesicht meines Gastgebers anschaute, dessen scharfe Züge durch Geist und Intelligenz seltsam anziehend wirkten. Nach der Begrüßung war Sir Reginalds erste Frage: „Ich habe alles erfahren, was im deutschen Admiralstab vor sich ging. Nur von Ihrer Aufgabe wußte ich nichts! Wer hat sie ausgearbeitet?"

„Nur die Aufgabe habe ich vom Admiralstab übertragen bekommen, Sir Reginald, die Ausführung überließ man mir ganz allein!"

Er nickte wie bestätigend mit dem Kopf: „Anders hätte ich es mir auch beim besten Willen nicht vorstellen können, sonst hätte ich es gewußt!"

Viele Stunden sprachen wir als „alte Fachleute" über das Verschleierungsmanöver meines „Seeadler", wodurch es möglich wurde, daß er die Blockade und selbst eine hochnotpeinliche Untersuchung überstand. Sir Reginald kannte die diesbezüglichen Stellen aus meinem „Seeteufel" beinahe auswendig. Seine Anerkennung für die Vollkommenheit meiner Tarnung machte mir eine diebische Freude. Ich wiederum konnte ihm nicht verhehlen, daß mir seine Erfolge im Geheimkrieg gegen Deutschland doch sehr imponierten. Gut, daß die tapferen Kämpfer auf beiden Seiten nicht wußten, wie sehr Sieg oder Niederlage abhing von den Erfolgen ihrer Geheimdienste.

Daß ich von dem Allgewaltigen als Freund scheiden konnte, buche ich auf der Aktivseite meines friedlichen Kaperkrieges, mit dem ich die Herzen aller einstigen Feinde Deutschlands gewinnen will.

Ich kann euch unmöglich alles schildern, was ich an Gutem in London erlebte. Sagt nicht, daß die Engländer steif und unnahbar sind. Ich habe während dieser Tage die gegenteilige Erfahrung gemacht! Wo immer ich mich auch blicken ließ, war ich im Nu von freundlichen Menschen umringt, die mir ihre Anerkennung aussprachen. Manche Begegnung wurde mir zum tiefen Erlebnis. — Nur eine will ich noch schildern:

Ingeborg und ich machen auf dem Picadilly einen kleinen Morgenspaziergang. Da kommt ein alter Herr auf uns zu, so vornehm gekleidet und distinguiert, wie man sich den vollkommenen Gentleman immer vorstellt. Schon von weitem war er uns deshalb aufgefallen. Der Herr sieht mich an, bleibt plötzlich vor uns stehen,

nimmt den Zylinder von den weißen Haaren und macht eine tiefe Verbeugung. Er streckte uns die Hand entgegen. Höflich entschuldigt er sich für die Störung und erzählt, daß er mich in der Wochenschau gesehen und meine Rede gehört habe. Dann räuspert er sich leicht und sieht mich an: „Count Luckner, bis zum gestrigen Tage konnte ich meine tiefe Verbitterung gegenüber Deutschland nicht vergessen. Mein einziger Sohn fiel im Krieg. Meine Frau konnte diesen Schlag nicht verwinden und starb bald danach. – Ich möchte Ihnen nur sagen, daß ich ab heute meine Verbitterung vergessen will. Nun habe ich endlich erkannt, daß wir gegen einen ritterlichen Feind gekämpft haben. Dafür möchte ich Ihnen von Herzen danken." Nochmals drückte er uns die Hand, verbeugte sich und schwenkte höflich seinen Zylinder, ehe er weiterging.
Die einfachen Worte hatten uns so erschüttert, wir schauten ihm tiefbewegt nach. Ein alter Gentleman, der sein Herz erleichtert hatte, und nun auf dem Weg in ein Leben ohne Haß war. Nie wieder ist er mir begegnet, aber vergessen haben wir ihn nicht.
Als wir von England Abschied nahmen, standen dunkle Sturmwolken am Himmel. In graue Dunstschleier gehüllt, zeigte sich die Insel unseren abschiednehmenden Blicken. Stürmisch war der Rückflug nach Deutschland, doch wir merkten es kaum. Mit inniger Dankbarkeit gedachten wir der unbeschreiblich schönen Tage in Englands Hauptstadt London.

Ingeborg

Die Tür zu meinem Arbeitszimmer habe ich heute fest zugeschlossen. Ich hoffe nur, daß mein trautes Weib nicht auf die Idee kommt, gerade jetzt hereinkommen zu wollen. Dann müßte ich ja doch aufmachen, und die Bescherung wäre da. Sie würde wie ein Rohrspatz schimpfen, daß ich über sie schreiben will, und niemals einsehen, daß ich sie nicht einfach auslassen kann.
Nach der Jahrhundertwende kutschierte ich gerade mit einem alten Segler über den Äquator und schmolz unter der mörderischen Hitze dahin, als in Schweden etwas Denkwürdiges passierte. Etwa um die gleiche Zeit nämlich kam in Malmö ein kleines Mädchen

zur Welt, mit blonden Locken und meerblauen Augen. Es wurde von den glücklichen Eltern Ingeborg getauft. Während der Matrose Phylax Lüdicke in den Tropen auf dem glühendheißen Deck seines Schiffes Wache ging, schauten die blauen Augen des kleinen Mädchens durch die Fenster des Elternhauses auf den tief verschneiten Park.

Als der Weltkrieg kam, strickte die Kleine eifrig Socken für das Schwedische Rote Kreuz. Sicherlich sah sie manchmal aus dem Fenster hinaus aufs Meer, das so nahe bei ihrem Elternhaus seine Wellen an die Küste wirft.

Auf das Meer schaute auch ich oft, aber — zum Stricken blieb mir keine Zeit. Das Vaterland brauchte seine Männer für andere Aufgaben. Als ich als Kommandant meines „Seeadler" dem Feinde seine Schiffe kaperte, war das blonde Schwedenmädchen konfirmiert worden und begann schüchtern erwachsen zu werden. Länder und Meere trennten uns, und die ganze Zeit hindurch wußte keiner von des anderen Existenz. —

Mit den Erfolgen, die mir der Kriegsgott schenkte, kamen Ruhm und Ehre, den Seeteufel will jeder kennenlernen.

Ein paar Jahre nach dem Weltkrieg wurde ich nach Schweden eingeladen, um auch dort Vorträge zu halten. Ich fuhr gern hinüber zu dem uns so artverwandten Volke. Außerdem bin ich ja immer dabei, wenn es gilt, Brücken zu schlagen. — Man bereitete mir einen wunderbaren Empfang. Die Säle, in denen ich meine Vorträge hielt, waren brechend voll, und mein Buch „Seeteufel" wurde schnellstens übersetzt und nun auch zur Lieblingslektüre der schwedischen Kinder.

Bei dem ersten großen Empfang fiel mir ein schlankes junges Mädchen auf, mit hellblonden Locken und meerblauen Augen. Ich stand vor Ingeborg! Im gleichen Augenblick hatte ich das Gefühl, als ob der liebe Gott mir leise zuflüsterte: „Die oder keine, Felix!"

Der Verständigung stand nichts im Wege. Ingeborg konnte fließend deutsch, schließlich war die Mama direktemang aus Berlin! Und hätte ihr Kind nur chinesisch gesprochen, so wäre selbst das nicht hinderlich gewesen. Ingeborg verstand die Sprache meiner Augen, und ich las in den ihren, was ich wissen mußte. Auf diese Weise kaperte ich das treueste Herz der Welt und bin jeden Tag dankbar dafür.

Seit dieser Zeit gehen wir alle Wege gemeinsam und können uns heute gar nicht mehr vorstellen, daß es irgendwann einmal anders war. Kürzlich mußten uns liebe Freunde darauf aufmerksam machen, daß wir nun dreißig Jahre verheiratet sind. Wir waren ehrlich überrascht. Dreißig Jahre schon? Gemeinsam traten wir vor den großen Spiegel im Flur und stellten mit der uns eigenen Offenheit fest, daß sie uns nicht gerade jünger gemacht haben. Aber als wir uns dann in die Augen sahen, wußten wir, daß die Liebe genau die gleiche blieb wie am ersten Tage. Ich hielt das für einen triftigen Grund, meine Ingeborg einmal in der Luft herumzuwirbeln. Als sie wieder auf der Erde stand und Luft geholt hatte, kriegte ich ihren Zorn zu spüren: „Du bist unmöglich, Felix", schrie sie entrüstet, „ich will nicht, daß du noch einmal im Krankenhaus landest, wie damals, als du den Mann mit seinen zwei Zentnern auf den Tisch gehoben hast."

Ich verzog das Gesicht wie ein betrübter Dackel: „Aber Ingeborg, wiegst du denn wirklich schon ganze zwei Zentner?"

Sie schrie empört: „Aber Felix, nun hört sich ja wohl alles auf!" Dann meinte sie ganz verschämt: „Aber neunzig Pfund, wie einst im Mai, sind's leider auch nicht mehr."

Ich wollte sie trösten und ihr was Nettes sagen: „Selbst wenn du drei Zentner wiegen würdest, müßte ich dich noch gerne haben, du kleine Landplage."

Mit einem empörten Blick verschwand sie in der Küche, und ich ging wieder an die Arbeit. Lachen mußte ich ja doch! Jetzt stand sie am Herd und machte meine Leibspeise, Kartoffelpuffer, weil sie mir die für heute versprochen hatte. Nicht der größte Zorn würde sie davon abhalten, mir eine Freude zu machen!

Wie sie es allerdings ausgehalten hat, mein Ehegesponst zu sein, dabei noch vier Zentimeter zu wachsen und einige Pfunde zuzunehmen, gehört zu jenen Weltwundern, die anderen Leuten als mir schlaflose Nächte bereiten.

Ich ärgere sie nämlich von Herzen gerne, weil sie so nett ist, wenn es ihr vor lauter Empörung und Zorn die Sprache verschlägt, beinahe verschlägt. Eine Frau ganz sprachlos zu machen, ist wohl noch keinem Mann gelungen. — Wenn sie dann auf der Palme sitzt und nach den passenden Worten sucht, um ihrem Zorn richtigen Ausdruck verleihen zu können, dann hoffe ich immer, daß irgendein Freund zugegen ist, den Schnabel aufmacht und ihr sagt, sie möge sich doch bloß nicht so ärgern und gar so fuchtig werden. Dann kommt nämlich das Allerschönste, worauf ich schon gespannt wie ein Flitzebogen warte. Ingeborg wird schlagartig still, faltet ganz unbewußt die Hände im Schoß und sagt leise: „Ach, wenn ihr wüßtet! Ich war ein so zartes, liebes und stilles Kind. So sanft, daß ihr euch das sicher gar nicht vorstellen könnt. – Aber bleibt ihr mal sanft und so, wenn ihr mit einem Mann wie Phylax verheiratet seid!"

Eine ganze Weile schwärmt sie noch von der herrlichen Vergangenheit. Es fehlt nur, daß sie abschließend sagt: „Ja, ich war früher ein so sanftes, liebes, schönes Kind, aber dann sind die Zigeuner gekommen und haben mich vertauscht."

Aber um der Wahrheit die Ehre zu geben: Ingeborg war wirklich so wie oben selbst beschrieben. Eine kleine, zarte Elfe, und es gehörte schon eine ganze Portion Liebe und Willenskraft dazu, sich auf das Leben an meiner Seite umzustellen. Ich denke noch an unsere erste große Fahrt mit dem herrlichen Segler „Vaterland". Mit grasgrünem Gesicht versuchte sie verzweifelt, blühende Gesundheit vorzutäuschen, obgleich ihr ganz sterbenselend zumute war. Mit eiserner Energie schaffte sie es bald, seefest wie ein alter Fahrensmann zu werden.

Ob ich sie nun in eine Eiswüste führte oder in die glühende Hitze tropischer Gegenden, sie blieb stets an meiner Seite. Und wenn es ihr auch nicht gelang, die gleichen großen Schritte wie ich zu machen, so tat sie eben zwei dafür, selbst wenn sie dabei die Puste verlor.

Geduldig erträgt sie meine Eigenheiten und „kleinen" Schwächen und nimmt ihnen durch ein Verständnis ohnegleichen das Gewicht. Manchmal lacht sie sogar darüber. Zum Beispiel, daß ich alles Schöne so gern habe und hübsche Mädchen immer hübsch fand. Sie nahm das nie tragisch genug, um so etwas wie Eifersucht zu entwickeln. Sie sagte höchstens freundlich: „Du, Phylax, auf dem Boden steht noch eine ganze Kiste mit Liebesbriefen. Ich habe sie zu deiner Erbauung aufgehoben. Alle von Verehrerinnen, die dich entführen wollen, dabei sind, dir ein Schloß am Meer zu bauen, ihr Leben bis ans Ende mit dir zu teilen und ähnliche Scherze. Ich hole sie dir mit Wonne herunter!"

Wenn ich versuche, ihr zu erklären, daß diese Arbeit gänzlich überflüssig sei, lacht sie sich schief: „Besten Dank, du alter Schwerenöter. Ist ja auch zu schön, daß noch immer ich die Beulen in deinen Socken stopfe und dir, wenn's sein muß, nachts um drei Kartoffelpuffer backe."
Ich glaube nicht, daß es irgend etwas geben würde, was Ingeborg davon abhielte, mit ihrer ganzen Person für mich dazusein. Und wenn es darauf ankommt, so hat sie auf einmal verblüffende Ähnlichkeit mit einer wilden Löwin, besonders, was die Furchtlosigkeit anbetrifft. Sie kennt einfach keine Angst. Ich wünschte, das gleiche von mir sagen zu können.
Auch das Wort Respekt ist für sie nur eine Vokabel, aber deswegen noch lange kein Begriff. Hierbei gibt es allerdings eine Ausnahme, die für mein Dafürhalten allerdings die Regel nur bestätigt. Wenn nun einer glaubt, ich könnte diese Person sein, so muß ich ihn allerdings enttäuschen. Der Mensch, für den Ingeborg Respekt empfindet, ist die „Forschermutter".
Eine Frau, die ihr ganzes Leben darauf abgestellt hat, Leuten wie mir die Wege zu ebnen. Sie macht allen Papierkram, von dem wir keine Ahnung haben. Vor allem aber organisiert sie die größten Reisen bis ins kleinste und legt schon drei Monate im voraus fest, wo ich wann einen Vortrag halten werde oder per Bahn, Schiff oder Auto lande. Sie kennt den Globus wie kaum ein zweiter Mensch und ist mit allen möglichen Unmöglichkeiten weiter Fernen innig vertraut. Ihr Schreibtisch steht in einem kleinen Landhaus, draußen in Hamburg-Lemsahl, da, wo die Füchse sich gute Nacht sagen. Aber die Fäden, die sie von diesem Schreibtisch aus spinnt, laufen in die ganze Welt.
Aus den Kaffeetassen dieser tüchtigen Frau haben schon die bekanntesten Leute getrunken. In den Bücherregalen stehen die Werke dieser Menschen, alle mit Widmungen versehen, die von der Dankbarkeit dieser Frau gegenüber Zeugnis ablegen. An den Wänden ihres Arbeitszimmers hängen dicht bei dicht die Bilder ihrer Schützlinge, die wohl furchtlos durch Steppen und unerforschte Gebiete ziehen, aber ohne sie hilflos dem täglichen Leben gegenüberstünden. Sie kennen sich zwar unter Wasser bei den Haien oder auch bei den Kopfjägern sehr gut aus, aber so einem Ding wie einem Vertragsabschluß stehen sie ratlos gegenüber.

Allen solchen Leuten hat Frau Schneider-Lindemann wie eine sorgende Glucke mit weiten Flügeln Unterschlupf, Wärme und Sicherheit, sowie entscheidende Hilfe gegeben. Eigene Kinder hat sie nicht, aber sie bekam von ihren Schützlingen einen Namen wie er nicht besser sein könnte: die Forschermutter.

Vor dieser Frau also hat Ingeborg viel Respekt und wird selbst wieder zum Kinde. Sie hört sich genau an, was die lebhafte alte Dame mit den blitzeblanken blauen Augen zu sagen hat, und befolgt gewissenhaft ihren Rat.

Ingeborg sah mit mir zusammen die weite Welt und lernte sie lieben wie ich. Selbst bei den größten Strapazen lachte sie noch oder packte zu wie drei Männer zusammen. Ich kann mir keinen idealeren Reisegefährten als sie vorstellen.

Nur ein einziges Mal jagte sie mir einen solchen Schrecken ein, daß ich einen Alptraum davon zurückbehalten habe: Das Ereignis war aber auch sehr rätselhaft und wirklich beängstigend. Es konnte auch nie ganz geklärt werden. Es geschah auf unserer Weltreise.

Wir hatten auf einer Südseeinsel Station gemacht, wo es geradezu entsetzlich heiß war, was allerdings in dieser Gegend ortsüblich ist. Wir hatten eine Einladung zum Gouverneur bekommen, und ich sagte Ingeborg am Morgen des denkwürdigen Tages: „Ich will noch einige Besorgungen machen, ruh du dich inzwischen aus und mach dich dann recht hübsch. Wir treffen uns um vier Uhr in dem kleinen Café an der Ecke. Von dort ist es nicht mehr weit zum Gouverneur."

Ingeborg nickte gehorsam und rief mir noch fröhlich nach: „Keine Bange, Phylax, ich mach' mich feiner als fein."

Am Nachmittag trafen wir uns wie verabredet. Ingeborg sah in ihrem hübschen duftigen Musselinkleid wie eine Märchenprinzessin aus oder besser gesagt, wie eine soeben erblühte Rose.

Gemeinsam tranken wir noch eine Flasche Limonade, ich zahlte, und wir gingen hinaus in die flimmernde Hitze des tropischen Nachmittags. Wir waren kaum drei Schritte gegangen, als Ingeborg seufzte: „Tut mir leid, Phylax, ich hab' plötzlich so einen wahnsinnigen Durst. Ich muß noch was trinken."

Launen haben diese Frauen! Aber gehorsam kehrte ich mit ihr um, wir betraten das Café noch einmal und sie trank zwei Flaschen Limonade aus, was mich zunächst noch überraschte.

Na, dann konnten wir ja wieder losgehen. Als sie nach einigen Minuten Weges sagte: „Du kannst mich gerne umbringen, aber ich muß was trinken", blieb mir der Verstand stehen. Erklärlicherweise versuchte ich jetzt doch, sie wegen dieser eigenartigen, unstillbaren Trinksucht zu examinieren. Da wurde sie aber störrisch wie ein Esel, drehte sich um und rief, während sie auf das Café zueilte: „Ich muß sofort etwas trinken, ganz schnell sogar."
Dem Wirt des Cafés blieb buchstäblich der Mund offen, als er uns schon wieder kommen sah. Ungerührt trank meine Frau in Windeseile zwei weitere Flaschen Limonade aus.
Ich war inzwischen klug geworden und kaufte von dem Zeug gleich zehn Flaschen auf einmal. Diplomatisch überhörte ich die naive Frage meiner Eheliebsten:
„Warum kaufst du denn so viel Limonade, willst du die etwa dem Gouverneur als Geschenk mitbringen?"
Beladen mit den giftgrünen Erzeugnissen der Getränkeindustrie machten wir uns auf den Weg. Ich überlegte, ob wir mit Hilfe dieser Marschverpflegung die Viertelstunde Weges endlich zwingen würden. Alle Augenblick blieb Ingeborg stehen, ich öffnete eine Flasche und sah schweigend zu, wie sie ihren Durst löschte. Dabei merkte ich, daß aus dem schönen, duftigen Musselin-Kleid ein schäbiger Lappen geworden war. Der Schweiß lief Ingeborg in Strömen vom Gesicht in den Kragen hinein. Nach einer frischen Rose sah sie nicht mehr aus, eher hatte die kleine Jammergestalt verzweifelte Ähnlichkeit mit einer soeben dem Meere entstiegenen Nixe.
Mit Hilfe der letzten Flasche Limonade erreichten wir mit beträchtlicher Verspätung das Haus des Gouverneurs. Dort wurden wir mit großer Liebenswürdigkeit empfangen und saßen dann auf einer kühlen Veranda vor einer köstlichen eisgekühlten Bowle mit Ananas. Auch darüber machte sich die Unersättliche hemmungslos her. Obgleich der Gouverneur sein Erstaunen zu verbergen versuchte, merkte ich, wie dieser reichlich erstaunt darüber war. Ich dachte nur: „Hast du 'ne Ahnung, mein Bester!"
Aber wenige Minuten später verschwand die furchterregende Trunksucht meiner Frau genau so plötzlich, wie sie gekommen war. Doch seit diesem Erlebnis habe ich ab und zu einen entsetzlichen Traum: Ingeborg löst sich vor meinen Augen auf, wird zu gift-

grüner Limonade und strömt als rauschender Bach dem Meere zu. Gluck-gluck ... weg ist sie!

Eines Nachts war dieser Traum so scheußlich, daß ich davon aufwachte und erschrocken rief: „Ingeborg, bist du noch da?"

Verschlafen murmelte eine Stimme: „Klar, aber Kartoffelpuffer backe ich jetzt nicht."

Sie nahm meine besorgte Frage genau so natürlich hin wie alles, was ihr mit mir begegnet.

Na, so ganz stimmt das auch wieder nicht. Die kleine Frau merkte zwar mit jedem Ehejahr mehr, daß ihr Leben an meiner Seite eine Kette von Überraschungen ist, aber nicht immer hat sie das so einfach hingenommen.

1927 sah sie zuerst Los Angeles, die wundervolle Hauptstadt von Kalifornien. Da war sie so richtig in ihrem Element. Es läßt sich auch kaum beschreiben, wie wunderschön diese Stadt am Meer ist, mit ihren herrlichen Parks. Prachtvoll ist auch die Umgebung und ungemein angenehm das Klima. Kein Wunder, daß dort die größten Obstplantagen sind, die weite Gebiete nicht nur Amerikas, sondern auch der Welt mit ihren herrlichen Früchten versorgen.

Wir haben viel von Los Angeles und seiner herrlichen Umgebung gesehen. Wir besuchten eine Alligatorenfarm, dann eine Straußenfarm und die Löwenfarm wollten wir auch nicht auslassen. Diese Farm versorgt nicht nur Hollywood, sondern auch zoologische Gärten mit frischem Nachwuchs. Was wir heute im Zoo an wilden Tieren sehen, ist ja in den seltensten Fällen auf freier Wildbahn gefangen worden.

Also, auf zur Löwenfarm!

Einige Reporter baten mich darum, Aufnahmen von mir im trauten Tête-à-tête mit einem Löwen machen zu dürfen. Das wäre bestimmt eine tolle Sache: Der Seeteufel zusammen mit dem König der Tiere. Na, warum nicht. Ich sagte zu, und Ingeborg kam etwa eine Sekunde danach. Gefährlicher konnte auch kein Löwe blicken, als sie in diesem Augenblick!

Vor dem großen Käfig stellten sich die Photographen mit schußbereiter Kamera auf. Ich schickte mich an, dem prachtvollen Exemplar meine Reverenz zu erweisen. In diesem Augenblick erklärte Ingeborg, daß sie mit mir gehen würde. Natürlich war ich nicht einverstanden, aber sie blieb dabei: Allein dürfte ich nicht sterben!

Noch entsetzter war ich über mein trautes Weib, als sie sich an die Photographen wandte: „Und Sie, meine Herren, Sie wollen doch nicht etwa die gewünschte Szene von draußen aufnehmen? Bitte", sie wies höflich auf die Tür, „nach Ihnen!"
Wir gingen also geschlossen in den Käfig. Ich setzte mich neben den Löwen, Ingeborg nahm hinter meinem Stuhl Aufstellung. Die Photographen brachten in der größtmöglichen Entfernung von der traulichen Gruppe ihre Apparate in Positur. –
Ingeborg sagte später, noch nie wären in so fliegender Hast Aufnahmen von uns gemacht worden.
Sie war heilfroh, als sie ihren Phylax außerhalb des Löwenkäfigs wieder in Sicherheit wußte. Einige Photographen sahen ein bißchen blaß aus. Sie erhoben sich aber schnell und erklärten wegwerfend, dieser Löwe sei ja wirklich ganz ungefährlich gewesen.
Nachher sah sich Ingeborg immer wieder die Zeitungsbilder aus dem Löwenkäfig an. Einmal rief sie mich und sagte nachdenklich: „Guck bloß mal, Phylax, was der Löwe für einen entsetzlich großen Rachen hat. Ein Haps, und dein Kopf wäre weggewesen!"
Das mußte ich allerdings zugeben, aber schließlich sei gerade dieser Löwe als absolut harmlos bekannt.
„Na, ich weiß nicht", meinte Ingeborg nachdenklich, „Löwe bleibt doch Löwe."
Die kleine Frau sollte recht behalten. Einige Zeit später erfuhren wir, daß der gleiche Löwe seinen Wärter zerrissen hatte. –
Solche Erfahrungen führten Ingeborg dazu, sich danach zu drängen, kitzlige Situationen mit mir zu teilen, sie möglichst vorher schon mal zu probieren oder von mir abzuwenden. Dazu fällt mir noch eine höchst eigenartige Begebenheit ein:
In den dreißiger Jahren bekam ich mal eine Einladung, mir die Tiefe eines Kohlenbergwerks anzusehen. Die Bergarbeiter sind mir sehr ans Herz gewachsen. Ihre unglaublich mühevolle und schwere Arbeit ermöglichen unserem Lande den Fortschritt. Von ihrem Fleiß und ihrer Bereitwilligkeit hängt es ab, wie viele Kohle gefördert werden kann. Und die Kohle ist das Gold der Industrie.
Ich hatte vor mehreren tausend Kumpels gesprochen, und wir verstanden uns famos. Ob sie den Grafen gerne mochten, das wußte ich nicht, aber den Phylax Lüdicke verstanden sie. Dem merkten sie an, daß er genau wußte, was schwere Arbeit ist. So wurde

ich von meinen Freunden eingeladen, mit ihnen in den Schacht einzufahren, um mit eigenen Augen zu sehen, unter welchen Bedingungen die Kohle gewonnen und gefördert wird. Hier einen Einblick zu bekommen, das war schon lange mein Wunsch gewesen. Wir verabredeten, daß ich mit der Neun-Uhr-Schicht einfahren würde. Für Kumpelkleidung und Grubenlampe sollte gesorgt werden.

Am anderen Morgen wachte ich auf und wünschte Ingeborg einen guten Morgen. Überrascht sah ich, daß sie aufrecht im Bett saß und Patience legte. Am Abend tun das die Frauen ja gerne mal, aber morgens um sieben Uhr hatte ich diese Art von Betätigung bei Ingeborg noch nicht erlebt. Hatte sie schlecht geschlafen? Wäre auch kein Wunder. Jeden Tag ein anderes Hotelbett ist sowieso nicht jedermanns Sache. Es war wohl Zeit für uns, mal wieder einen kleinen Urlaub einzulegen. Unter diesen Überlegungen machte ich mich fertig. Als ich ins Zimmer zurückkam, sagte Ingeborg:

„Du, Felix!"

„Ja, mein Kind?"

„Ich habe heute nacht so schlecht geträumt!"

Überrascht sah ich sie an. Meine Frau träumte! Das war mir neu.

„Ist's denn schlimm, was du geträumt hast?"

Ingeborg nickte nur und schaute mich ganz ängstlich an: „Und meine Patience ist eben zum zweiten Male nicht aufgegangen."

Rätselhaft, diese Frauen! Ich schlug ihr vor, sich die gute Laune durch ein kräftiges Frühstück wieder zu holen. Aber sie schüttelte den Kopf: „Ach, Phylax!"

Was war denn bloß mit meiner Frau los? Ich setzte mich an ihr Bett. „Na, was ist?"

„Phylax, kannst du mir eine riesengroße Bitte erfüllen?"

„Alles, was du willst, mein Herz."

Ingeborg strahlte bei dieser großzügigen Versicherung keineswegs, sondern sagte leise: „Geh heut' nicht ins Bergwerk!"

„Ja, wieso in aller Welt denn nicht? Die Leute warten doch auf mich. Ich habe es versprochen!"

„Tu's nicht, Phylax! Hörst du? Ich habe geträumt, es geschieht ein Unglück."

Ich legte ihr die Hand auf die Stirn. Fieber hatte sie nicht. Meine vernünftige Ingeborg nahm einen dummen Traum so ernst? Deswegen konnte ich unter keinen Umständen die Kumpels enttäuschen. „Du kannst alles haben, was du willst, Ingeborg, aber du weißt genau, daß ich mein Wort halten muß. Wie kann man auch so abergläubisch sein!"

Starrköpfig blieb Ingeborg bei ihrer Bitte. Schließlich war sie gar nicht mehr ein sanftes Weibchen, sondern alles andere als das. Da wir uns stets so gut verstehen, habe ich den damaligen entsetzlichen Streit bis heute nicht vergessen. Ich schoß aus allen Rohren und wünschte Ingeborg dorthin, wo der Pfeffer wächst.

Plötzlich, die Zeit drängte immer mehr, sagte Ingeborg ganz ruhig: „Gut Felix, dann geh! Aber wenn du zurückkommst, dann lasse ich mich scheiden."

Donnerschlag, mit solchen Geschützen feuerte sie! Das war mir völlig neu. Was hatte die kleine Frau nur so aus der Fassung gebracht?

Als ich nichts erwiderte, nahm Ingeborg den Telefonhörer ab und bat die Hotelleitung, das Bergwerk anzurufen. Graf Luckner habe sich schwer erkältet und läge mit hohem Fieber im Bett.

Ich schnaubte vor Zorn.

Ingeborg sagte giftig: „Auch ein Seeteufel kann mal krank werden."

Da setzte ich mich hin, ergriff einige Zeitungen und hüllte mich in Schweigen. Innerlich war ich fest entschlossen, Ingeborg nie mehr mitzunehmen.

Es wurde neun Uhr, es wurde neun Uhr dreißig, es wurde zehn Uhr. Ingeborg machte keinerlei Anstalten aufzustehen. Trotz aller Wut bekam ich Hunger. Eben wollte ich mir das Frühstück nach oben bestellen, da ich ja nach Ingeborgs Schwindelei schwerkrank war, als das Telefon klingelte. Ehe ich den Hörer aufnehmen konnte, hatte sie ihn schon in der Hand. Während sie zuhörte, schaute sie mich auf einmal mit weit aufgerissenen Augen an und wurde leichenblaß. Einmal flüsterte sie: „Wie furchtbar! Wie entsetzlich!" Schließlich hängte sie ein.

In dem gleichen Stollen, in den ich vor einer Stunde einfahren sollte, hatte ein schlagendes Wetter ein schweres Unglück verursacht. Noch war die genaue Zahl der Todesopfer unbekannt.

Ingeborg lehnte sich zurück und sah aus wie der Tod. — Wir hielten uns lange bei den Händen und haben beide kein Wort gesprochen. — Nie vorher und nie nachher hat meine Frau so einen Traum gehabt. Auf meine Reisen habe ich sie weiter mitgenommen. —

Als ich mit meinem „Seeteufel" nach Australien und Neuseeland kam, wurde ich mit herzlicher Freude begrüßt. Noch immer wußten die Menschen genau, wer der Luckner war. Ich wurde rührend empfangen, man gab mir zu Ehren große Diners und Empfänge. Man strömte in meine Vorträge. Die Einladungen in Klubs und Vereinigungen füllten Tag für Tag aus, und immer wieder stellte ich fest, daß alle Türen aufgehen, wenn man sein Herz mitbringt. Einige Zeitungen griffen mich zuerst an. Aber das waren Ausnahmen und — Miesmuscheln gibt es überall. —

Sonst war alles wunderschön, aber auch — anstrengend. Darum wollten wir uns einmal von allen Verpflichtungen frei machen und ein paar Tage uns selbst leben. Das ersehnte vor allem Ingeborg. Ihr besonderer Wunsch war, eine stillgelegte Goldmine zu besuchen. Von einer solchen hatte uns ein netter Ingenieur erzählt, der dort für einige Zeit tätig war. Australien, das Land mit seinen reichen Goldvorkommen hatte es Ingeborg bereits als junges Mädchen angetan. Schon auf dem Wege nach Australien erzählte sie mir von dem Goldrush um 1850 herum, durch den die Menschen aus aller Welt in den neuen Erdteil strömten. Als es kaum genug Schiffe gab, um die goldhungrigen Abenteurer aus der alten Welt in eine glückverheißende neue zu bringen. Auf den gar nicht für Passagiere eingerichteten Seglern starben die armen Menschen unterwegs wie die Fliegen. Bis es zu Skandalen kam und sich die Reeder endlich darauf einstellten, für ihre „menschliche Fracht" auch einigermaßen zu sorgen. Hinter der schimmernden Romantik standen viel Kummer und manche Enttäuschung.

Selbst wer wirklich gesund in Australien ankam, machte selten sein Glück. So schnell wie sie das Gold fanden, so schnell rann es ihnen aus den Händen. Ganz wenige von den ersten Goldsuchern wurden wirklich reich. Sie bauten sich Häuser, festigten ihren Wohlstand und ließen dann anderen die schwere Arbeit tun.

Schon lange wird in Australien das Gold ganz systematisch gefördert, und von der Romantik bleibt nichts mehr übrig.

Ingeborg wollte trotzdem die stillgelegte Goldmine besuchen. Der freundliche Ingenieur stellte nicht nur seinen Wagen zur Ver-

Ullstein Bilddienst.

Eingeborene von Moorea winken dem „Seeteufel" auf der Fahrt nach Mopelia ein letztes Lebewohl

Solche Karikaturen in australischen Zeitungen machten mich auch dort rasch populär

Empfang in Wellington (Neuseeland) 1938

fügung, sondern versprach Ingeborg, daß sie ganz gewiß auch etwas Gold finden würde.
Es war eine lange und anstrengende Fahrt, und selbst die Federn eines weniger alten Autos hätten den Strapazen des Weges nicht standgehalten. Das Wagendach war jedoch äußerst stabil und widerstand unseren häufigen Versuchen, mit dem Kopf durchzukommen. Unsere armen Häupter litten. Rumms, bumms! schon ging es wieder in die Höhe. Ich tröstete Ingeborg mit dem Hinweis, daß die Suche nach Gold eben ihren Tribut forderte. Wir durchquerten genau zweiundneunzig ausgetrocknete Flußbetten, bis wir in dem Tal ankamen, wo die Mine lag. Von weitem sah es aus, als ob eine kleine Stadt dort wäre. Aber als wir schließlich herankamen, sahen wir den schrecklichen Verfall. Die wenigen Straßen waren schon wieder zugewachsen und boten einen trostlosen Anblick. Wir begegneten nur wenigen Menschen. Die sahen sehr arm aus und irgendwie sehr verlassen, genau wie ihre tote Stadt. Ich kann mir kaum etwas denken, was so niederdrückend ist, wie solch ein Verfall! —
Wir drei sahen uns schleunigst nach einer Bleibe um. Nach der strapaziösen Fahrt wollten wir erst einmal ausruhen. Wir fanden in einer leidlich erhaltenen Hütte ein notdürftiges Unterkommen, hauten uns hin und schliefen wie die Murmeltiere.
Frisch und munter zogen wir unternehmungslustig am nächsten Tag in die Goldmine. Wir kletterten in den Tagebau hinab und sahen uns um. Mittlerweile ging der Ingenieur daran, festzustellen, welche Maschinen man noch gebrauchen könnte. Mit Riesenmengen von Maschinenöl und unter Zuhilfenahme von kräftigen, aber keineswegs salonfähigen Flüchen setzte er das verlassene Bergwerk wieder in Betrieb. Für Ingeborg!
Dann führte er uns an eine Felswand und zeigte uns, wie wir mit Hammer und Meißel das Gestein losbrechen müßten.
Ingeborg schlug sofort kräftig drauflos.
„Der Eifer wird sich bald legen", flüsterte der Ingenieur mir zu.
Wenn wir ein paar Gesteinsbrocken zusammenhatten, schippten wir sie in eine Maschine, die sie unter infernalischem Lärm zermalmte.
„Wo ist denn nun das Gold?" fragte Ingeborg schon ein bißchen kleinlaut und wischte sich erschöpft den Schweiß von der Stirn.

Vorerst mußte aber immer noch feste gehämmert werden, ich hörte, daß die Schläge in immer größeren Abständen kamen.
Nach stundenlanger Plage erklärte der Ingenieur, daß es nun weitergehen könnte. Mit Hilfe einer anderen Maschine wurde das Gold aus dem Gestein gewaschen. Gespannt sah Ingeborg zu. Aber wie enttäuscht war sie, als sie noch immer kein Gold sah, sondern nur eine Menge Quecksilber.
„Geduld, Geduld", mahnte unser Freund. „Gleich kommt's!"
Er gab Ingeborg ein ganz weiches Tuch aus allerfeinstem Leder. Dort hinein wurde nun ein Teil der Flüssigkeit geschüttet. Ingeborg mußte die vier Enden des Ledertuches zusammennehmen, ganz fest zusammenhalten und dann langsam dem so entstandenen Beutel „die Luft abdrehen". Aus den winzigen feinen Lederporen wurde auf diese Weise das Quecksilber herausgepreßt. Als absolut nichts mehr herauskommen wollte, durfte sie das Säckchen wieder auseinanderfalten. Auf dem weichen Ledertuch lag sauberer, glänzender Sand.
„Ist das etwa Gold?" fragte sie mißtrauisch.
Der Ingenieur lachte herzlich und bestätigte nachdrücklich: „Das ist reiner Goldstaub."
Ingeborg schüttelte den Kopf: „Komisch, sieht aus wie Sand!"
Diese Expedition kostete uns Ströme von Schweiß und härteste Arbeit. Ich hatte mir einen kleinen Urlaub wahrhaftig leichter vorgestellt! Aber Ingeborgs Wunsch war erfüllt: Sie durfte einmal in ihrem Leben ein wirklicher Goldgräber sein. –
Sie hat einen wunderhübschen, ganz schlichten Ring, den sie besonders liebt. Das Gold faßt einen schmalen australischen Opal ein, in dem lauter kleine Fünkchen glitzern. Manchmal wird ihr von Freunden oder Bekannten gesagt, wie besonders schön sie diesen Ring finden. Dann sagt sie ganz stolz: „Ja, das Gold dazu habe ich selber gewonnen. In Australien. Da setzten wir eine stillgelegte Goldmine in Betrieb. Durch zweiundneunzig ausgetrocknete Flußbetten mußten wir fahren, bis wir an Ort und Stelle waren. Gar nicht einfach, Gold schürfen. Aber ich habe den Ring auch besonders gern."
Die Leute schauen sich den Ring dann noch mal ganz genau an und dann meine Frau. Man hat schließlich nicht alle Tage das Glück, einem richtigen Goldgräber zu begegnen. –

Ingeborg hat fast die ganze Welt mit mir gesehen, und doch mit anderen Augen, mit denen einer Frau. Dadurch stellten wir immer wieder fest, daß unsere Erinnerungen so unbeschreiblich reich sind. Was der eine übersah, das bekam der andere mit.
Als wir heirateten, versprach ich ihr eine Reise, auf der sie alle Orte sehen sollte, mit denen mich aufregende Erinnerungen verbinden. Ingeborg hatte ja, genau so wie viele hunderttausend andere Kinder, als junges Mädchen meinen „Seeteufel" verschlungen. Sie wußte also ganz genau, daß so eine Fahrt eine Weltreise sein müßte. Und endlich, nach vierzehn Jahren, war es soweit.
Da machte die kleine Frau große Kinderaugen. Jetzt sah sie selbst die zauberhafte Insel Mopelia in der Südsee. Aus dem Wasser ragten noch immer Wrackteile meines weltberühmten Kaperschiffes. — Auf Neuseeland erlebte sie, wie immer wieder wildfremde Menschen auf mich zustürzten, die ganz aus dem Häuschen waren, daß der „Seeteufel" zurückgekommen war. In den Neuseeländern lebte noch immer die Erinnerung an ihren berühmten Kriegsgefangenen. — Im Museum stand sie staunend vor dem Sextanten, den mein Kamerad Walter von Zatorski aus den einfachsten Mitteln zusammengebastelt hatte. „Ein Meisterwerk", sagten selbst die Wissenschaftler und veröffentlichten lange Aufsätze, die deutschem Erfindergeist größte Achtung und Anerkennung zollten. —
Von Ort zu Ort ging ich mit Ingeborg und zeigte ihr die Plätze meines wechselvollen Schicksals. Geraume Zeit war ich auch auf Motuihi gefangen gewesen. Auf der hübschen kleinen Insel hatte sich fast nichts verändert. Ich fand sogar nach langem Suchen unsere Erdhöhle. Sie sollte unserem letzten Fluchtplan dienen, aber der Waffenstillstand kam uns zuvor.
Zweihundert Kinder begrüßten uns auf der Insel und hätten uns am liebsten nicht fortgelassen. In der Bücherei des Kinderheims fand ich zwei zerlesene Exemplare des „Seeteufels". Dabei fällt mir ein, daß ich bei meinem Besuch im weißen Palast des Negus in Addis Abeba in der Bibliothek des Herrschers ebenfalls mein Buch in französischer Sprache entdeckte. Heimlich, still und leise schrieb ich dem Kaiser Haile Selassi eine Widmung in das Buch.
Herzlich freute ich mich über das kindliche Entzücken meiner Frau an der Südsee. Jetzt sah sie selber die freundlichen, schönen Eingeborenen mit ihren sanften Augen und graziösen Bewegungen.

Jetzt verstand sie, warum ich immer und immer wieder von diesem Teil der Welt schwärmte. Heute teilt sie meine Begeisterung dafür. In Europa und auch anderswo ist die Höflichkeit des Herzens nicht so weit verbreitet, so ganz selbstverständlich. Selbst in der Liebe spielen oft ganz nüchterne materielle Interessen mit. In der Südsee aber ist wirklich das Paradies der Liebe. — Die Menschen dieser Inseln setzen ihre eigenen, herzgewinnenden Charaktereigenschaften auch bei den Fremden voraus. Lüge und Falschheit, Gewinnsucht und Haß sind nirgendwo so vereinzelt anzutreffen wie in der Südsee. Gefängnisse sind eine recht überflüssige Einrichtung. Selbst heute noch haben die schlechten Einflüsse der Fremden das Gute nicht bannen können. Ich hörte von einem britischen Kolonialbeamten, daß er in seinem riesigen Bezirk nur ein einziges Gefängnis braucht. In diesem kleinen Haus stünden als größte Selbstverständlichkeit selbst in den Zellen blumengefüllte Vasen!

Der Gruß der Eingeborenen von Samoa ist „Talofa". Heute übersetzt man es mit „Ich grüße dich". Richtig übersetzt heißt es aber „Ich liebe dich". Und es ist nicht nur eine Phrase, das ist das schönste dabei! Meine Ingeborg wurde unter den freundlichen Inselkindern selbst wieder zum Kinde. Immer bekam sie frische Blütenketten umgehängt, und wenn wir allen Einladungen gefolgt wären, so hieße das, noch immer dort zu sein!

Ich wundere mich nicht, daß über die Südsee eine Fülle von Büchern vorhanden ist. Wer sie erlebte, der möchte mitteilen, welch einer freundlichen Märchenwelt er begegnete. Und dann geht es ihm sicher wie mir: Er wird feststellen, daß es bei allen Bemühungen einfach unmöglich ist, den ganzen Zauber der Südsee wiederzugeben. Schön! Wunderbar! Einzigartig! sind ja nur Worte und sagen wenig genug . . .

Ingeborg hatte ein kleines Erlebnis, von dem sie noch heute begeistert erzählt: Sie sah einer Eingeborenen zu, wie sie das Essen bereitete. Die schöne Köchin trug selbstverständlich auch bei der Arbeit Blumen im Haar, sie lachte und sang und freute sich ihres Lebens. Dabei richtete sie alle nur möglichen Kräuter und Gemüse, Hummer und Krabben, Tauben und Hühner her. Das Federvieh packte sie in eine dicke Lehmschicht, ohne auch nur den Versuch zu machen, es zu rupfen. Ein kleines Schwein wurde mit Früchten aller Art gefüllt. Und ein bißchen Kokosnußfleisch kam auch dazu.

Ingeborg bekam vorher die Milch zu trinken. Dabei machte sie die Erfahrung, die jeden Neuling überrascht: Die Kokosmilch ist nämlich erstaunlich kühl! Das feste dicke Fleisch und die stabile Holzschale wirken wie ein kleiner Eisschrank, dessen Inhalt die Sonne nichts anhaben kann.

Die blumengeschmückte Köchin rollte alle Zutaten in große Blätter. Dann schichtete sie die Eßwaren in eine Kochgrube, die mit glühenden Steinen ausgelegt war. Nun noch eine weitere Schicht Blätter und die Grube zugemacht. Aus!

Jetzt konnte Ingeborg endlich fragen, wie viele Familienangehörige von dieser Riesenportion satt werden sollten. Sie fiel beinahe hintüber, als ihr erklärt wurde, daß die Familie aus sechs Personen bestand. Für nur sechs Personen diese Unmenge an Essen! Die Eingeborene merkte ihr Erstaunen und lachte übermütig. Mit einem schrillen Pfiff rief sie ihren kleinen Sohn herbei. Ein paar kurze Worte und Filius sauste ab.

Nach wenigen Minuten kam er zurück mit einem Schwung großer Blätter. Mutter und Kind hockten sich nieder, und Ingeborg sah erstaunt zu, wie unter den gewandten Händen der beiden mehrere kleine Körbe entstanden. Einer davon wurde ihr später verehrt, und sie stellte fest, daß er mehr als zehn Pfund Inhalt haben konnte, ohne zu zerreißen.

Zwischendurch erzählte ihr die Frau, wie die Kokosnuß auf die Südseeinseln gekommen war:

Sie war das Abschiedsgeschenk einer alten Schlange, die alle gefürchtet hatten, – nur zwei Frauen nicht. Diesen beiden verriet die Schlange im Sterben ein vorerst noch großes Geheimnis. Sie sagte den beiden Frauen die Stelle, wo sie begraben sein wollte. Das Grab sollten sie sich merken und pflegen. Beide taten, wie ihnen geheißen. Die Schlange hatte ihnen nie ein Leid getan, auch hatte sie sich beim letzten Atemzug auf einmal in einen unbekannten, großen Vogel verwandelt. Darum taten sie jahrelang ihre Pflicht, denn sie spürten, daß es sich bei der Schlange, die sich sterbend in einen Vogel verwandelt hatte, um etwas Besonderes handeln mußte.

Nach einiger Zeit wuchs auf dem Grabe ein Baum, wurde hoch und schlank, und keiner hatte solch einen Baum je zuvor gesehen. In seinen Zweigen hingen große runde Früchte. Eines Nachts erschien den beiden Frauen die Schlange im Traum und wies sie an, diese

Früchte zu ernten und dann anzupflanzen. Bald standen auf der ganzen Insel diese seltsamen unbekannten Bäume, schwer beladen mit Früchten. Doch niemand wußte etwas damit anzufangen. Wieder erschien die Schlange den Frauen im Traum: „Ihr sollt die Früchte essen!" Das wollten sie auch gerne tun, doch keiner verstand, damit umzugehen.

Da kam auf einmal ein großer Vogel vom Himmel herab, zerhackte die dicke Schale der seltsamen Frucht und lehrte die Menschen durch sein Beispiel, daß man die Milch daraus trinken und das Fleisch essen könnte. Nun erkannten alle sofort den Wert dieses neuen Baumes. Noch ein einziges Mal erschien die Schlange ihren beiden Freundinnen im Traum und sagte, daß sie nur durch den eigenen Tod die Möglichkeit gehabt habe, ihnen ein so kostbares Geschenk zu machen.

Weithin wucherte von nun an die Kokospalme über die glückliche Insel. Viele der wohlschmeckenden Früchte rollten, vom Sturm abgeschlagen, auch ins Meer, wurden von den Wellen fortgetragen und an die Ufer anderer Inseln geschwemmt. Dort schlugen sie Wurzeln, und so wurde durch das wertvolle Abschiedsgeschenk einer gütigen Schlange über alle Eilande der Südsee die schöne, schlanke Kokospalme gestreut. Aus weiter Ferne schon grüßen die grünen Wipfel und erwecken die Hoffnung, bald wieder Land zu sehen.

*

Ich weiß, daß auf vielen Inseln die Sitte besteht, und nicht nur bei Totenfesten, Kokosnüsse ins Meer zu werfen. Ursprünglich sollte das vielleicht ein Dankopfer für das Geschenk der Schlange sein. Später wurden die Früchte für manchen Schiffbrüchigen die letzte Rettung vor dem Hungertode. Auch als ich mit meinen Kameraden einst in der winzigen Nußschale über den Pazifischen Ozean segelte, fischten wir einige Male Kokosnüsse aus dem Wasser heraus. Die alte Sitte half uns so, unseren quälenden Durst ein wenig zu stillen.

*

Unter diesen Erzählungen war eine gewisse Zeit verstrichen. Die Köchin erhob sich und machte ihre Kochgrube wieder auf. Was für ein köstlicher Duft entstieg ihr!

Mit geschickten Händen wickelte die Frau ihre Hühner aus dem harten Lehm. Und siehe da, die Hühner waren fein säuberlich gerupft. Selbst die kleinste Feder steckte im Lehm! Sorgfältig verteilte die Frau den Großteil der Speisen in die verschiedenen Körbe, und der Junge lief damit fort. Zu den Freunden, den Verwandten und Bekannten. Nun brauchte sich die Frau für die nächsten Tage nicht ums Essen zu kümmern, denn dann wurde entweder die ganze Familie eingeladen, oder aber ein Bote kam mit einem kleinen Körbchen aus geflochtenen Blättern und brachte darin das fertige Mittagessen ins Haus! Wie einfach das ist! So kann aus Freundlichkeit eine Tradition entstehen, die jedem das Leben leichter macht! —

Auf allen Inseln liebt man die Gastfreundschaft, ist glücklich, wenn man einen Grund zum Feiern hat, und selig, wenn man schenken kann. In meinem Heim hängen an der Wand einige wunderschöne Matten. Sie werden aus der Rinde des Papiermaulbeerbaumes hergestellt und kunstvoll mit sehr eindrucksvollen Ornamenten verziert. Auf diesen Matten wird auch heute noch das Festessen auf dem Boden serviert. Jeder gewöhnliche Tisch würde wohl auch zusammenknicken, wenn er derart überladen wäre mit allen möglichen Genüssen und Gaumenfreuden.

Nach dem Essen wird getanzt. Diese Kinder Gottes haben die Grazie mit in die Wiege gelegt bekommen. Ihre einfachen, aber sehr rhythmischen Bewegungen sind von zwingender Anmut. Dabei singen sie ihre eigenartigen Lieder und lächeln dazu. Sie tanzen, sie singen so gern, sie leben und lieben so gern!

Als ich das letztemal auf Samoa war und schließlich schweren Herzens Abschied nehmen mußte, stand Ingeborg neben mir und teilte meine Gefühle der Wehmut. Wir lehnten an der Reling, hatten viele duftende Blütenketten um den Hals und schauten hinüber zu der zauberhaften Insel, solange wir noch die Silhouette einer Palme sahen. Wir riefen beide den alten Samoaner Gruß zur Küste hinüber: „Talofa" — Ich liebe dich!

Als wir dann am Abend schon lange auf offener See waren, lagen wir in unseren Deckstühlen und träumten vor uns hin. Der Passat füllte unsere weißen Segel und führte uns neuen Welten entgegen. Die Stille war nur unterbrochen durch das leise Plätschern der Wellen gegen die Bordwand. Über uns breitete der Himmel seine

nachtdunklen Schwingen. Fern, ganz fern leuchteten die Sterne. Wir rauchten und schwiegen. Wir waren so erfüllt von allem, was wir gesehen und erlebt hatten.
Plötzlich war es Ingeborg, die die Stille unterbrach:
„Du, Phylax?"
„Ja, mein Kind?"
„Bist du eigentlich immer zufrieden mit dem, was ich so kochen kann?"
Und da heißt es, ausgerechnet die Frauen hätten die Romantik gepachtet!

*

Ach ja, über Ingeborg könnte ich ein ganzes Buch schreiben. Sie über mich allerdings höchstwahrscheinlich auch. Einem neugierigen Reporter, der wissen wollte, was für ein Hobby sie habe, antwortete sie, ohne zu zögern: „My husband is my hobby, I have no time for anything else." (Mein Mann ist mein Steckenpferd, ich habe für nichts anderes Zeit.)
Und da war sie nur einen Augenblick mal ohne mich! Viel schlimmer benahm sie sich in Amerika. Ich war für drei Wochen unterwegs. Inzwischen machte sie mit drei Millionären Urlaub. Selbst ohne allzuviel Geld bestand sie darauf, daß die Herren das dicke Portemonnaie zu Hause lassen. Durch Gelegenheitsarbeit würde man schon genug verdienen, um weiterzukommen. Gnädig erlaubte sie wenigstens die Benutzung eines Autos. Ihre erste Urlaubshandlung bestand darin, das hintere Wagenfenster zu verunzieren. Die Leute lasen die weiße Schrift genau so erstaunt wie die Millionäre: Broke, but happy. (Pleite, aber glücklich.) Ich fiel bald vom Stuhl, als ich von diesem Streich meiner Frau erfuhr. Die Millionäre beruhigten mich aber und sagten, daß sie nie im Leben einen derart vergnügten und gesunden Urlaub gehabt hätten. Sie hätten gar nicht gewußt, wie romantisch es ist, sich sein Brot bei der Erntearbeit zu verdienen. Und Ingeborg sagte mir: „Ich kann doch nicht mit reichen Männern in Urlaub fahren, wenn ich selbst so knapp bin. Du weißt ja überhaupt wohl nicht, was sich für eine Dame schickt."
Ich glaube, es würde wirklich ein ganzes Buch werden, wenn ich

jetzt nicht aufhöre. Ingeborg und ich sind Tausende von Meilen zusammen gefahren, sie als mein Kapitän, ich als der Admiral natürlich! Ich kann es heute erst recht sagen, was ich ihr vor dreißig Jahren auf ein Bild von mir schrieb, das sie gern haben wollte:

„Gott stand an meinem Steuer,
als ich Dich kaperte."

Südseezauber

Nun habe ich im Zusammenhang mit Ingeborg schon einiges von der herrlichen Südsee erzählt. Dabei sind mir zwei andere Episoden eingefallen, die ich in diesem Paradies erlebte. Durch sie erhielt ich die Gelegenheit, einen weiteren, tiefen Einblick in das Fühlen und Denken der in ihrer Primitivität so edlen Inselmenschen zu gewinnen. Die einleitende Episode erlebte ich vor mehr als 40 Jahren, als ein freundlicher Zufall mich zum ersten Male an das zauberhafte Gestade einer Südseeinsel führte.

Ich beschloß, dem Häuptling der kleinen Insel eine Kiste Sekt als Willkommensgruß und Gastgeschenk zu verehren. In meiner Kajüte empfing ich den hohen Herrn mit seiner Begleitung. Alle vier Männer waren schlank und schön wie Tannen gewachsen und ihr Auftreten von bezwingender natürlicher Würde. Ich schenkte meinen Gästen Champagner ein, um das Eis zu brechen. Sie wollten aber gar nicht anfangen zu trinken!

Etwas anderes interessierte augenscheinlich viel mehr. Der Häuptling beugte sich tief über sein Glas, dann hob er es vorsichtig hoch und besah sich den Fuß des Kelches. Schließlich stellte er es kopfschüttelnd wieder hin. Ich sah erstaunt, daß er jetzt unter den Tisch kroch und allem Anschein nach die Platte von unten betrachtete. Plötzlich ging mir ein Licht auf! Er wollte sicherlich herausbekommen, woher die kleinen Perlchen kamen, die unaufhörlich aus dem farblosen Getränk emporstiegen. Woher sollte er auch Kohlensäure kennen!

Endlich gab er die vergebliche Suche auf, und wir tranken. Der Sekt schmeckte den Herren augenscheinlich, sie rieben sich die Bäuche, verdrehten die Augen und begannen, heftig aufzustoßen. Nicht nur in China, sondern auch in anderen Teilen der Welt ist das

Rülpsen eine Höflichkeitsform. Sie sagt dem Gastgeber besser als viele Worte, wie prima es geschmeckt hat.
Meine Besucher sahen mich bewundernd an. Mit jeder Sektperle, mit jedem neuen Rülpser stieg ich ganz erheblich in ihrer Achtung. Was für ein Mann! verrieten ihre strahlenden braunen Augen. Ein Weißer, der ein einfaches Wasser hat, so gut, daß man ganz von alleine aufstoßen muß. Einen so gewaltigen Mann mußte man selbstverständlich gebührend ehren, besonders wenn er als Geschenk eine ganze Kiste voller Flaschen mit diesem guten Wasser herausrückte. Feierlich wurde ich für den nächsten Tag eingeladen. Die Kiste Sekt wurde unter allergrößter Vorsicht in dem schmalen, aber sehr langen Boot verladen. Dann stieg der Häuptling mit seinen Begleitern ein. Ich beobachtete mit Begeisterung das schöne Boot, wie es unter den Ruderschlägen von vierundzwanzig Männern wie ein Pfeil davonschoß, auf die palmenbewachsene Küste zu.
Als ich am nächsten Tage auf die Insel kam, herrschte große Geschäftigkeit. Die Frauen trugen in den schwarzen Haaren gelbe Hibiskusblüten. Ihre einzige Bekleidung bestand in einem Rock aus grünen Blättern. Sie arbeiteten an der Bereitung des Festmahls. An vielen offenen Feuern wurden Schweine jeder Größe gebraten und von halbwüchsigen Nackedeis eifrig gewendet, damit sie auch ja recht knusprig wurden. Alles lachte und scherzte.
In der Mitte der vielen kleinen Eingeborenenhütten war ein richtiger Dorfplatz. Im Schatten einer großen Palme lagen auf dem Boden bunte Matten, auf denen wir Platz nahmen. Unter den Klängen einer fremdartigen, sehr rhythmischen Musik erschienen zwölf junge Mädchen, hinter denen ebenso viele sehr alte Frauen gingen. Sie schritten langsam näher und bildeten schließlich vor uns einen Halbkreis. Jedes dieser Mädchen war eine vollkommene Schönheit. Die blauschwarzen Haare hingen leicht gewellt weit über den Rücken hinab, auf der braunen Haut leuchteten Kränze, und im Haar trugen die Mädchen duftende Hibiskusblüten. Die Anwesenheit der alten Frauen verriet mir, daß es sich bei diesen zwölf schönen Geschöpfen nur um Tabus, die Dorfjungfrauen, handeln konnte.
Die Mädchen begannen jetzt eine seltsame Zeremonie. Sie putzten sich vor uns in aller Gemütsruhe, aber mit großer Gründlichkeit, die Zähne. Dazu benutzten sie kleine dünne Zweige, mit vielen

Kerben versehen, die ihren Zweck als Zahnbürste sicher blendend erfüllten. Nachdem sie sich den Mund ausgespült hatten, traten die Mädchen der Reihe nach vor den Häuptling hin. Sie sperrten den Mund auf, und der Alte besah sich eingehend die Gebisse seiner hübschen Untertaninnen. Ja er bedeutete mir, es ihm nachzutun. Dieser Aufforderung kam ich mit Vergnügen nach. Es war eine helle Freude, sich die blendendweißen Zähne aus der Nähe zu besehen. Dabei schoß mir der Gedanke durch den Kopf, den Seemannsberuf an den Nagel zu hängen und als Südseezahnarzt mein Glück zu machen.

Endlich war die Inspektion vorüber. Die Mädchen entfernten sich einige Schritte und setzten sich dann im Kreis um eine Schale. Die alten Weiber reichten ihnen braune, unscheinbar aussehende Wurzeln, die sie sofort anfingen, zu zerkauen. Den so entstandenen Brei spuckten sie schließlich in die Schale. Dann entfernten sie sich. Aus Tonkrügen wurde Wasser auf den Brei gegossen. Inzwischen war mir erklärt worden, um was es sich handelte. Das Nationalgetränk in vielen Teilen der Südsee ist Kawa-Kawa, das aus der gleichnamigen Wurzel hergestellt wird. Kein Fest ohne dieses Getränk!

Ich hatte das Glück, der alten Herstellungsmethode beizuwohnen. Sie ist längst aus der Mode gekommen, denn die Zivilisation hat sich überall Eintritt zu verschaffen gewußt und alten Bräuchen den Garaus gemacht.

Nach einiger Zeit bekam ich in einer herrlich polierten Kokosnußschale den Trank serviert. Das Zeug schmeckte recht eigenartig und läßt sich schwer bechreiben. Ingeborg behauptete Jahrzehnte später: wie Seifenwasser. –

Dann saßen wir in langer Reihe um die prachtvoll mit Blumen und Früchten dekorierte Tafel am Boden. Was gab es für Kostbarkeiten! Schweine, die mit Hühnern, mit Fischen und Früchten, mit Jam und Kokosnußfleisch gefüllt sind, schmecken unbeschreiblich gut! Hummern gab es und riesige Krabben, dazu herrliches Obst. Die Eingeborenen vertilgten so ungeheure Mengen, daß ich mit meinem wahrhaftig nicht unbeträchtlichem Fassungsvermögen von einem Erstaunen ins andere fiel. Sie ließen sich allerdings Zeit!

Nach der Beendigung des Mahles ertönte wieder Musik. Eine Gruppe von Frauen saß am Boden und bewegte den Oberkörper, die Arme und Hände im Rhythmus der Melodie. Vor ihnen tanzten die schönen Tabus. Sie entzückten das Auge durch den Anblick ihrer vollkommen gewachsenen Körper, die Anmut ihrer Bewegungen und den Ausdruck völliger Gelöstheit in den sanften Gesichtern. Als die schnelle tropische Dämmerung der Nacht wich, verschwanden sie. Noch aber war das Zeichen zur Beendigung des Festes nicht gegeben. Satt und zufrieden hockten wir auf unseren Matten und ruhten uns aus.

Auf einmal hörte ich wieder Musik, die sich aus der Ferne näherte. Erstaunt richtete ich mich auf und versuchte im Schein des kleinen Feuers an unserer Seite die schwarze Nacht zu erforschen. Dann glaubte ich meinen Augen nicht zu trauen und war sofort hellwach. Noch sah ich aber nichts weiter als viele wogende Funkenschleier, die langsam näher kamen.

Dann erkannte ich die zarten Tabus, die im Takt der Musik aus der Dunkelheit herantanzten. In ihren mit Blumen geschmückten, lang herabwallenden Haaren, auf den schweren, süßduftenden Blütenkränzen, die sie um den Hals trugen, surrten unzählige Glühwürmchen. Wie kleine Lämpchen beleuchteten sie die vielfarbige Blumenpracht. Darum der wogende Funkenschleier, den ich zuerst entdeckte! Ich rieb mir die Augen. Unwirklich wie im Märchen aus Tausendundeiner Nacht war das!

Wie auf ein Kommando wurden die tanzenden Mädchen von der Nacht wieder verschluckt. Die Musik wurde lauter und lauter. Gleichzeitig fachte man das Feuer an unserer Seite wieder an. Was sollte das bedeuten?

Im lodernden Schein der Flammen sah ich, wie vier Männer langsam näher kamen. Sie trugen eine riesige Muschel und stellten sie behutsam vor mir nieder. Da stockte mir der Atem!

In der Muschel saß, umgeben von einem Meer süßduftender Blüten der Königin der Nacht, eine liebliche Tabu. Sie sah selbst wie eine kostbare Blume aus. Das lange seidige Haar flutete über die schmalen Schultern herab, und die feinen Enden lagen als dunkles Gespinst auf den Blüten. Das Mädchen hielt den Kopf ein wenig gesenkt. Mit Entzücken sah ich die langen seidigen Wimpern, die ihre Augen verdeckten. Beim Atmen hob und senkte sich die junge Brust. Nur diese kaum sichbare Bewegung verriet mir, daß dies tatsächlich ein Wesen aus Fleisch und Blut war. Wie gebannt saß ich da!

Endlich konnte ich den Blick von dem Mädchen in der Muschel lösen und wandte mich fragend dem Häuptling zu. Er lachte, daß die weißen Zähne blitzten. Mit einer Handbewegung, die seine ganze Macht über dies Eiland demonstrierte, schenkte er mir die schönste seiner Tabus. –

Im gleichen Moment schlug die kleine Göttin ihre Augen voll zu mir auf. Augen, deren sanften Glanz ich bis heute nicht vergessen habe. –

So war meine erste Begegnung mit der Südsee. Sie sollte glücklicherweise nicht die letzte sein.

*

Jahrzehnte später, im Jahre 1938, hatte ich ein anderes Erlebnis, das mir jedoch genau so sehr in der Erinnerung haftenblieb, wie die Augen der schönen Tabu.

Für Handel und Schiffahrt sind viele der Südseeinseln ganz uninteressant. Nicht für den, der die Zivilisation, die moderne Welt mit ihrer Hast und ihrem Lärm, ihrer Sucht nach Geld und Macht einmal völlig vergessen will. Mit einer eigenen Jacht kann man sich den Luxus leisten, in von der europäischen Kultur noch unberührte Gebiete vorzudringen.

Auf meiner letzten Weltreise kam ich eines Abends vor so ein Inselchen. Wir gingen vor Anker und beschlossen, den nächsten Tag abzuwarten, um das Eiland bei Sonnenlicht zu besuchen. Die Nacht war sehr dunkel, und so nützten wir sie aus und sahen uns an Deck einen Film an. Interessiert schaute ich zu, wie der Kunstflieger auf der Leinwand seine tollkühnen Loopings und Saltos machte. Aber trotzdem überhörte ich nicht das leise Plapp-plapp in der Nähe des Schiffes. Aha, nächtlicher Besuch von den Inselbewohnern! Morgen würden wir sie ja kennenlernen. – Nach atemberaubenden Kunststücken setzte das Flugzeug langsam am Boden auf, die Tür öffnete sich, und der waghalsige Pilot sprang zur Erde. Im gleichen Augenblick hörte ich das wilde Klatschen von Rudern. Was, beim Zeus, mochte die Inselkinder so erschreckt haben?

Am nächsten Morgen kamen die nächtlichen Besucher bei strahlendem Sonnenschein wieder. Unter den vielen Eingeborenen, die neugierig herumschauten, fiel mir ein besonders intelligent aussehen-

der Jüngling auf. Wer beschreibt meine Verblüffung, als er mich in einem auffallend guten Englisch begrüßte! Des Rätsels Lösung hatte ich bald heraus: Der Bursche war für längere Zeit der Helfer eines Weißen gewesen, der auf einer größeren Insel dieser Gruppe feststellen wollte, ob es sich lohnte, dort Kopra zu ernten. Es lohnte sich nicht. Er wurde wieder abgeholt und seinen Helfer setzte man auf dem Rückweg auf seiner Heimatinsel ab. Dem Weißen mochte auf der menschenleeren großen Insel die Zeit lang geworden sein. Anscheinend hatte er es unternommen, dem jungen Eingeborenen die Muttersprache beizubringen, um einen besseren Gesellschafter zu haben.
Die Früchte seiner Bemühungen fielen jetzt mir in den Schoß. Die Unterhaltung mit dem Jungen ging leicht und flüssig vonstatten. Er erklärte mir vieles, was ich sonst kaum richtig verstanden hätte. Durch ihn erfuhr ich auch, warum die Eingeborenen am Abend zuvor so plötzlich in wilder Flucht vom Schiff wegstrebten: Bei dem Kunstflugfilm dachten sie, das Flugzeug sei eine große Libelle. Erst als sich die Libelle öffnete und ein Mensch sichtbar wurde, bekamen sie alle miteinander einen tödlichen Schreck. Eine Libelle, in der Menschen wohnten, so was hatten sie nie zuvor gesehen. Daher also die Angst! Ich erklärte dem Jungen, um was es sich bei der Libelle handelte, aber ob er mich richtig verstand, weiß ich bis heute nicht.
Jedenfalls hatte er eine ungeheure Hochachtung vor den Weißen. Er und seine Freunde sahen sich staunend auf meiner Jacht um und plapperten immer aufgeregt durcheinander, weil sie auf Schritt und Tritt etwas entdeckten, was ihnen unerklärlich und wunderbar vorkam. Ein kleiner Junge verbrachte geraume Zeit damit, einen Lichtschalter immer wieder an- und auszuknipsen. Hell-dunkel, hell-dunkel, wahrhaftig eine große Angelegenheit! Die Eingeborenen durften überall herumwandern und sich alles ansehen. Keiner von uns mußte Angst haben, daß sie irgend etwas an sich nehmen würden. In der Südsee gedeiht alles, was man sich denken kann, nur für schlechte Eigenschaften ist der Boden nicht geeignet.
Ich selbst beschäftigte mich vor allem mit dem Jungen, dessen englische Sprachkenntnisse so gut waren. Er überraschte mich mit recht originellen Feststellungen. So erklärte er ernsthaft, daß unser Gott schon allein wegen eines so herrlichen Schiffes weiß sein

müßte. Aber auch er und seine Stammesbrüder hätten durchaus die Möglichkeit, sich nach dem Tode in Weiße zu verwandeln. Fragen, die mit Religion und Gott zusammenhingen, interessierten ihn augenscheinlich besonders stark. Er fragte mich, ob ich nicht zufällig ein Bild von unserem großen Gott an Bord hätte. Ich holte aus meiner Kajüte eine farbige Bilderbibel. Mit großen Augen betrachtete er das Bild Gottes mit dem Purpurmantel, der über den Wolken thronte. Nur mit dem langen weißen Bart konnte er sich nicht abfinden. Teilnahmsvoll fragte er mich, ob unser Gott denn bald sterben müßte. Immerhin wäre er ja ein sehr alter Mann! Seine Fragen brachten mich manchmal in Verlegenheit, und seine Verwirrung stieg. Vom Noah in seiner Arche hielt er nicht allzuviel. „Ich, Massah, hätte doch auch meine Freunde gewarnt. Das ist gar nicht nett, sich ganz allein vor dem großen Wasser zu retten!"

Was sollte ich mit so viel naiver Logik anfangen? Ich half mir aus der Verlegenheit und fragte ihn, ob er mir nicht auch von seinem Gott etwas erzählen könnte. Bereitwillig stimmte er zu. Morgen würde er mich abholen, um mir in aller Frühe seinen Gott zu zeigen.

Wie versprochen, holte er mich in der Morgendämmerung mit seinem Kanu ab. Wir ruderten ans Ufer und gingen an Land. In einiger Entfernung sah ich, wie die Eingeborenen sich im seichten Wasser der Lagune wuschen. Sonst herrschte jene seltsame Stimmung, von der jeder schwärmt, der einen Tagesbeginn in den Tropen erleben konnte. Die ganze übrige Welt ist dann so weit entfernt. —

Wir mochten vielleicht einige Schritte gegangen sein, als mein Begleiter stehenblieb. „Die Nacht geht fort. Dort reinigen sich meine Brüder. Gott will, daß wir ihn würdig begrüßen, uns waschen und vom Ungeziefer befreien."

Er horchte. „Hörst du das feine Knacksen und das leise Knistern?"

Ich nickte.

„Die Blumen öffnen sich, denn Gott kommt. Hörst du jetzt, wie die Vögel anfangen zu singen? Sie begrüßen Gott mit ihrem Lied! Und sieh", er zeigte zum Himmel, „da kommt die Sonne. Hinter ihrem Licht ist die Anwesenheit Gottes. Sie ist sein Auge, das die Nacht zum Tag macht."

Sein ebenmäßig schönes Gesicht drückte die tiefe Ehrfurcht des Menschen aus, dessen Leben und Sein ausschließlich von den Elementen bestimmt wird. –

Doch schon sprach er weiter: „Die Sonne wandert strahlend über unsere Insel, und die Blumen freuen sich des Lichtes. Wenn die Sonne langsam am Horizont versinkt, schließen sich die feinen Kelche. Dabei strömen die Blumen einen Duft aus, weit stärker als am Tage. Das ist der Duft des Dankes. Auch die Vögel singen dann noch einmal so schön. Mit ihrem Abendlied danken sie Gott, daß er ihnen den leuchtenden Sonnentag schenkte."

Wieder schwieg er und gemeinsam beobachteten wir das Erwachen der Natur. Langsam zogen die Inselbewohner vom Strand in ihr Dorf zurück. Die schlichten Erklärungen für die Anwesenheit des Inselgottes berührten mich tief. Ich wollte noch mehr von ihm hören. Meine diesbezügliche Frage beantwortete der Jüngling mit eifrigem Kopfnicken.

„Oh, Massah, wenn Gott nicht da ist, dann herrscht die dunkle Nacht. Dann kommen die Tausendfüßler, die Skorpione und Schlangen und andere Wesen, die das Licht scheuen. Sie quälen uns, weil wir wehrlos sind in der Nacht. Wir fürchten sie! Wenn ein Mensch Böses tun will, tut er es nur, wenn die Sonne nicht scheint. Den strafen wir, indem wir ihn vor dem Licht verbergen. Lange geht das aber nicht, denn sonst muß er sterben."

Er sah, daß ich immer noch mehr hören wollte.

„Wir brauchen das Licht, Massah, sonst können wir ja nicht leben. Die Sonne ist Gottes Anwesenheit. Sie wärmt uns und läßt die Kokosnuß wachsen. Auch den Regen schickt Gott. Er nimmt mit der Sonne dem Meer das Salz und füllt unsere Quellen mit süßem Wasser."

Mein junger Priester lehnte am Stamm einer schlanken Palme und spielte mit einem bunten Kiesel in seiner Handfläche. Mit sanfter, melodiöser Stimme erzählte er mir von der Güte, der Weisheit und Macht seines Gottes. – Wie war es wohl, wenn einer auf dieser glücklichen Insel starb?

Er sah mich mit seinen großen, dunklen Augen wieder an. „Dann herrscht hier große Freude, Massah. Dann kommt er in den Himmel!"

„Kommt denn jeder in den Himmel?"

Er überlegte einen Augenblick. „O doch. Aber es gibt jedesmal einen Kampf zwischen Himmel und Erde um den Leib des Toten. Die Erde will den Guten nicht hergeben. Wenn er sehr gut war, dann muß der Himmel auch sehr kämpfen, um ihn zu bekommen."
Er merkte wohl, daß ich diese Erklärung nicht ganz verstand. „Warte, Massah. Ein Mann ist gestorben und morgen ist sein großes Fest. Dann wirst du selber sehen, was ich meine."
Am anderen Tage führte er mich in sein Dorf. Um den großen festgestampften Platz waren die Frauen und Kinder versammelt. In der Mitte stand ein mächtiges Gerüst aus Bambusrohr mit sieben Etagen. Dies sei der Himmel, wurde mir erklärt. Auf der obersten Etage hockte ein Weib und hielt ein Kind im Arm. Dies war die Witwe mit dem jüngsten Kind. Das Gestell war überaus kunstvoll mit den herrlichsten Blumen geschmückt. Wenige Schritte davon entfernt lag am Boden der Leichnam, umhüllt mit vielen Schichten weicher Kappa, einem stoffähnlichen Material, das aus der Rinde des Papiermaulbeerbaumes hergestellt wird.
Plötzlich begann eine ohrenbetäubende Musik, die Frauen und Kinder fingen an, dazu den Takt zu schlagen, indem sie heftig in die Hände klatschten. Von zwei Seiten näherten sich je zwei Gruppen von Männern. Kaum prallten sie aufeinander, als ein harter Kampf Mann gegen Mann begann. Jede Gruppe versuchte dabei, den Körper des Toten in seinen Besitz zu bekommen. Der Verstorbene hatte wohl sehr viele Freunde auf der Erde gehabt, denn sie waren die weitaus stärkere Partei. Trotzdem gewann der Himmel nach wildem Kampf endlich die Oberhand. Der Tote wurde jetzt hochgehoben und neben die Witwe auf das Gerüst gelegt. Dann ergriffen wahre Hünen von Männern die Tragestangen und setzten sich mit dem „Himmel" in Bewegung. Das ganze Dorf schloß sich ihnen an. Nach einigen Minuten Weges erreichten wir eine große Lichtung, auf der ein mächtiges Feuer brannte. Die Frau mit dem Kinde wurde heruntergehoben und danach das Gerüst mit dem Leichnam ins Feuer gestellt. Die Flammen leckten an den Bambusrohren, umhüllten die Blumen, züngelten schnell hinauf bis zur obersten Etage und bald fiel das Gerüst krachend zusammen. Um den Scheiterhaufen bewegten sich die Eingeborenen in ihren merkwürdigen ritualen Tänzen, eine Gruppe von Frauen sang dazu eine einförmige Melodie, die jedesmal mit einem ganz hohen Schrei

abbrach. Im gleichen Moment sackten die Tänzer dann für einen kurzen Moment zusammen.
Als das Feuer erloschen war, sammelte man die Asche in einem großen Tongefäß. Wieder formte sich ein Zug. Jetzt ging es hinunter an die Küste.
Am Ufer des Meeres wurde die Asche ins Wasser gestreut. Die Eingeborenen warfen Kokosnüsse hinterher, aber vor allem Blumen, so viel Blumen und Kränze, daß die blaue See wie ein buntes Beet aussah. Langsam wurden die Opfergaben von den schaukelnden Wellen fortgetragen.
Fragend wandte ich mich an meinen Begleiter.
Er wies mit der Hand in die Ferne. „Siehst du, da wo der Himmel die See berührt, dorthin treibt die Asche unseres Toten. Gott nimmt ihn an dieser Stelle mit den goldenen Strahlen der Sonne hinauf in den Himmel."
Die Eingeborenen sahen schweigend zu, wie die Blumen forttrieben, bis das Wasser alles in die weite Ferne getragen hatte.
Dann wich die kurze Stille einem fröhlichen Singen und Lachen. Als sich der Zug wieder auf den Rückweg machte, waren die Inselkinder so ausgelassen und froh, daß kein Fremder auf den abwegigen Gedanken gekommen wäre, daß sie gerade einen Toten auf ihre Art bestattet hatten.
Im Dorfe wartete ja schon das große Festessen auf sie!
Da waren gebackene Schweine und Rinder, und Mengen von köstlichem Palmwein. Das Totenfest dauerte so lange, bis alle satt und berauscht waren und sich zum Schlafe niederlegten.
Nach diesem eindrucksvollen Erlebnis bat ich meinen jungen Freund, mich an Bord zu begleiten. Mir lagen noch eine ganze Menge Fragen auf der Seele.
Dann saßen wir an Deck, die Nacht war klar und über uns glühte der Himmel im Feuer ungezählter Sterne.
Als meine Piep ordentlich brannte, fragte ich ihn: „Sag mir, was wird aus einem, der nicht fromm und gut war?"
„Ach, Massah, das ist sehr, sehr selten. Aber wenn es schon mal so ist, dann gibt es keinen Kampf. Die Erde will den Toten ja nicht behalten, und der Himmel mag ihn auch nicht haben. Da muß die Seele auf der Erde bleiben, bis sie erlöst wird. Wir verbergen den Toten in einer dunklen Höhle und umhüllen ihn mit einer Ton-

schicht. Seine Angehörigen sieht niemand an. Sie versuchen aber nachträglich für ihn Freunde zu gewinnen. Sie helfen bei allen Arbeiten im Dorf mit und sparen sehr. Sie fangen wilde Schweine und mästen sie fleißig. Sie kochen jeden Tag und laden die anderen zum Essen ein. So kommt auch endlich die Zeit, wo der Tote Freunde auf der Erde hat. Dann haben die Verwandten alles, damit das große Totenfest gefeiert werden kann. Sie haben viel Palmwein gemacht, und ihre Schweine sind endlich fett geworden. Jetzt hat die Erde den Toten lieb. Er kann würdig in den Himmel geleitet werden."

Mein junger Freund wandte sich mir zu, und ich konnte den Schimmer seiner großen Augen sehen. Drüben sah ich die feinen Silhouetten schlanker Palmen ein Muster in den Himmel zeichnen. Was für eine Insel, wo die Menschen alle in den Himmel kamen. Schwer vorstellbar, daß es überhaupt Leute geben konnte, die nicht alles taten, um gut zu sein. Dort jedenfalls!

Beim Nachsinnen kam mir aber noch eine Frage: „Sag, du hast mir gestern von einer jungen Frau erzählt, die vor einiger Zeit starb. Und ihr kleines Kind starb ganz kurze Zeit danach. Findest du es gut von eurem Gott, wenn er auch so ein kleines Kindchen sterben läßt?"

„Aber warum nicht, Massah? Die Mutter war sehr fromm und gut. Als sie in den Himmel kam, hat sie gesehen, wie wunderschön es dort ist. Weil sie eine sehr gute Mutter war, bekam sie Sehnsucht nach dem Kleinen. Es war ihr Liebling! Da hat sie geweint und gedacht, soll mein Kind da unten auf der Insel bleiben. Soll es den ganzen Erdenweg gehen, wo es hier so herrlich ist, kein Sturm und keine Regenzeit? Ich hätte es ja so gerne hier! — Da hat sie Gott gebeten, ihren Liebling auch zu holen. Er hat ihren Wunsch erfüllt.

Es gab auch keinen Kampf zwischen Himmel und Erde. Wir haben die Asche des Kindes Gott auf dem Meer entgegengeschickt. Jetzt ist es wieder bei seiner Mutter. Gott ist sehr gütig, Massah!"

Am nächsten Tage mußten wir weiter. Als ich den Jungen fragte, ob er nicht mitkommen wollte, schüttelte er den Kopf und zeigte mit der Hand über seine kleine Welt. „Hier bin ich zufrieden, Massah, ich weiß nicht, ob ich draußen hinter dem großen Wasser auch so zufrieden bin."

Das wußte ich wahrhaftig auch nicht. —

Langsam glitt meine Jacht aus der Lagune ins offene Meer. Ich stand an Deck und winkte meinem jungen Freunde zu, der regungslos am Ufer stand und meinen Gruß erwiderte.
Ich habe auf meinen vielen Reisen von unzähligen Religionen gehört und vor manchen fremden Göttern und Götzen gestanden. Der Glaube, den ich auf dieser kleinen Insel in der Südsee fand, gefiel mir am besten von allen. Dort sah ich keinen Missionar, und das kann ich gut verstehen. Anderswo sind sie bestimmt viel nötiger. — Ich glaube, der Herrgott ist über solche Menschen froh, selbst wenn sie ihn nicht kennen.

Zur Schatzinsel

Von der wundersamen Welt der Südsee habe ich Euch ja nun schon allerlei erzählt, aber noch nichts von unserer Weltreise! Reich an schönen Erlebnissen waren die zwei Jahre und unvergeßlich. Im Sommer 1937 starteten wir von Stettin aus, überquerten den Atlantik, und fuhren dann durch den Panama-Kanal in den Großen Ozean.
Früher mußten wir armen Seeleute das stürmische Kap Horn und Südamerika umschiffen, wenn wir vom Atlantischen Ozean in den Großen Ozean gelangen wollten. Der Weg ums Kap war immer ein Spiel mit dem Tode. Dort türmen sich auf dem Meeresgrund die untergegangenen Schiffe aller seefahrenden Nationen. Wer je mit einem Segelschiff um diese sturmumtoste Ecke gefahren ist, der hat ein großes Examen bestanden.
Schon im 16. Jahrhundert beschäftigten sich die Gelehrten damit, wie man die Landenge von Panama durchschneiden könnte. Andere aber hielten allein schon den Gedanken an einen Eingriff in die göttliche Ordnung für fluchwürdig, und Philipp der Zweite verbot bei Todesstrafe alle solchen Pläne. Jahrhunderte später war 1914 dennoch unter riesigen Opfern an Menschen der Kanal fertiggestellt, der zwei Ozeane miteinander verbindet. Heute sind die Schiffe nach einer Fahrt von nur wenigen Stunden in einer anderen Welt. Weit dehnt sich der Große Ozean. Aber es gibt genug für das Auge zu schauen!

Das Meer blitzt und funkelt in tausend Farben, fliegende Fische werfen sich für Minuten über den Wasserspiegel und ihre Leiber schimmern in der Sonne. Die Delphine schwimmen in ganzen Schulen dicht am Schiff entlang und benehmen sich derart übermütig und vergnügt, als ob sie wirklich gerade einen großartigen Klassenausflug machten. Ab und zu zerschneidet die Rückenfinne eines Hais das Wasser. Die Luft flimmert vor Wärme und der Himmel ist blau und wolkenlos.

Panama liegt hinter uns — und nach fünftägiger Fahrt taucht aus der Ferne wie ein grüner Diamant die einsame Kokosinsel auf. Sie ist dicht bewachsen mit Bäumen und undurchdringlichem Buschwerk. Die schöne Kokospalme ist nicht mehr in solchen Mengen wie früher da. Man trieb einen ziemlichen Raubbau und fällte die hohen Bäume oftmals nur, um eine leichtere Ernte zu haben. Die Feinschmecker gelüstete es aber nach dem Herz der Palme, das einen unbeschreiblich guten Geschmack hat und wie Salat zubereitet wird. Für diese Delikatesse aber muß jedesmal ein schöner Baum sein Leben lassen. Heute ist das Fällen der Palme verboten.

Die Kokosinsel ist von magischer Anziehungskraft, denn hier sind mit Sicherheit drei Schätze verborgen. Der bekannteste ist der Schatz der peruanischen Hauptstadt Lima. Als die Spanier um die Mitte des 16. Jahrhunderts in das Reich der Inkas kamen, sahen sie überrascht, daß die hochgewachsenen edlen Ureinwohner Schmuck aus echtem Golde trugen. Mordend und raubend zogen sie nun durch das Land der Inkas und rissen die Herrschaft an sich. Sie verfolgten die Ureinwohner bis in die zerklüfteten Felswüsten der Anden und forschten dort nach den Quellen des sagenhaften Reichtums.

So fiel das mächtige Reich der Inkas der Habgier der Eroberer zum Opfer. Damit kam Spanien in den Besitz eines Landes von unermeßlichen Reichtum an Bodenschätzen. Die Flüsse führen Gold, die Berge sind von Goldadern durchzogen und groß ist auch die Ausbeute an Silber und herrlichsten Smaragden. Lima, die Hauptstadt von Peru, wurde ein Sammelpunkt des Reichtums. Vergessen war die blutige Eroberungsgeschichte, und das bohrende Gewissen wurde mit großen Gaben an die katholische Kirche beruhigt.

In der prachtvollen Kathedrale stand vor dem Hochaltar die überlebensgroße Figur der Madonna mit dem Jesuskind. Beide aus purem

Golde. In den Gewölben häufte sich ein unvorstellbarer Schatz an Gold, Silber, Smaragden und anderen Kleinodien.
Als im Jahre 1821 politische Wirren das Land beunruhigten und Lima von Bolivar, dem Befreier, bedroht wurde, beschlossen Bürgerschaft und Geistlichkeit, die wertvollen Schätze vor der Plünderung durch den Feind zu bewahren. Man vertraute sie einem englischen Kapitän, namens Thompson, an. Er schwor einen heiligen Eid, die Schätze in Sicherheit zu bringen. Als jedoch sein Schiff bis zur Grenze der Tragfähigkeit mit Gold und Kleinodien beladen war, erwachte in ihm das alte Seeräuberblut. Vergessen war die Zeit von über fünfzehn ruhigen Jahren, die er als friedlicher Bürger auf dem Festland verbracht hatte. Hier bot sich ihm die große Chance seines Lebens!
Auf hoher See ermordeten er und seine Kumpanen die Vertreter der Kirche, die den Schatz begleiten sollten. Die Leichen wurden über Bord geworfen, und für kurze Zeit rötete sich das Meer vom Blut der Unschuldigen. Dann nahm Kapitän Thompson Kurs auf die Kokosinsel. Als altem Seeräuber war ihm bekannt, daß sich dieses verlassene Eiland zum Verbergen eines Schatzes besonders eignete. Ein anderer vor ihm hatte einst mit seiner Beute das gleiche getan, wovon er wußte. –
Kiste für Kiste schleppten die Räuber von Bord und brachten sie in eine große Höhle. Zum Schluß trugen sie die goldenen Heiligenfiguren herbei und verbargen sie am Eingang. Vor diesen rollten sie einen gewaltigen Felsblock. Dann verwischten sie alle Spuren ihrer dunklen Tat.
Doch dieser Raub sollte Thompson mit seiner Mannschaft keinen Segen bringen. Sie wurden auf hoher See von einem anderen Schiff überfallen. Die Sieger wurden mißtrauisch, als sie die Taschen ihrer Gefangenen untersuchten und darin Gold und Edelsteine fanden. Die Folterung brachte alles an den Tag, und wieder ging es zurück zur Kokosinsel, wo die Gefangenen den Ort des Schatzes zeigen sollten. Es gelang ihnen, zu entkommen, und der Urwald verschluckte sie. Bald gab man die nutzlose Suche nach den Verschwundenen auf. Der fremde Segler fuhr wieder fort.
Durch Zufall kam nach einiger Zeit ein anderes Schiff zur Kokosinsel und nahm einen einzigen Überlebenden zurück in die Zivilisation. Der hütete sich wohl, das kostbare Geheimnis zu verraten.

Er hatte sogar einen Plan bei sich, mit dessen Hilfe er später den Schatz heben wollte. Aber auch ihm war das Glück nicht hold. Krank geworden, fristete er in tiefer Armut die restlichen Jahre seines Lebens. Auf dem Totenbett vermachte er den Plan seinem einzigen Freund. — Ob es so gewesen ist, läßt sich heute nicht mehr mit Sicherheit feststellen. Immerhin geistert dieser Plan in den Köpfen vieler eifriger Schatzsucher. Ein solcher berichtete, nach dem Originalplan auf die Suche gegangen zu sein. Trotzdem hatte er kein Glück; doch die Optimisten sterben nicht aus.
So ein strahlender Optimist war auch meine Ingeborg, als wir uns der grünen Insel näherten. Hunderte von Expeditionen hatten hier ihr Heil bereits versucht, mancher war dabei völlig verarmt oder sterbenskrank geworden. Nun sollte es ausgerechnet mir gelingen? Aber der Glaube Ingeborgs an die übernatürlichen Kräfte ihres Phylax hat sich noch nie erschüttern lassen.
„Felix, wenn einer den Schatz findet, dann bist du es!" rief sie überzeugt.
Zu weiteren Äußerungen dieser Art kam sie jedoch vorerst nicht mehr. Tausende und aber Tausende von Vögeln flogen uns entgegen. In Sekunden waren unsere Rahen, Taue und Stagen von Vögeln besetzt. Sie kannten überhaupt keine Scheu und entwickelten sich zu einer fürchterlichen Plage. In kürzester Zeit hatte der Vogelmist unser sauberes Deck in eine stinkende Schlitterbahn verwandelt, die man nur mit festen Schuhen durchqueren konnte. Wir mußten die Tropenhelme aufsetzen, um uns nur einigermaßen vor den Geschenken unserer geflügelten Gäste zu schützen. Bei einem solchen Reichtum an Vögeln ist es kein Wunder, daß auch heute noch der Vogelmist regelrecht geerntet wird. Die Guano-Schicht bedeckte einst den Boden mancher Inseln meterhoch und liefert ein sehr begehrtes, kostbares Düngemittel. Hart und schwer ist die Arbeit, und darum gab es dabei in früheren Zeiten häufig Aufstände und Meutereien.
Wir ankerten in einer kleinen Bucht. Hier wimmelte das Meer von Haien. Eine solche Anhäufung dieser Bestien habe ich selten gesehen. Ein gewöhnliches Angelgerät anzuwenden war absolut sinnlos. Ja, überhaupt einen Fisch an Bord zu bekommen. Kaum saß einer fest, so wurde er stückweise vom Haken gerissen. Das wirbelte nur so von Haien und anderen Fischen. Ein grauenhafter Anblick!

Ingeborg hatte es eilig, an Land zu kommen. Sie wollte sich unverzüglich auf die Schatzsuche machen. Verfallene Gebäude, verrostete Hacken und Beile und zersprengtes Gestein verrieten uns den Eifer früherer Expeditionen. Die Sonne brannte mitleidslos vom Himmel, und die Insekten entwickelten sich zu einer wahren Höllenplage. Durch sehr häufigen Regenfall ist der tonige Boden aufgeweicht und teilweise so sumpfig, daß wir nur langsam vorankamen. Die Vögel beobachteten neugierig unser Tun. Die haben sicher über uns gelacht! Ingeborg erinnerte mich an einen Storch im Salat, als sie immer wieder ihre Stiefel mühsam aus dem Morast heraushob. Außerdem schlug sie beständig wie eine Wilde um sich. Wir anderen machten es aber genauso, denn sonst hätten uns die Insekten bestimmt totgebissen.
Nach langem Marsch standen wir schließlich klopfenden Herzens vor einem großen Stein, der so aussah, als ob er die Eingangspforte zur Schatzhöhle sein könnte. Unter Strömen von Schweiß befreiten wir ihn von Moos und Schlingpflanzen. War da nicht eine Kerbe? Zufall? Absicht? Ich bohrte mein Messer hinein, drehte es um, knacks, weg war die Klinge. Noch zwei tiefe Kerben fanden wir in dem Stein. Waren sie von Menschenhand hineingeritzt? Wir klopften und schlugen auf dem Ding herum. Wegrücken war ganz unmöglich. Die Piraten hatten unfreundlicherweise eine Türklinke vergessen und ein „Sesam, öffne dich" war das Trumm auch nicht.
Da standen wir nun bei über vierzig Grad Hitze, und der Schweiß rann in Strömen. An allen möglichen und unmöglichen Stellen wurden wir von den Insekten angebissen und wehrten uns ohne sichtbaren Erfolg. Zu allem Übel stand auch nicht fest, ob wir überhaupt an der richtigen Stelle waren! Die Kokosinsel ist bergig, es gibt sehr viele Steine und unzählige Felsen. Dazu kommt, daß man sich stellenweise jeden Schritt mit dem Buschmesser erkämpfen muß. Das hohe Farnkraut und eine Fülle zäher Schlingpflanzen wehren sich zäh gegen jeden Eindringling.
Selbst die zu Anfang so übereifrige Ingeborg sah endlich ein, daß die ganze Sucherei sinnlos war und interessierte sich nur noch für die romantische Seite unserer Expedition. Ein Mann hat auf der Kokosinsel über zwanzig Jahre seines Lebens zugebracht, immerzu gesucht und nichts gefunden! Schluchten und Berge, Urwald und Busch, ja selbst das Meer verwehren den Zugang zu Höhlen von

unbekannter Größe und geheimnisvoller Tiefe. Wahrscheinlich wird es nie gelingen, die goldenen Statuen der Madonna und des Kindes, die Kisten mit Kleinodien je wieder aufzufinden. – Mehrfach habe ich auch von einem seltsamen Gerücht gehört. Die Inkas und ihre mächtigen Götter bewachen diesen Schatz; das Volk, das ausgerottet wurde, nur weil es so reich war. Das ist nur ein Gerücht, aber die Insel hat wirklich etwas sehr Merkwürdiges, sie ist tatsächlich ein wenig unheimlich. Wie ein Mensch dort zwanzig Jahre leben konnte, ist mir unvorstellbar. Ich hätte bestimmt Angst bekommen!

Trotz allem empfand ich die Schönheit der stillen, grünen Insel wie ein Geschenk. Sie übt nicht nur wegen ihrer düsteren Geschichte einen solchen Reiz aus. Sie ist wirklich schön, so schön, daß ich gerne wieder einmal dorthin zurückkehren würde.

Diesen Wunsch äußerte ich einmal etwas zu laut. Selbstverständlich erzählte ich auch von meiner Schatzsuche. Die Reporter schmückten meine Erzählungen aus, mit dem Erfolg, daß eine etwas zu spannende Geschichte entstand. Es wurde sogar behauptet, ich hätte den genauen Lageplan auf dem rechten Oberschenkel eintätowiert. Ich wäre fest entschlossen, zu der Kokosinsel zurückzukehren, den Schatz zu heben und als Milliardär mein Leben zu beschließen. Selbstverständlich würde ich mich aber schön hüten, irgend jemandem zu sagen, daß ich den Schatz gefunden hätte.

Die Regierung von Costa Rica, der die Insel gehört, bekam davon Wind, und ich mußte die wilden Gerüchte energisch dementieren. Aber man hat doch Angst bekommen. Als der Meeresforscher Dr. Hass auf seiner „Xarifa"-Expedition in dieser Gegend tauchte, wurde ihm die Genehmigung dazu nur unter der Bedingung erteilt, daß er nicht auch nach dem Schatz suchte. Vermutet man ihn jetzt gar schon unter Wasser? Möglich ist in den Tropen freilich alles.

Eines haben die habgierigen Seeräuber unserer Welt hinterlassen: Ein Stück echter Romantik. Noch in hundert Jahren werden Jungensherzen höher schlagen, wenn von dem großen Schatz auf der Kokosinsel gesprochen wird. Sie werden Pläne schmieden, und jeder einzelne wird glauben, daß ihm das Unwahrscheinliche gelingen wird.

Als ich zum Aufbruch mahnte, war Ingeborg völlig meiner Ansicht. Klein geworden und zu ihrer angeborenen Bescheidenheit zurückgekehrt, war sie selig über unsere Beute an Kokosnüssen, die wir sackweise an Bord trugen. Einer meiner Leute schlich sich schnell noch mit dem Beil auf die Jagd nach wilden Schweinen. Diana war ihm hold, und er brachte nach einiger Zeit tatsächlich zwei dieser lieben Tierchen an. Wie er das gemacht hat, ist mir heute noch ein Rätsel, aber diese altertümliche Jagdmethode hatte sich immerhin bewährt, und der erfolgreiche Nimrod wurde beglückwünscht.

Bevor ich die Insel verließ, sah ich mir nochmals die gewaltigen Felsen an der Küste an. Dort fand ich in den Stein gehauen die Namen vieler Schiffe und entdeckte auch verschiedene Jahreszahlen. Schon 1840 war einer zur Schatzsuche auf die Insel gekommen! Da eine Visitenkarte dieser Art die Zeit zu überdauern scheint, haute auch ich meinen Namen in den Felsen ein, um damit allen zu verraten, daß auch der Seeteufel einst auf der schönen Kokosinsel war.

*

Mancher wird sich nun fragen, wie es möglich ist, daß man auf einer kleinen Insel nicht einen verborgenen Schatz auffinden kann. Vor allem, wenn er so sicher vorhanden ist, wie in diesem Falle. — Erst einmal ist auch eine kleine Insel auf einmal riesig groß, wenn es darum geht, dort etwas zu suchen. Zweitens helfen selbst die besten Pläne und Skizzen häufig nicht, um einen verborgenen Schatz wieder aufzufinden. In den heißen Zonen verändert die üppige Natur von Jahr zu Jahr in überraschender Weise das Gesamtbild der Landschaft. Flüsse werden breiter, trocknen vielleicht aus oder versanden. Urwaldriesen hat ein Orkan gefällt und neue Bäume sind inzwischen gewachsen. Eine einstmals weite Lichtung hat dem Dschungel weichen müssen. Felsbrocken verschwinden unter einem Gewirr von Lianen und Farnen. —

Wenn die Natur beschließt, ein Geheimnis noch besser zu tarnen als Menschenhände es können, dann ist auch der beste Plan wertlos. Dies allen zur Warnung, die in den Tropen vielleicht mal einen Schatz vergraben wollen. Es kann ihnen leicht passieren, daß er dann für immer verloren ist.

Das Ende der Welt

Einige Tagesreisen von der Kokosinsel entfernt ragen aus dem Meer die Galapagos-Inseln. Sie verdanken ihren Ursprung gewaltigen Vulkanen und sind seltsam in jeder Beziehung. Sie werden deshalb die verwunschenen Inseln genannt, und viele sagen sogar, dort sei das Ende der Welt. –

Die Inselgruppe wird direkt vom Äquator durchschnitten, und gerade deshalb ist schon die dort herrschende Temperatur eine einzige große Überraschung. Es herrscht nicht die drückende tropische Schwüle, und auch das Wasser ist nicht so warm wie sonst in tropischen Gewässern. Hier strömt der kalte Humboldtstrom durch den Stillen Ozean. Er schafft so merkwürdige Verhältnisse, daß man auf der einen Insel Seelöwen und sogar Pinguine sieht, auf der anderen aber ausgesprochene Vertreter der Tierwelt heißer Zonen.

Beim Anblick der Galapagos-Inseln ergriff mich ein ganz eigenartiges Gefühl. Das will schon was heißen, wenn man so viel von der Welt kennt wie ich! Die kahlen Küstenstriche mit ihrem rauhen, schwarzgrauen Lavaboden machten einen sehr düsteren und trostlosen Eindruck. Doch in gewissen Höhen entwickelt sich auch dort eine üppige Vegetation, und nach der Regenzeit sind die Inseln besonders grün und schön. Nicht auf allen Inseln der Galapagos-Gruppe gibt es Süßwasser, und auf einigen ist es an für Menschen unzugänglichen Stellen verborgen. Das mag mit einer der Gründe sein, warum die Inseln so gut wie unbewohnt sind. In früheren Zeiten hatten Seeräuber und Piraten dort ihre geheimen Treffpunkte und Schlupfwinkel. Sie setzten auch Schweine, Rinder und Ziegen aus. Die Tiere vermehrten sich wunschgemäß, und so konnten die wilden Gesellen bei ihren Aufenthalten mit leckerer Jagdbeute rechnen. So manches Mal haben wohl die Seeräuber sich dort versammelt, ein fettes Rind gebraten und beim Scheine des flackernden Lagerfeuers ihre wertvolle Beute an Gold und anderen Kostbarkeiten geteilt.

Auch die Walfänger machten dort gern eine kleine Rast und gingen auf die Jagd. Hinter einem bestimmten Tier waren sie besonders her. Die Galapagos wurden bis vor wenigen Jahrzehnten von gewaltigen Riesenschildkröten bevölkert. Diese Tiere sind meistens weit über einen Zentner schwer und haben ein ungemein zartes und wohlschmeckendes Fleisch. Vor allem aber sind sie von geradezu unwahrscheinlicher Lebensdauer. Nur einem ganz besonders glücklichen Zufall habe ich es zu verdanken, daß ich noch eines dieser Fabelwesen zu Gesicht bekam. Ich sah, wie es sich langsam durch einen Kakteenwald seinen Weg zur Quelle bahnte. Heute sind die Schildkröten so gut wie ausgerottet. Daran sind in der Hauptsache die Walfänger Schuld. Sie fingen die Tiere gleich zu Hunderten ein, um auf ihren langen Reisen einen Vorrat an Frischfleisch zu haben. Ohne jede Nahrung und ohne einen Tropfen Wasser lebten die Tiere über ein Jahr lang im dunklen Lagerraum des Walfangschiffes. Ein Kapitän jener Zeit berichtet in seinen Aufzeichnungen, daß die Schildkröten mit jedem Monat noch an Geschmack gewannen und wesentlich dazu beitrugen, daß seine Mannschaft nicht aus Mangel an Frischfleisch erkrankte.

Nur deshalb liefen die Walfänger immer zuerst die Galapagos an und versorgten sich mit dieser Delikatesse, die zudem den Vorteil hatte, immer frisch zu bleiben. Damit war allerdings über die Galapagos-Schildkröten das Todesurteil gesprochen.

Doch eine andere, sehr merkwürdige Tierart sahen wir in großen Mengen. Es ist der Leguan, eine Eidechsenart, die bis zu einem Meter lang wird. Die grauen Tiere mit ihrer hornigen Haut, dem langen, starken Schwanz und den kleinen hervortretenden Augen sehen geradezu furchterregend aus. Als wir sie zuerst sahen, versank das ganze zwanzigste Jahrhundert, und wir fanden uns im Drachenzeitalter wieder. Ich bin an einige dieser vorsintflutlich aussehenden Ungeheuer ganz dicht herangegangen. Sie dachten nicht daran, sich zu rühren. Sie sind nicht nur völlig ungefährlich, sondern haben auch nicht die geringste Scheu vor den Menschen. Trotzdem muß man sich in ihrer Nähe mächtig vorsehen, denn sie spukken schnell und ihre Treffsicherheit dabei ist nur zu bewundern.

Was die Eigenart dieser zerklüfteten Inseln noch erhöht, ist die Tatsache, daß nicht nur der Leguan, sondern auch alle anderen Tiere keine Scheu und Angst vor dem Menschen haben. Dadurch hatten wir die beste Gelegenheit, sie besonders gut zu beobachten. Stundenlang saß ich am Strand und sah den Seelöwen bei ihren Spielen zu. Ich hütete mich nur, den Bullen zu nahe zu kommen, die eifersüchtig darüber wachten, daß ihrem Harem ja kein Haar gekrümmt wurde. Die Weibchen und Jungen stießen sich aber gar nicht an meiner Gegenwart. Sie waren sehr zutraulich, kamen neugierig dicht an mich heran, schauten mich mit ihren kugelrunden, braunen Augen an, als wollten sie fragen: „Sag mal, wer bist du denn eigentlich?" Sie tobten und kullerten in der Sonne herum, schubsten sich und benahmen sich so drollig wie kleine Kinder.

Besonders berührte mich auch die Zutraulichkeit der Vögel, von denen ich einige auffallend merkwürdige Arten sah. Ein pechrabenschwarzer Kerl mit feuerrotem Schnabel setzte sich immer auf einen meiner Schuhe und bearbeitete den Lederbesatz. Wenn ich einen Schritt weiterging, flog er wohl auf, wartete aber nur den Moment ab, wo ich wieder stand, um sich darauf wieder niederzulassen. Er verschwand erst, als ihn nach einem Schmetterling gelüstete und schwirrte dem Zitronenfalter hastig nach.

An einer Stelle des Strandes sahen wir zauberhaft schöne Muscheln, bei deren Anblick meine Ingeborg, wie üblich, vom Sammelfieber überfallen wurde. Für die nächste Zeit war sie nicht mehr ansprechbar. Bei dieser ausgeprägten Leidenschaft meiner Ingeborg mußte man wirklich eine eigene Jacht haben.

Ich denke mit Entsetzen an meine Reise nach Spanien im Jahre 1954. Mein treuer Fahrer Georg rang die Hände über dem Kopf, als Ingeborg immer wieder mit Muscheln ankam und mit unschuldigem Augenaufschlag meinte, daß man die „paar" Muscheln doch ganz bestimmt noch unterbringen könnte! Sie glaubt auch heute noch felsenfest daran, daß ein Auto das gleiche Fassungsvermögen besitzt wie ein Schiff. Sie eines Besseren belehren zu wollen, hieße versuchen, einen Stein einen Berg heraufkullern zu wollen. Ich glaube, sie würde sich auch eher einer Abmagerungskur unterziehen, als auf die Mitnahme ihrer heißgeliebten Muscheln zu verzichten!

Damals machte mir Platzmangel oder Überlastung noch keine Sorgen. Ich beobachtete stillvergnügt, wie Ingeborg schwitzend und schnaubend den Strand absuchte. Schließlich kam sie völlig erschöpft mit ein paar ganz bezaubernd schönen Muscheln an und freute sich darüber wie ein Schneekönig.

Ich selbst versuchte bei jeder Gelegenheit, die Haie auszurotten. Ein nutzloses Unterfangen! Manchen Tag fing ich bis zu zwanzig dieser Bestien. Eines Tages hievten wir einen riesigen Menschenhai empor von geradezu abschreckender Häßlichkeit. Die Bestie hatte vierundvierzig lebende Junge im Leib! Die mörderische Wut auf diese entsetzliche Plage der Meere können wohl nur Seeleute richtig verstehen, – und auch die Australier. Jedes Jahr fallen dort viele Menschen in den Küstengewässern diesem verwünschten Mörder zum Opfer.

Auf einer der Galapagos-Inseln wollten wir einen Besuch machen. Ich wußte schon seit langem, daß auf Floreana eine deutsche Familie wohnt. Vor Jahren ist der Name Floreana in aller Munde gewesen. Dr. Ritter, ein deutscher Zahnarzt, hatte sich mit seiner hübschen Lebensgefährtin dorthin zurückgezogen. Der Mann schwor auf die Philosophie und wollte anscheinend danach leben. Geraume Zeit war das auch wunderschön, bis eine österreichische Baronin gleich mit drei Männern erschien und ebenfalls beschloß, auf der kleinen Insel glücklich zu werden.

Damit hatte der Frieden auf Floreana sein Ende. Dr. Ritter hatte regelmäßig große Berichte nach Amerika geschickt, in denen er mit glühenden Farben von seinem Inselparadies schrieb. Die Zeitungen griffen das Thema mit Begeisterung auf und veröffentlichten lange Artikel über das seltsame Liebespaar am Ende der Welt, mit dem Erfolg, daß die Besitzer von Privatjachten ab und zu dort auftauchten, Dr. Ritter und seine Lebensgefährtin besuchten und den „Zweisiedlern" allerlei nützliche Gastgeschenke mitbrachten.

Die Baronin begann natürlich auch mit dem Schreiben. Von nun an wurde auch sie besucht und mit Geschenken, mit Konserven und anderen dort nicht „handelsüblichen" Dingen erfreut. Dadurch entwickelte sich zwischen den beiden Gruppen ein Kampf um den größeren Erfolg. Neid entstand und schließlich tödlicher Haß.

Dr. Ritters Eva bekam allmählich das Inselleben satt und wollte sich von dannen stehlen. Immer aber, wenn ein Schiff kam, versteckte der Gefährte ungalanterweise ihre Kleider und das künstliche Gebiß. Schließlich verschwand die Baronin zuerst mit ihren Begleitern, und Dr. Ritter starb an einer geheimnisvollen Fleischvergiftung, obgleich er Vegetarier war. Seine Lebensgefährtin kehrte danach in die Zivilisation zurück, als einzige von fünf Menschen. Von dem Schicksal der anderen weiß man bis heute nichts. Die große Sensation wurde von anderen Sensationen abgelöst, und bald sprach niemand mehr von dem unseligen Ende einer Geschichte, die so romantisch begann.

Den Ausgang der Tragödie hatten die Wittmers als Neu-Ansiedler noch miterlebt. Zwar nur aus der Ferne, aber dennoch mochten sie vielleicht Genaueres von den geheimnisvollen Vorgängen wissen, die sich damals abgespielt hatten. Sie waren nun schon lange die einzigen Bewohner der Insel, wir hatten schon einiges von ihnen gehört und waren sehr gespannt, sie persönlich kennenzulernen. Wie sehen Menschen aus, die freiwillig bis ans Ende der Welt ziehen?

Es war gerade die Fangzeit, und so trafen wir an der Küste einige Fischer. Sie wiesen uns den Weg zu Wittmers und liehen uns auch einige zahme Esel. Als geübte Reiterin schwang sich Ingeborg sofort auf den Rücken eines der Tiere. Ich selbst zog es vor, zu Fuß zu gehen. Schon eine alte Seemannsweisheit verrät, daß solche Vierbeiner Tiere sind, die dem Menschen nach dem Leben trachten. — Es war ein schöner, nicht zu heißer Tag, wir setzten uns in Marsch und zogen gemächlich hügelan.

Nach einiger Zeit hielt Ingeborg plötzlich an und rief überrascht: „Schau doch bloß mal, Phylax!"

Vor uns, in nicht allzu weiter Entfernung fing eine Plantage an, die sich terrassenförmig bis auf eine Anhöhe erstreckte, auf deren Spitze ein hübsches kleines Häuschen stand. Vom Schornstein stieg ein dünner Rauchfaden steil in den blauen Himmel. Es sah genau so aus wie in Deutschland, hier, viele tausend Meilen von der Heimat entfernt! Je weiter wir kamen, desto verblüffter wurden wir. Jetzt sahen wir, daß es durchaus nicht nur Blumen waren, die da wuchsen, sondern vor allen Dingen Gemüse, Kaffee, Salate, Bataten, Kräuter, ja sogar Zucker. Bei der großen Ausdehnung dieser musterhaft gepflegten Anlage bekamen wir bereits mächtige Hochachtung vor den Leuten, denen unser Besuch galt.

Und schon kam uns auf dem schmalen Pfad Herr Wittmer mit seiner Familie entgegen. Sie freuten sich sehr, daß der Seeteufel den Weg zu ihnen gefunden hatte. Ihr fester Händedruck verriet bereits, wieviel Arbeit in ihrem Leben lag. Anders wäre es auch nicht möglich gewesen, der Wildnis eine so mustergültige und schöne Plantage abzutrotzen. Mit berechtigtem Stolz führten uns Wittmers in ihr kleines Haus, das sie selbstverständlich ganz allein gebaut hatten. Jeder Tisch, jeder Stuhl, jedes Regal war selbst gezimmert. Der solide Herd hätte bestimmt jedem gelernten Töpfer zur Ehre gereicht. Wir sahen uns noch erstaunt und bewundernd um in der kleinen Behausung, als wir plötzlich ein fröhliches Schreien hörten. Wittmers hatten vor einiger Zeit Familienzuwachs bekommen.

Ingeborg war hell begeistert von dem lieben Kindchen, das uns so fröhlich willkommen hieß. Ohne jede Hilfe von Arzt oder Hebamme hatte das kleine Wesen auf Floreana das Licht der Welt erblickt. Sofort fragte Ingeborg, ob irgend etwas gebraucht würde. Die junge Mutter war selig, als sie ein paar große, weiche Flanelltücher bekam.

Ich selbst gab, was ich auf meiner Jacht entbehren konnte, vor allem die Farbe für den dringend notwendigen neuen Anstrich des Hauses. Weltabgeschieden, ohne die Möglichkeiten schnell zum Kaufmann um die Ecke zu gehen, waren die guten Leute über alles, was wir ihnen gaben, hoch beglückt. Ganz besonders große Freude lösten die mitgebrachten Bücher und Zeitschriften aus.

Mit besonderer Andacht tranken wir dann den uns freundlich angebotenen Kaffee. Die Frau, die ihn uns einschenkte, hatte ihn ja selber gepflanzt, unter großen Mühen gegossen und gepflegt, schließlich geerntet und dann geröstet. Ingeborg wurde richtig ehrfürchtig und verwandelte sich von einer Kaffeeschwester zur andachtsvollen Priesterin. Sie bewunderte die junge Frau Wittmer, die in wenigen Jahren gelernt hatte, was andere in ihrem ganzen Leben nicht zustande bringen. Wittmers erzählten von den ersten Jahren des neuen Lebens, von den unbeschreiblichen Schwierigkeiten, die gemeistert werden mußten, wo jeden Tag neue Probleme auftauchten, die ohne fremde Hilfe gelöst werden mußten. Hier saßen wir mit deutschen Pionieren zusammen, auf die Deutschland stolz sein kann. Aus dem Nichts hatten sie eine Heimat geschaffen.

Die unheimliche Zeit auf der Insel, als zwischen Dr. Ritter und der österreichischen Baronin ein so bitterer Kampf herrschte, lag längst zurück. Wittmers Erzählungen waren frei von Sensationslust und Übertreibungen, aber wir spürten doch, daß jener Streit den neu dazugekommenen Inselbewohnern damals recht zu schaffen machte. In der Todesstunde von Dr. Ritter war Herr Wittmer bei ihm. Er

erzählte auch von dem fürchterlichen Haß des Sterbenden auf seine Lebensgefährtin. Wo war die große Liebe geblieben?
Sensationen gibt es auf Floreana nicht mehr. Die Tage sind mit Arbeit ausgefüllt und gewähren den Wittmers ein bescheidenes, aber sicheres Glück. Natürlich gehen auch jetzt ab und zu amerikanische Jachten vor Anker. Es hat sich 'rumgesprochen, wie tüchtig und nett die Deutschen auf dieser Insel sind. Die junge Frau hatte sich einige Schallplatten erbeten, die ich leider nicht an Bord hatte. Doch ich übermittelte diesen bescheidenen Wunsch bei nächster Gelegenheit meinem Freunde Gene McDonald, dem Besitzer eines großen Radiowerkes in Chicago. Er würde schon helfen und auch herausfinden, wann wieder einmal eine Jacht Kurs auf die Galapagos-Inseln nahm. Nach gar nicht langer Zeit wurde eine große Sendung Schallplatten auf Floreana abgeliefert, und Wittmers hatten ihre Musik.
Von Zeit zu Zeit höre ich von amerikanischen Freunden wie es den Wittmers geht. Tief erschüttert las ich die Nachricht, daß sie ihren ältesten Sohn verloren hatten. Er war vom Fischfang nicht zurückgekehrt. Das schrieb mir Frau Wittmer selber. Wenn die ganze Einwohnerzahl einer Insel aus fünf Personen besteht, schmerzt es doppelt tief, wenn einer für immer fehlt. Es ist nicht möglich, daß ein anderer versucht, die Lücke mit der Zeit zu schließen. Es ist kein anderer da! — Damals ahnte noch niemand, daß der große kräftige Junge so früh würde sterben müssen. Das Leben auf Floreana ist schwer und hart, aber als ich Wittmers fragte, ob sie für immer auf der Insel bleiben wollten, sagten beide wie aus einem Munde:
„Ja, das wollen wir."
Auf meinem Rückweg stoppte ich bei der Post Office Bay. Das ist weder ein Postkasten noch ein Büro. Nur ein Holzpfahl mit einer Tonne darauf. Hier werfen die wenigen Ansiedler der Inselgruppe ihre Post ein, genau wie die Walfänger. Jeder, der vorbeikommt, hat die moralische Verpflichtung, die Post mitzunehmen an einen Platz, von wo aus sie regulär weiterbefördert werden kann.
Noch einmal kreuzten wir zwischen den merkwürdigen Inseln. Hier sahen wir eine Gruppe zauberhafter Flamingos, dort an den schwarzen Felsen leuchteten die roten Panzer der Galapagos-Krab-

ben. Die Seelöwen sonnten sich behaglich auf den glänzenden Felsen. Regungslos saß auf einer Klippe, wie ein Monument aus Stein, ein großer Leguan.
Noch eine Weile schrien die Möwen hoch über unseren Köpfen ein schrilles Abschiedslied. Wir standen an der Reling und sahen die Inselgruppe am Ende der Welt langsam im Meer versinken.

Das Schloßgespenst

Dieser Geschichte muß ich voranschicken, daß ich den Ort der Handlung sowie auch die Person meines Freundes mit größter Sorgfalt verändert habe. Wenn trotzdem irgendwelche scheinbare Ähnlichkeit mit dem wirklichen Ereignis gefunden werden sollte, so ist das bestimmt reiner Zufall, und ich lehne schon jetzt jede Verantwortung dafür ab. Ich muß mich nämlich vor dem Zorn meines Freundes schützen, der mir trotz dreißigjähriger Freundschaft diesen Streich sicher nicht verzeihen würde. Aber es brennt mir schon lange auf der Seele, das bisher sorgsam gehütete Geheimnis preiszugeben. Ich finde es auch heute noch so komisch!
Mein Freund Heinrich war ein reicher Mann mit einem herrlichen Besitz. Ich war sehr oft bei ihm zu Gast, und dann gingen wir häufig auf die Jagd in seinem weiten Forst, wo so viel Wild stand, daß es jedes Jägerherz erfreute. Zu den schönsten Erinnerungen gehören auch die großen Festlichkeiten und Bälle auf seinem alten Schloß. Es lag auf einem kleinen Berg, umgeben von herrlichem Wald und schon von weitem grüßten die mächtigen Türme. Durch ein großes Portal kam man in den weiten Innenhof, wo schon ein Diener bereitstand, um den Gast in das Empfangszimmer zu geleiten.
Wenn Heinrich dann erschien, war es aber sofort mit allem Zeremoniell vorbei, und wir genossen unser Zusammensein wie es eben nur alte Freunde genießen können. Wohl stand ihm jedes Mittel zur Verfügung, seinen Gästen den Aufenthalt bei ihm denkbar schön zu machen, aber es war doch vor allem sein liebevolles Herz und seine strahlende Güte, die mich immer wieder dazu verlockten, meinen Besuch stets über die festgesetzte Zeit zu verlängern.

Und das freute ihn. Selten war ich der einzige Gast, und ich lernte bei ihm viele interessante Menschen kennen, die alle genau so gern zu Besuch kamen wie ich.

Er hing mit allen Fasern seines Herzens an seinem Besitz und wurde nicht müde, ihn von Jahr zu Jahr noch zu verschönen. Immer wenn ich kam, gingen wir zuerst einmal durch das ganze Schloß, und Heinrich zeigte mir alles, was sich inzwischen wieder verändert hatte. So eine Besichtigung dauerte stundenlang, aber es machte mir einen Heidenspaß. Ich weiß ja nicht viel von Barock und Empire, und wie die Stile alle heißen, aber das Schöne habe ich gerne. Heinrich hatte aber auch Kostbarkeiten, von denen ich etwas verstehe.

Seine Waffensammlung war geradezu grandios! Alte Schwerter und Degen, wunderbar beschlagene Pistolen, ja sogar eine richtige Armbrust, neben der ein wuchtiger Spanner lag. Prächtige Hirschfänger und blitzende Jagdmesser hingen an den Wänden. Ich glaube, jeder Museumsdirektor wäre bei diesem Anblick vor Neid erblaßt.

Bei der Spieluhrsammlung freute es mich vor allem, daß die Dinger richtig gingen. Manche spielten ganz bezaubernd hübsche Melodien und waren so klein, daß ich gar nicht verstehen konnte, wie da noch die Mechanik Platz hatte. Aufziehen durfte ich die Uhren allerdings nicht. Heinrich hatte vor meinen Pranken im Hinblick auf seine Raritäten eine gewisse Angst. Nicht unbegründet! – Ja, das ganze Schloß war angefüllt mit den schönsten alten Sachen.

Alt waren auch die Weine in seinem Keller!

Das Wohnzimmer war so groß, daß man gut und gerne ein lüttes Häuschen hinein hätte stellen können. Dort saßen wir oft zusammen, bis der Morgen graute. Es war immer eine lustige Gesellschaft, und dabei vergißt man die Zeit so gern. –

Heinrichs Spezialität war – und ist es auch heute noch – Gespenstergeschichten zu erzählen. Er selbst hatte zwar noch keines gesehen, aber die Überlieferung aus seiner Familie berichtete von zahlreichen Gespenstern auf den verschiedenen Gütern seiner weitläufigen Verwandtschaft. Besonders in Damengesellschaft erging er sich gern in der Erzählung furchterregender Gruselgeschichten. Man merkte direkt, daß den holden Weiblichkeiten ein Schauer nach dem anderen über den Rücken lief.

Sein Schloß war sehr alt, hatte viele lange Gänge, tiefe Fenster-

nischen, große Gewölbe, mächtige Treppentürme und sogar ein schauerliches Verlies. Ideale Voraussetzungen, die sich zwangsläufig mit der Vorstellung von Gespenstern verbinden.
Der Erfolg seiner spannenden Gruselgeschichten war jedesmal, daß die weiblichen Gäste ihre Türen fest verriegelten und außerdem noch Tische und Stühle davorschoben. Selbst meine tapfere Ingeborg entpuppte sich einmal als solch ein Hasenfuß! Nach einer besonders furchterregenden Gruselgeschichte bemühte sie sich nächtens vergeblich, eine schwere Truhe vor die Türe zu schieben. Mein freundlicher Hinweis, daß ich schließlich einmal Preisboxer gewesen wäre, beruhigte sie nicht im geringsten. Schieben helfen mußte ich!
Es nützte gar nichts, daß mein Freund immer wieder betonte, auf seinem Schloß habe bisher noch kein Geist sein Unwesen getrieben. Die entfesselte Phantasie seiner Gäste konnte nicht mehr gebremst werden. –
Im Laufe der Jahre stellte ich fest, daß Heinrich irgendwie in der tiefsten Tiefe seines Herzens zu bedauern schien, auf ängstliche Fragen nach dem Vorhandensein eines Geistes auf seinem Schloß mit einem „nein" antworten zu müssen. Irgendwie hing nach dem „nein" ein ganz kleines „leider" in der Luft. Das rührte mein Herz immer mehr!
Da hatte er nun so ein wunderbares altes Schloß und konnte mit einer Attraktion dieser Art nicht aufwarten, wo doch die Verwandtschaft auf ihren viel „jüngeren" Schlössern mit größter Selbstverständlichkeit von ihrem „Hausgespenst" zu reden pflegte!
Heinrich hatte trotz eifriger Forschung in vergilbten Dokumenten und Lebensbeschreibungen seiner vielen Ahnen nicht den geringsten Anhaltspunkt für ein Gespenst finden können. Seinen ausgeprägten Sinn für Vollkommenheit und Tradition schien dieser Mangel zu verletzen. Nur seine alte Tante mied das Schloß seit einiger Zeit. Bei ihrem letzten Besuch war ihr etwas Unheimliches passiert. Vermöge ihrer Leibesfülle schob sie sich stets von rückwärts in ein verschwiegenes Örtchen. Es war recht enge, wie es in alten Schlössern oftmals vorkommt. Gerade wollte sie sich gemächlich niederlassen, als sie einen kräftigen Schlag auf gerade die Stelle ihres Korpus erhielt, die man bei Kindern die Erziehungsfläche nennt. Ohne sich umzusehen, floh sie entsetzt von dannen. Das unheimliche Erlebnis erzählte sie nur der Schloßherrin. Das Klo-Gespenst war jedoch

nur ein Neffe des Hauses gewesen, der vergessen hatte, die Tür abzuschließen. Man wagte natürlich aus Gründen des Taktes nicht, die Dame darüber aufzuklären. Sie selbst schwieg auch aus begreiflichen Gründen über dieses mehr als unpassende Gespenst und suchte von nun an andere Schlösser der Verwandtschaft heim. Mit einem Gespenst war es also nichts. Ich überlegte schon geraume Zeit, wie man diesem Mangel abhelfen könnte.

Eines Abends saßen wir wieder einmal in dem großen Wohnzimmer und unterhielten uns über die Jagd. Wir waren ganz allein in der Halle, nur in unserer Ecke brannte eine Stehlampe, alles übrige war in geheimnisvolles Dämmerlicht getaucht. Ich saß auf dem Sofa mit dem Rücken zur Wand, Heinrich mir gegenüber in einem tiefen Sessel. Auf der Schmalseite des riesigen Raumes schimmerte golden und rot die Polstergarnitur vor dem Kamin. Der Diener kam lautlos herein, brachte eine Flasche Wein und wurde dann von seinem Herrn entlassen. Geräuschlos ging er über den dicken Teppich zur Tür, die in das Arbeitszimmer meines Freundes führte, schloß sie ab, wie es der Brauch anscheinend war, und hängte den Schlüssel an einen kleinen Haken daneben. Danach entfernte er sich mit einer würdevollen Verbeugung durch die gegenüberliegende Tür, die in den Gang hinaus führte.

Nun saßen wir allein vor unseren Gläsern und genossen das stille abendliche Beisammensein, immer noch eifrig mit unserem Lieblingsthema Jagd beschäftigt. Die mitternächtliche Stunde nahte, kein Laut war zu hören. Sicherlich waren wir die einzigen Lebewesen im Schloß, die noch nicht schliefen.

Die ganze Atmosphäre entzündete meine Phantasie. Heinrich beschrieb mir gerade in glühenden Farben die besonderen Vorzüge eines soeben errichteten Hochsitzes, als er sich unterbrach und sagte: „Wonach schaust du denn, Felix?"

Während ich seelenruhig meine Augen weiterschweifen ließ, als ob sie einen sich fortbewegenden Gegenstand verfolgten, antwortete ich gelassen: „Ach, nichts weiter. Ich wunderte mich nur einen Moment, daß der Diener gar so klein ist und einen Kutschermantel anhatte."

Schon bei meinen letzten Worten sprang Heinrich überrascht auf und sah sich um: „Welcher Diener, Felix?"

„Ruhig Blut, mein lieber Heinrich, warum regst du dich eigentlich

auf, daß der Diener durch die Gangtür kam, am Kamin vorbeiging und in deinem Arbeitszimmer verschwunden ist?"
Heinrich gab mir keine Antwort, er sprang zu besagter Tür, rüttelte daran, aber sie war, wie üblich, verschlossen. Der Schlüssel hing an der gewohnten Stelle. Dann raste er zur Gangtür, drehte alle Lichter an, schaute hinaus und kam kopfschüttelnd zurück: „Sag mir mal genau, Felix, was du gesehen hast."
Als ob ich das Ganze nicht recht verstünde, wiederholte ich es ausführlich und schaute im übrigen verwundert umher. Heinrich rief: „Zu dumm, daß ich mit dem Rücken zur Tür gesessen habe, nichts, rein gar nichts habe ich bemerkt!"
„Nein? — Merkwürdig!"
„Wirklich nicht. Mir ist bei unserem Gespräch lediglich aufgefallen, daß du plötzlich nicht mehr mich angesehen hast, sondern zum Kamin hinsahst und irgend etwas mit den Augen verfolgt hast."
„Eben dem Diener habe ich nachgesehen, weil er mir durch seinen komischen, altmodischen Kutschermantel auffiel. Weißt du, zu Hause hatte unser Kutscher genau so einen Mantel."
„Felix", sagte Heinrich und stand ganz verdutzt da, „ich glaube, hier spukt es! Ab zehn Uhr ist kein Diener mehr hier, wenn nicht gerade was Besonderes los ist. Wie spät ist es eigentlich?"
Er sah auf seine Armbanduhr.
Ich sagte gelassen: „Fünf Minuten nach Mitternacht."
Heinrich setzte sich wieder, nahm einen tiefen Schluck aus dem Glas, dann sah er mich prüfend an: „Sag mal, mein Bester, wieviel hast du eigentlich bis jetzt getrunken?"
„Aber Heinrich!" rief ich im Brustton tiefster Empörung, „wir haben zusammen noch keine zwei Flaschen Wein getrunken, davon bleibt ja selbst ein Kind nüchtern!"
Er nickte bestätigend und auf seinem Gesicht erschien ein Ausdruck tiefster Versonnenheit: „Also doch ein Gespenst!"
Ich legte ihm beruhigend die Hand auf den Arm: „Du wirst doch keine Angst vor Gespenstern haben, so 'n harmloser kleiner Mann!"
Er brauste auf: „Angst! Ich und Angst! Ich wundere mich ja nur, daß in den Jahrhunderten, die unser Schloß alt ist, bis jetzt noch niemals ein Gespenst gesehen worden ist. Ein denkwürdiger Tag! Ich muß mir das Datum merken!"

Mittlerweile war es ein Uhr geworden, und ich fürchtete, Heinrich würde bis zum Morgengrauen über Gespenster debattieren.
„Gehen wir schlafen", schlug ich deshalb vor. „Schlösser müssen anscheinend ein Gespenst haben, sonst stimmt irgend etwas nicht. Aber wenn du willst, können wir ja beide über diesen Vorfall schweigen."
„Das ist nicht nötig, mein guter Felix", Heinrich lächelte versonnen, „du hast schon recht. Schlösser müssen ein Gespenst haben. Es gehört wohl doch dazu."
Dann trennten wir uns.
Von diesem Tage an beschloß mein Freund seine gruseligen Geschichten stets mit folgender Klausel:
„Hier haben wir übrigens auch ein Gespenst. Einen kleinen Mann, mit einem altmodischen Kutschermantel bekleidet." Und zu den weiblichen Gästen gewendet, sagte er lächelnd:
„Aber keine Angst, meine Damen, es ist völlig harmlos."
Ich glaube, die Ausgabe, einige bis dato nicht vorhandene Schlüssel für die Türen von Gastzimmern zu kaufen, hat ihn niemals gereut.

Frieda Schäfer

1943 setzten die großen Angriffe auf Hamburg und Berlin ein. Wohin ich auch kam, sah ich das gleiche Bild: Trümmerfelder, Zerstörung, Massengräber. Die Folgen eines besonders schweren Angriffes sah ich, als ich gerade einen Tag darauf zu Besuch in Berlin war.
Ich ging erschüttert durch die schwer verwüsteten Straßen bei der Kaiser-Wilhelm-Gedächtniskirche, um Freunde aufzusuchen, um die ich Angst hatte. Ich kann Kälte gut vertragen, sie macht mir für gewöhnlich nicht viel aus. Aber an diesem eisigen Tage schauerte mir von innen heraus, und ich fror.
Ich durchquerte aufgerissene Straßen, kletterte über Trümmer, verbogene Eisenträger und sah aus vielen Ruinen noch graue Rauchsäulen schwelen. Ein großes Wohnhaus in der Budapester Straße war ganz besonders schlimm getroffen. Nur ein Trümmerhaufen war übrig, und erschöpft aussehende Männer und Frauen schippten Geröll weg.

Erschüttert blieb ich stehen und fragte einen der Männer, ob sich die Bewohner hätten retten können. Er schüttelte den Kopf und wies auf einen Mauerrest: „Sehen Sie, was da liegt? Alles Personalpapiere, die wir den Toten abgenommen haben." — Das ist also alles, was von den Bewohnern dieses Hauses übriggeblieben ist. Ich nehme einen dieser Ausweise und blättere darin. Auf der ersten Seite das Paßbild einer jungen Frau, darunter in schwungvollen Zügen der Name: Frieda Schäfer. Auf der anderen Seite die Personalbeschreibung. Größe: 165, Figur: schlank, Gesicht: oval, Haare: dunkelbraun. Besondere Kennzeichen: keine ...

Gerade will ich den Paß wieder zu den anderen legen, als ich es, wie unter einem inneren Zwang, plötzlich unterlasse. Langsam gehe ich weiter und denke an Frieda Schäfer, die gestern noch überlegt hat, was sie heute wohl kochen könnte. Heute? — Heute tot. Was für ein Krieg! Da war der andere doch noch ganz anders und war schon schlimm genug. —

In meine Gedanken hinein höre ich das gleichmäßige, sich schnell nähernde Klapp-klapp hoher Absätze. Die Schritte holen mich ein. Ich schaue so zufällig zur Seite, um zu sehen, wer's da so schrecklich eilig hat. Auf einmal fühle ich eine Hand auf meinem Arm. Ich stehe neben einer Frau, deren Finger sich in den Stoff meines Mantelärmels krallen.

Tiefschwarze Augen sehen mich mit einem fieberhaften Glanz an, und blutleere Lippen flüstern flehentlich: „Um Gottes willen, bitte, bitte, helfen Sie mir!" — Mensch, Phylax, denk' ich, da stimmt bestimmt was nicht! —

„Wir dürfen nicht stehenbleiben", sagt die Stimme an meiner Seite beschwörend, und wir gehen nebeneinander weiter. Und wieder sagt die Unbekannte: „Um Gottes willen, helfen Sie mir!" Die ganze Sache ist mir völlig schleierhaft. Ich hab' die Frau noch nie in meinem Leben gesehen. Aber man muß ja nicht gerade jemanden kennen, um zu spüren, daß er Hilfe braucht.

So nehme ich die junge Frau am Arm und biege mit ihr in eine Seitenstraße ab. Während wir dahingehen, sagt sie leise und mit bebender Stimme: „Ich bin Jüdin." Schweigend betrachte ich das schöne Profil der Unbekannten und ahne schon, was folgen wird.

„Sie sind hinter mir her und haben mich aufgespürt. Meine ganze Familie haben sie schon abgeholt. Jetzt bin ich an der Reihe."

Ich sehe das totenblasse Gesicht an, das sich mir zuwendet, die nackte Todesfurcht steht darauf, wie ich sie eigentlich nur bei Ertrinkenden sah. Mir schnürt's nun selber die Kehle zu. Verdammt, wenn ich nur helfen könnte! In ohnmächtiger Wut ballt sich meine Hand in der Manteltasche zur Faust. Aber die Faust schließt sich um etwas, es ist der Pass der toten Frieda Schäfer. Mechanisch ziehe ich ihn hervor und schiebe ihn der Unbekannten in die Tasche ihres Mantels.
„Frieda Schäfer, hören Sie, vergessen Sie sofort, wer Sie bisher waren. Von jetzt an sind Sie Frieda Schäfer. Sie selbst sind tot und verbrannt. Haben Sie verstanden?"
Die Unbekannte nickt und schiebt ihre Hand in die Manteltasche. „Oh, wie ich Ihnen danke!" Über die schmalen, blassen Wangen rollen große Tränen. „Glauben Sie, daß mir das helfen wird? Die könnten mich doch entdecken. Dann ist alles aus."
Ziemlich barsch antworte ich: „Hören Sie erst mal mit dem Heulen auf, wir dürfen kein Aufsehen erregen, sonst sind wir beide dran." — Ich überlege fieberhaft. Wie kann ich ihr jetzt weiterhelfen? Mit dem Paß allein ist es nicht getan, das weiß ich. Er hilft, ist aber noch lange keine Sicherheit.
Nachdenklich sehe ich die Straßen hinunter. Die Bürostunden scheinen schon zu Ende zu sein, viele Leute hasten an uns vorbei. Wo sind wir denn eigentlich? Ich entsinne mich, daß gerade in dieser Straße eine gute Bekannte von mir wohnt. Daß sie mir jetzt einfällt, ist wirklich ein Wink des Schicksals. Sie hat eine schöne, große Wohnung. Jetzt allerdings auch nur noch sehr bedingt. Die meisten Zimmer waren von den Herren der SS beschlagnahmt worden, als so eine Art Privatlokal. Meiner Bekannten blieb nichts anderes übrig, als gute Miene zum bösen Spiel zu machen.
Gerade ein paar Tage zuvor hatte sie mir gesagt: „Felix, wenn ich für die Gesellschaft Kaffee mache, dann kocht das Wasser besonders schnell. Ich koche innerlich mit." Wir hatten beide noch über den kleinen bitteren Scherz gelacht. — War hier nicht bei ihr genau der richtige Zufluchtsort für meinen Schützling? Die schöne Jüdin dort zu suchen, war eine gar zu abwegige Idee für die Häscher. — So sage ich denn zu meiner stummen Begleiterin: „Haben Sie Vertrauen zu mir?"
Sie nickt mit dem Kopf.

„Ich führe Sie nämlich jetzt zu einer Bekannten, die in einigen Zimmern ihrer Wohnung oft Leute von der SS hat. Mir scheint nämlich, daß Sie in der Höhle des Löwen am allersichersten sind."
Leise sagt sie: „Glauben Sie wirklich?"
„Ganz bestimmt glaube ich das. Die kommen bestimmt nicht auf die verrückte Idee, Sie ausgerechnet dort zu suchen."
„Ach, ich vertraue Ihnen", sagt die Unbekannte.
Sie läßt sich von mir vor das Haus führen. Schnell springe ich erst einmal allein die Treppen hinauf und klingle an der Wohnungstür. Meine Bekannte öffnet. Nach wenigen Worten hat sie schon verstanden: „Bring sie gleich 'rauf, Felix." Im Nu bin ich wieder an der Haustür, und gemeinsam steigen mein Schützling und ich die Marmorstufen zum ersten Stock hinauf. Tapfer hat sie die Tränen bekämpft und mit der Puderquaste im Gesicht 'rumgefummelt, so daß nichts mehr zu sehen ist. Ich klingle, und meine Bekannte öffnet die Tür.
„Hallo, Felix!" ruft sie freundlich und schaut dann gütig auf meine Begleiterin.
Sie führt uns in die Küche, wo zur Zeit niemand ist. Aus verschiedenen Zimmern klingt gedämpft Radiomusik, lautes Männerlachen. Meine Bekannte fordert uns zum Sitzen auf, holt Zigaretten aus der Schublade, reicht der Unbekannten und bedient sich selber. Ich gebe Feuer und warte erst einmal, ob meine Piep richtig brennt. Die Unbekannte hat noch kein Wort gesprochen.
Aufmerksam hört meine Bekannte zu, während ich ihr leise das wenige erzähle, was ich selber weiß. „Kannst du sie wirklich hier unterbringen, als deine Küchenhilfe oder so?"
Sie nickt: „Das wird bestimmt gehen." Mitfühlend schaut sie die Unbekannte an. „Nur Mut, Fräulein Schäfer, wir werden das Kind schon schaukeln." Über das blasse Gesicht meines Schützlings fliegt der Schein eines Lächelns.
Aber gleich ist sie wieder voller Angst: „Ob Sie mir helfen können? Bin ich hier sicher?"
Meine Bekannte streichelt sie kurz: „Sie bleiben gleich mal hier. In der Kammer steht ein Bett, kein großer Komfort, aber Schlaraffia-Matratzen. 'ne Schürze habe ich auch für Sie, und Angst brauchen Sie nicht mehr zu haben. Felix hat schon recht, gerade hier sind Sie gut aufgehoben."

Die Unbekannte lächelt scheu: „Ach, ich bin Ihnen ja so dankbar für Ihre große Hilfe!"
Wir Verschworenen schauen uns an und sind selber heilfroh, helfen zu können.
Nun war es aber höchste Zeit für mich, loszugehen. Frieda Schäfer war in Sicherheit gebracht. Jetzt wollte ich endlich sehen, daß ich noch zu meinen Freunden kam, bevor es wieder Fliegeralarm gab. Ich drückte der Unbekannten die Hand und wünschte ihr alles Gute. Meine Bekannte begleitete mich hinaus und versprach mir, alles zu tun, um der Armen zu helfen.
Mit Siebenmeilenstiefeln raste ich durch die verdunkelten Straßen. Mir fiel ein Stein vom Herzen, als ich meine Freunde lebendig und relativ munter in ihrem Heim antraf. Eine kleine Brandbombe war freilich auch dort klebengeblieben, aber rechtzeitig entdeckt und gelöscht worden. Kleine Fische für die damalige Zeit. —

*

So sehr mich die Begegnung auf der Straße auch erschüttert hatte, so schnell vergaß ich sie wieder. Das Leben ließ einem keine Zeit mehr zum Nachdenken. Jeder Tag brachte neue Aufregungen, neue Verluste und neue, große Sorgen. Ich wußte manchmal auch nicht mehr aus und ein. Dann wurde noch mein Geld gesperrt, und ich war, schlicht und ergreifend gesagt, pleite.
Seltsamerweise sollte nun diesmal mir eine merkwürdige Begegnung auf der Straße fühlbare Erleichterung bringen. Das war in Halle. Mein Geld war an diesem denkwürdigen Tage so zusammengeschmolzen, daß es wohl gerade noch für ein Glas Bier reichen würde. Bier ist natürlich ein ziemlich hochtrabender Name für das Gesöff jener Zeit, aber doch noch besser als Wasser. Ich dachte darum: „Phylax, geh einen heben! Wenn du so wenig Geld hast, dann ist's schon wurscht, wenn du gar keins mehr hast." Frischen Mutes mache ich mich auf den Weg, um in meiner Stammkneipe meinen Durst zu löschen. Auf der Straße kommt plötzlich ein Herr auf mich zu, bleibt stehen, lüftet den Hut und fragt: „Graf Luckner?"
Der meint mir! Ick segg: „Jo, dat stimmt", und überlege im stillen, was ich eventuell ausgefressen haben könnte. Der Herr geht neben mir weiter und stellt verschiedene Fragen. Ich habe das schöne Ge-

fühl, ausnahmsweise ein ganz reines Gewissen zu haben und denke mir, daß es am besten ist, dem neugierigen Herrn auf seine an sich harmlosen Fragen Red' und Antwort zu stehen. Zu jener Zeit konnte jeder Unbekannte ganz hübsch gefährlich sein, und ich stand nicht gerade gut in Kreide bei den Herren der Regierung. Da ich aber trotz der Ebbe in meinem Geldbeutel gerade sehr guter Laune war, beantworte ich die Fragen des Fremden nach meiner Herkunft wahrheitsgemäß und wie aus der Pistole. Auf einmal verlangsamt der Herr seinen Schritt und holt aus der Aktentasche ein dickes Paket. Er überreicht es mir und sagt: „Graf Luckner, das hier soll ich Ihnen von einem Ihrer Freunde überreichen. Verbrauchen Sie den Inhalt nach Ihrem Ermessen und ohne Bedenken." Ich schnappe nach Luft, komme aber gar nicht dazu, was zu sagen, denn er spricht weiter: „Wenn sich in einem Jahr die Zustände immer noch nicht gebessert haben sollten, so hören Sie wieder von mir."

Ich halte das Paket in der Hand und frage: „Wer ist denn dieser Freund?"

Der Fremde legt lächelnd die Finger an die Lippen und reicht mir die Hand zum Abschied: „Viel Glück, Seeteufel!"

Mir ist auf einmal die Spucke weggeblieben. Kaum bringe ich noch ein „Danke sehr" heraus, da ist der Unbekannte schon um die nächste Straßenecke gebogen und außer Sicht. Ich stehe ganz verdattert da und muß wohl ein selten geistreiches Gesicht machen. Ein Passant sieht mich höchst interessiert an. Soll ich dem Fremden nach? Nee, Phylax, tu dat man lieber nich, nee . . .

Nachdenklich gehe ich weiter. Mensch! Was kann das wohl sein? Was ist der Inhalt und von wem nur? Nun aber nischt wie in die Kneipe! Ich bin schrecklich neugierig, davon weiß meine Frau ein Lied zu singen. Mit ganz erheblicher Geschwindigkeit segle ich in mein Stammlokal. Ein paar Gäste sitzen vor ihren Biergläsern. Diesmal zum Glück keine Freunde. Ich bestelle mein Bier, zahle, trinke es in einem Zuge aus.

Dann gehe ich auf die Toilette, schiebe den Riegel vor und setze mich auf die dafür bestimmte Fläche. Schnell schneide ich mit dem Taschenmesser die Schnur durch, reiße die Umhüllung des Paketes auf — und falle bald in den Lokus!

Ich halte ein großes Bündel Geld in den Händen. Bündelweise die Hundertmarkscheine, Fünfzigmarkscheine, Zwanzigmarkscheine.

Fieberhaft fange ich an zu zählen. Das Geld war vorher ordentlich zusammengepreßt. Jetzt wird es auf einmal zu einem beängstigenden Berg. Es wird fast zu eng in meiner Behausung. Ich zähle und zähle.
Bei 9600 Mark klopft es an die Tür. ‚Ob der Herr vielleicht Hilfe braucht.' – So lange hat ja wohl auch noch niemand auf dem stillen Örtchen gesessen.
Ich gebe das Zählen auf, stopfe die losen Scheine in alle Taschen, in die Strümpfe, die Heldenbrust, die sich sichtbar wölbt, in die Mütze und Schuhe. Ein Schein fällt um ein Haar ins Klo. Endlich habe ich alles verstaut und ziehe, ganz wie es sich gehört.
Dann verlasse ich die Stätte meines Zählens. Der Wärter schaut mir ehrlich besorgt ins Gesicht. „Mir war nicht recht wohl im Bauch", sag' ich ihm zur Beruhigung und gehe gemessenen Schrittes von dannen. Anders konnte ich wirklich nicht gehen, denn ich war ja mit Geld bestückt wie weiland Roland der Riese mit Nägeln.
Zu Hause zählte ich dann das Geld in aller Ruhe durch. Ein Vermögen! Mensch, Meier, ich war auf einem Klo Krösus geworden und 'raus aus dem Dalles. Ich zerbrach mir den Kopf, von wem das Geld wohl stammen könnte. Aber vergeblich. Ich gab den größten Teil in Verwahrung, wo es später verlorenging, und behielt nur so viel, wie ich für die nächste Zeit brauchte.
Im stillen dankte ich oft meinem unbekannten Freund und Helfer. Kurz nach dem Kriege erfuhr ich endlich, daß mein Retter in der Not Kurt Leube war, der treueste aller Freunde. Doch nicht nur mir allein hat er geholfen, sondern auch unzähligen anderen Deutschen, denen er nach dem Krieg aus Schweden mit Hilfe von Anne-Marie, seiner herzigen Frau, ganze Berge von Paketen zur Linderung der Not sandte.
Nach dieser denkwürdigen Begegnung auf der Straße fiel mir noch einmal die schöne Unbekannte aus Berlin ein, die ich in Frieda Schäfer verwandelt hatte, damit sie weiterleben konnte.
Es scheint mein Schicksal zu sein, daß Menschen, denen ich einmal begegnet bin, immer wieder meinen Weg kreuzen und mich erkennen. Liegt das an meiner Nase? Oder an meinen Augen, weil die so 'n bißchen schräg stehen? An meiner Piep kann's nicht liegen, denn auch ohne die wurde ich immer erkannt. Wieso weiß ich also wirklich selber nicht.

*

Auf meiner zweiten Nachkriegsreise durch die Vereinigten Staaten wurde ich wieder sehr herzlich aufgenommen. Meine alten Freunde aus der Zeit nach dem ersten Weltkrieg empfingen mich mit großer Freude, und neue waren inzwischen dazugekommen. Sie wußten ja, warum ich zu ihnen kam, was der Sea-Devil mit seinem Kommen wollte. Dennoch gab es immer noch Kreise, die sich sehr reserviert verhielten, und in vielen jüdischen Familien herrschte noch immer tiefe Trauer um Angehörige, die dem Rassenkampf nicht rechtzeitig hatten entrinnen können. Doch ich ließ trotzdem den Mut nicht sinken. Mir hat das Leben beigebracht, daß nur Ausdauer zu einem hohen Ziel führen kann.
Gegen Ende dieser zweiten Vortragsreise kam es in New York für mich und alle, die es miterlebten, zu einem unvergeßlichen Erlebnis. Ich hielt einen Vortrag in der deutschen Sankt-Pauls-Kirche. Dicht gedrängt saßen die Menschen in den Bänken und lauschten meinen Worten. Zum Schluß rief ich sie auf, den Haß in ihren Herzen auszulöschen, damit die Liebe genug Raum darin fände. So nur könnte jeder Einzelne den schwachen Frieden stärken. Mit einem Gefühl demütigen Dankes hörte ich den Beifall durch die große Kirche brausen. Wieder war eine Mauer der Abwehr gegenüber dem notleidenden Vaterland durchbrochen. Langsam ging ich dem Ausgang zu, gefolgt von den ergriffenen Menschen. An der Kirchentür stürzte mir plötzlich eine Frau entgegen. Sie warf sich vor mir auf die Knie und rief: „Dank, tausend Dank, mein Lebensretter!"
Überrascht und etwas fassungslos hörte ich die Worte der Unbekannten und konnte mir beim besten Willen keinen Reim daraus machen. Die Menschenmenge, die bereits dem Ausgang zuströmte, staute sich neugierig vor dem seltsamen Bild. Ich hob die Unbekannte auf und schaute sie fragend an. In den schönen schwarzen Augen schimmerten Tränen, und ich fühlte mich denkbar unbehaglich. Ich kann doch keine Frau weinen sehen!
„Kennen wir uns denn?" frage ich schließlich verlegen.
In die Stille hinein ruft die Frau:
„Ich bin's, ich, Frieda Schäfer!"
Nie gehört . . . Gerade will ich das sagen, da fällt mir's ein: Frieda Schäfer! Die schöne Unbekannte aus Berlin!
Die Menschen waren neugierig geworden, und man fragte und rief: „Was ist los! Was soll das bedeuten! — Reden Sie, Count!"

Wie benommen ging ich mit meinem einstigen Schützling wieder nach vorn. Die Menschen setzten sich noch einmal, und Frieda Schäfer erzählte in schlichten Worten ihre Begegnung mit mir. Mit Hilfe meiner Bekannten konnte sie als Frieda Schäfer das neutrale Ausland erreichen und dann nach Amerika fahren. Die Menschen sprangen von ihren Sitzen hoch und jubelten mir zu. Da hatte ich mich endlich wieder gefangen und bat um Gehör. Als Stille eingetreten war, sagte ich:
„Bitte bewundert nicht mich. Einer muß leben, um die Geschichte zu erzählen! Hier im Hause Gottes laßt uns der Tausende gedenken, die das gleiche wie ich getan haben und deren Mund heute nicht mehr spricht." Dann reichten Frieda Schäfer und ich uns nochmals die Hände. Im gleichen Augenblick brauste durch die Kirche noch einmal ein gewaltiger Sturm der Begeisterung.
Die wunderbare Wiederbegegnung mit Frieda Schäfer kam wie eine Hilfe vom Himmel. Die gehetzte Frau von einst war inzwischen Angehörige einer sehr einflußreichen Familie geworden. Gerade hier in New York!
Dann war es wie im Märchen. Bisher verschlossene Türen öffneten sich mir wie mit Zauberhand. Ich erhielt auf einmal die Möglichkeit zu Menschen zu sprechen, die sich in stummer Abwehr und Trauer bisher dagegen gewehrt hatten, meine Vorträge zu besuchen. Einem Deutschen zuzuhören, der aus dem Lande kam, dessen einstige Regierung so schreckliches Leid über sie gebracht hatte.
Sie glaubten mir nun, als ich ihnen erzählte, daß sie nicht die einzigen waren, die im Konzentrationslager ihre Lieben verloren hatten. Sie hörten ergriffen zu, als ich ihnen von den vielen Deutschen erzählte, die in Auflehnung gegen die damaligen Machthaber Deutschlands den gleichen bitteren Weg in den Tod gehen mußten.
Später hörte ich oft: „It's good, Count, you told us how it was. One feels so much better afterwards." (Es ist gut, Graf, daß Sie uns erzählten, wie es war. Man fühlt sich danach soviel besser.)
Ich würde gerne hundertfünfzig Jahre alt werden, damit ich im Sinne einer Verständigung zwischen den Völkern weiterwirken kann. Damit ich immer wieder bezeugen kann, daß es sich lohnt an die Liebe zu glauben. Es ist so notwendig, daß man nicht nur dem Bösen, nein, daß man vor allen Dingen dem Guten ein geneigtes Ohr schenkt.

Das Gute ist überall auf der Welt. Oft hält es sich nur hinter einem Schleier von Mißverständnissen verborgen. Ist der einmal weggezogen, dann ist so deutlich zu sehen, daß alle Menschen im Grunde die gleichen Wünsche haben. Jeder will Frieden und Glück und ein Leben ohne Angst. Wer das nicht glaubt, der frage mal eine junge Mutter nach den Wünschen, die sie für ihr Kind im Herzen trägt.
Dann wird auch der letzte Zweifel verstummen.

Mein liebes Halle

Das ist die Stadt vieler schöner Jugenderinnerungen. Dort verbrachte ich meine Ferien bei Großmutter und verübte so manchen Streich.
Niemals hätte ich mir träumen lassen, daß es mir bestimmt war, gerade diese Stadt in den schweren Tagen des Jahres 1945 vor der Vernichtung zu retten.
Es war jedesmal ein Fest, wenn es hieß: „Du darfst zu Großmutter nach Halle fahren!" Sie war eine sehr hübsche Frau und duftete stets nach Lavendel. Rehbraune Kleidung trug sie am liebsten, und dieser Ton paßte so gut zu ihren frischen Farben und dem weißen Haar. Oft nahm sie mich mit bei ihren Besorgungen, was mir sehr viel Spaß machte. Das waren ja auch manchmal die reinsten Entdeckungstouren, denn sie hatte eine Vorliebe für alte Möbel und besonders für Meißner Porzellan. Bei keinem Altwarenhändler konnte sie vorbeigehen!
Manchmal landeten wir auch in einer Konditorei, wo sie sich mit ihrer Freundin, einer alten Amtsrätin, zu treffen pflegte. Während die Damen plauderten, vertilgte ich Unmengen von Kuchen. Die Amtsrätin schüttelte oft genug den Kopf, daß die grauen Löckchen nur so flogen und meinte ängstlich: „Meine Liebe, dein Enkel ist nachher bestimmt sterbenskrank!"
Großmutter lächelte beruhigend: „Keine Sorge, Felix hat einen Bärenmagen. Dem wird so leicht nicht schlecht."
Wenn wir nach Hause kamen, packte Großmutter die eingekauften Sachen aus und strahlte über eine kleine, unbedeutende Tasse, als ob sie der größte Schatz der Welt sei. Und sie hatte doch schon

so viele davon! Trotzdem war immer noch Platz in dem großen Schrank, der aus lauter Glaswänden bestand. Weil man alle Sachen darin so gut sehen konnte, nannte man diese Schränke „Prahlhänse". Der Name verwunderte mich ein bißchen, denn daß ein Schrank prahlen könnte, bloß weil er eine Menge Tassen zu zeigen hatte, schien mir unverständlich. Ich hütete mich aber, der guten Großmutter davon zu sprechen. Sie liebte ja Gott sei Dank nicht nur so langweilige Klamotten, sondern augenscheinlich auch ihren Enkel Felix.

Ich wußte schon lange, daß sie immer für mich Partei nahm und werde das nie vergessen. Meistens gab es ja nur meinetwegen Ärger, und die guten Eltern hatten es wahrhaftig nicht leicht mit mir. Großmutters großes Vertrauen in meine allerdings noch sehr verborgenen Fähigkeiten gewann ihr mein Herz. Wenn sie am Fenster bei ihrer Stickerei saß, setzte ich mich gern in ihre Nähe und erzählte ihr meine kleinen und großen Erlebnisse. Ganz unvermittelt ließ sie dann manchmal die Handarbeit in den Schoß sinken, sah mich an und meinte im Brustton der Überzeugung: „Es wird bestimmt etwas aus dir werden, Felix." Das tat so gut!

Am liebsten spielte ich natürlich draußen herum, prügelte mich mit allen Jungs, die ich traf, und gewann viele gute Freunde. Auf den Passendorfer Wiesen und am Galgenberg spielten wir Räuber und Gendarm, lieferten uns gewaltige Schlachten, kletterten auf die höchsten Bäume und fanden dieses Leben einfach großartig.

Einmal, es war in den großen Ferien, wurde mir der Aufenthalt in Halle sehr vergällt, denn von heute auf morgen wurden uns die Gefilde unserer herrlichen Spiele trotz flehentlicher Bitten nachdrücklich verboten. Ein Mörder machte die Gegend unsicher!

Weil wir nicht mehr hinausdurften, hatten wir alle einen großen Zorn auf diesen Menschen. — Eines Tages wurde er aber überraschend schnell gefaßt, und die Zeitungen berichteten spaltenlang über seine großen Missetaten. Neun Morde!!

Endlich, endlich durften wir wieder hinaus! Wenn wir uns auf den Passendorfer Wiesen trafen, war der Mörder Wetzenstein auch unser Tagesgespräch. Wir wollten ihn so brennend gern sehen. Aber wie? Ich überlegte angestrengt, bis mir Robert einfiel. Es geht doch nichts über einen guten Freund! Sein Vater war der Besitzer einer großen Weinhandlung. Das alte Haus stand gegenüber dem Stadtgefängnis und bildete mit seiner Rückwand den seitlichen Abschluß des Gefängnishofes. Natürlich gab es auf besagter Seite keine Fenster. Da aber auch Erwachsene zuweilen den Hang verspüren, dem Grauen nahe zu sein, hatten die Arbeiter der Weinhandlung vor geraumer Zeit schon zur Selbsthilfe gegriffen. Auf dem Dachboden waren mit Hilfe der großen Spundlochbohrer einige Löcher in die hölzerne Giebelwand gemacht worden. Durch diese konnte man recht gut hinunter in den düsteren Hof schauen.

Als die Zeitungen in großen Schlagzeilen die Hinrichtung des Mörders Wetzenstein ankündigten, beschlossen mein Freund und ich diesem Ereignis beizuwohnen. Mit den Arbeitern verstanden wir uns glänzend. Diese pflegten treue Freundschaft mit einigen der Gefängniswärter, da es ja hin und wieder mal einen guten Tropfen gab. Durch diese Verbindung erfuhren wir auch ganz genau, wann die Hinrichtung stattfinden würde. Die Öffentlichkeit war natürlich ausgeschlossen, wir waren deswegen besonders stolz, trotzdem zusehen zu können.

Nun hieß es Pläne schmieden, wie wir es möglich machen könnten, ohne Aufsehen zu erregen dabeizusein. Mein Freund wußte bald, wie er es anstellen müßte, denn er war schließlich am „Tatort" zu Hause. Aber ich! Niemals würde die Großmutter einsehen, warum ich ausgerechnet einer Hinrichtung zusehen wollte, soviel stand fest. Ich grübelte also nach, was für eine plausible Begründung ich finden könnte, kurz vor fünf Uhr früh an besagtem Tage aus dem Hause zu kommen. Der Kopf brummte schon vor lauter Nachdenken, als mir plötzlich der rettende Einfall kam.

Wie gut, daß es einen Kyffhäuser gab! Ich schwärmte der guten Großmutter vor, daß es mein heißester Wunsch sei, diesen Kyffhäuser zu besichtigen. Und meinem Freunde ging es ebenso. So ein Ausflug dorthin wäre doch einfach fabelhaft. Verwundert und offensichtlich höchst erfreut über den plötzlichen Bildungsdrang ihres Enkels gab sie dem Plan ihre Zustimmung. Sie fand es auch sehr vernünftig, daß wir schon sehr zeitig aufbrechen mußten, um den Frühzug zu erreichen. – Den Tag des Ausflugs auf den Tag der Hinrichtung zu legen, erregte nicht den geringsten Verdacht. Selbst in ihren kühnsten Phantasien hätte Großmutter keine Verbindung zwischen dem Mörder Wetzenstein und dem Kyffhäuser herzustellen gewußt. Und so klappte alles wie am Schnürchen. Am Vorabend des großen Tages packte sie mit eigener Hand die grüne Botanisiertrommel und vergaß auch nicht, ein paar von den ersten Kirschen mit hineinzutun.

Am andern Morgen ging ich in aller Frühe mit ordnungsgemäß umgeschnallter Botanisiertrommel aus dem Hause. Der Weg zum Kyffhäuser führte mich schon nach wenigen Minuten auf den Dachboden der Weinhandlung. Dort warteten schon einige Arbeiter, dienstfreie Gefängnisbeamte und Freund Robert. Nach kurzer Begrüßung bezog ich meinen Platz an einem der Aussichtslöcher.

Drunten auf dem Hofe waren auch schon einige Leute versammelt. Zwölf Soldaten standen da mit blendendweißen Hosen und rührten sich nicht. Die Herren hatten alle einen Zylinder auf dem Kopf. War das aber feierlich! Ein Podium bemerkte ich, und daneben stand ein kleines, dürres Männchen, das sich auf einen langen schwarzen Kasten stützte.

„Da ist das Richtbeil drin", flüsterte mir einer ins Ohr. Unheimliche Ruhe herrschte auf dem Gefängnishof. Die Menschen standen schweigend da und schauten alle in die gleiche Richtung. Von dort also würde der Mörder kommen. Es verstrichen einige Minuten, die mir wie eine Ewigkeit vorkamen. Dann plötzlich öffnete sich eine kleine Tür in der grauen Mauer der gegenüberliegenden Seite, und der Mörder erschien. Ein großer hagerer Mann, mit einem langen Hemd ohne Kragen bekleidet, neben ihm ein Geistlicher im schwarzen Talar. Mit langsamen Schritten näherten sie sich dem Podium, das der Mörder dann allein bestieg. Ein Herr nahm einen dicken Folianten zur Hand, öffnete ihn und las daraus vor. Wir in unserem Versteck konnten aber kein Wort verstehen. Hinter meinem Rücken flüsterte einer: „Jetzt wird das Urteil vorgelesen."

Danach betrat der dürre kleine Mann mit dem schwarzen Kasten das Podium. Langsam öffnete er das lange Ding, und ich sah ein großes vernickeltes Beil blitzen. Das Weitere ging dann aber so schnell, daß ich eigentlich nicht so recht gesehen hatte, wie der Mörder Wetzenstein vom Leben in den Tod befördert wurde. Ein schwarzer Vorhang schloß sich um die Hinrichtungsstätte, und kurz darauf verschwanden Soldaten, Herren und Zylinder. Das große Ereignis war vorüber.

Die Arbeiter und Gefängnisbeamten unterhielten sich noch ein Weilchen, und wir Kinder hörten gespannt zu. So erfuhren wir,

daß in das Richtbeil der Name eines jeden Hingerichteten eingraviert wurde. Mit roten Ohren saßen wir da und ließen uns die grausigen Einzelheiten berichten. Die düsteren Erzählungen der Erwachsenen ergänzten sich mit dem, was wir selbst gesehen hatten, und wir waren stolz, einem so großen Ereignis beigewohnt zu haben. Wochenlang unterhielten wir uns über dieses Thema, behielten das Geheimnis aber für uns. Gegenüber den anderen Spielgefährten fühlten wir uns direkt erwachsen.
Als ich meiner Ingeborg nach vielen Jahrzehnten von dieser Hinrichtung erzählte, wurde sie ganz blaß und fragte entsetzt: „Sag bloß, Phylax, ist dir nicht schlecht geworden? Hast du nicht oft nachts davon geträumt? Das muß doch furchtbar gewesen sein!"
Nein, ganz und gar nicht, dafür ging's viel zu schnell. Ich weiß nur, daß ich nach der Hinrichtung ganz besonders froh war, daß die Sonne so vom Himmel herabstrahlte und die Blümchen so dufteten, Vielleicht hatte meine kindliche Seele doch etwas von der Tragödie hinter der Sensation mitbekommen. Mir ist es aber bestimmt nicht bewußt gewesen. Jeder Tag brachte nun auch neue Ereignisse und neue Abenteuer.

*

Mein Freund und ich sparten, denn wir hatten beschlossen, Weltreisende zu werden und dabei nach verborgenen Schätzen zu suchen. In Afrika gab es viel Gold, auf dem Grund der Meere lagen Schiffe mit Gold und Edelsteinen, in Muscheln fanden sich Perlen, in den Urwäldern von Madagaskar wuchsen Orchideen, die so kostbar waren, daß sie Berge von Geld einbrachten. In ganz Sachsen gab es solche Chancen nicht!
Also hieß es, in diese Länder zu kommen. Am wichtigsten für unser Vorhaben schien uns ein Waffenarsenal zu sein. Ohne die gefährlichsten Kämpfe mit Indianern, Schwarzen oder auch Weißen würde es sicher nicht abgehen. So mußte denn das Taschengeld für den Ankauf von Waffen aller Art herhalten.
Großmutter kam einmal ganz und gar nicht über das Verschwinden eines großen Küchenmessers hinweg. Natürlich hatte ich es stibitzt, es lag wohlverborgen ganz hinten im Kleiderschrank meines Stübchens. Ich hatte gemerkt, daß dieses Messer zwar immer geputzt, jedoch nie gebraucht wurde, während ich selbst es bitter nötig hatte.

Eines Tages traf ich mich auf den Passendorfer Wiesen mit meinem Freund und wollte ihm gerade von meiner neuesten Errungenschaft erzählen, als er schon herausplatzte: „Du, Felix, ich habe ein Gewehr!"

Ich kriegte Bauchschmerzen vor lauter Neid. Ein Gewehr! Das war ja schon so lange mein sehnlichster Wunsch. Aber merken lassen wollte ich ihn das unter keinen Umständen.

„Was ist schon mit einem Gewehr los", meinte ich möglichst gleichgültig und knabberte eifrig am Mundstück meiner Rohrflöte. Mein Freund war über diese scheinbare Teilnahmslosigkeit sehr aufgebracht.

„Mensch, Felix, du spinnst ja wohl. So 'n Gewehr ist doch prima primissima."

„Na, mir ist mein großes Messer aber ganz entschieden lieber. Dafür brauche ich wenigstens keine Munition."

„Was für ein Messer hast du denn?"

„Ein richtiges Schlachtermesser eben." Mit Vergnügen stellte ich fest, daß er neugierig wurde.

„Bring's doch morgen mal mit. Dann zeige ich dir auch mein Gewehr!"

Ohne mir anmerken zu lassen, wie sehr dieser Vorschlag mir gelegen kam, willigte ich ein.

Der erste Teil meines Planes war gelungen.

Am nächsten Tage kam er auch prompt mit dem Gewehr an und ich mit dem großen Küchenmesser. Unser beider schlechtes Gewissen offenbarte sich dabei. Er sowie auch ich hatten wie auf Verabredung die Mordwaffen in Säcken verhüllt zum Treffpunkt mitgebracht.

„Na, nu sagst du aber nischt mehr!" rief mein Freund, als er mir stolz das schöne Gewehr zeigte. Ich sagte wirklich nichts, sondern nahm nur mein gewaltiges Messer aus dem Sack und ließ die blanke Klinge in der Sonne blitzen.

„Dagegen ist dein Gewehr nichts, mein Lieber!" rief ich stolz.

„Ich verstehe dich wirklich nicht, Felix!" schrie er beleidigt, „erst haste immer gesagt, so 'n Gewehr ist dein allergrößter Wunsch, und nun willste nischt davon wissen."

„Ich hab's mir eben überlegt. So 'n Gewehr ist wertlos, wenn du keine Munition hast. Glaubst du, daß die Indianer dir erst mal Munition geben, damit du dann auf sie schießen kannst?"

Mein Freund überlegte scharf. Schließlich meinte er: „Dann nimmt man eben einen großen Sack voll Munition mit."
Ich lachte geringschätzig: „Der ist auch bald alle, wenn man sich dauernd gegen Überfälle wehren muß. Ne, mein Messer ist mir wirklich lieber."
Tief in Gedanken versunken saß mein Freund da, während ich an meiner Flöte herumkaute und dabei so unauffällig wie möglich nach dem schönen Gewehr schielte.
„Sag mal", sagte mein Freund zögernd, „wie kriege ich nun so ein Messer? Irgendwie haste schon recht, wegen der Munition meine ich. Aber meine Mutter hat kein so großes Messer in ihrer Küche."
Mein Herz bubberte vor lauter Aufregung. „So 'n Messer wirst du auch gar nicht bekommen, denn die gibt es schon lange nicht mehr."
Mein Freund schaute sehr nachdenklich vom Gewehr zum Messer, vom Messer zum Gewehr. „Wir könnten vielleicht tauschen, Felix", schlug er endlich zögernd vor.
Nachdenklich nahm ich das Gewehr in die Hand und ließ mir von ihm erklären, wie es funktionierte. Aber dann legte ich es wieder hin und seufzte: „Zusätzlich so 'n Gewehr ist ja nicht schlecht, aber mein Messer kann ich dafür nicht hergeben, das ist doch wichtiger. Von wegen der Munition."
Da verlegte sich mein Freund aufs Bitten, bis ich mich schließlich erweichen ließ und sagte: „Na, wenn du es unbedingt willst, dann sollst du es eben haben, weil du mein Freund bist."
Er strahlte über das ganze Gesicht.
„Außerdem ist mir gerade eingefallen, daß zu Hause bei meiner Mutter auch noch so ein Messer herumliegen muß. Dann nehme ich eben das."
Mit einem kräftigen Händedruck besiegelten die künftigen Weltreisenden ihren merkwürdigen Handel. Mein Freund trug im Sack das große Messer nach Hause und ich stolz wie ein Pfau das Gewehr.
Der Vater meines Freundes mußte jedoch im Gegensatz zur lieben Großmutter den Dingen mehr auf den Grund gegangen sein. Am nächsten Tage erschien plötzlich mein Freund und sagte flehentlich: „Felix, gib mir doch bloß das Gewehr wieder! Vater hat mich fürchterlich vertrimmt, weil er es suchte und nicht gefunden hat."

Mitleidig sah ich mir seine arg geschwollene Backe an. Aber das Gewehr wieder hergeben? Meinen ganzen Stolz? Nie!
Darum sagte ich freundlich, aber bestimmt: „Tut mir leid. Du hast es unbedingt so haben wollen. Abgemacht ist abgemacht und Handel ist Handel."
Nach langem Hin und Her rauften wir uns, daß die Fetzen nur so flogen. Als der Kampf zu meinen Gunsten entschieden war, zeigte auch seine andere Backe eine beträchtliche Schwellung. Ich ging froh meines Sieges, wenn auch leicht hinkend, wieder nach Hause. Für so ein schönes Gewehr lohnte sich schon ein blaues Schienbein und ein abgerissener Jackenknopf.
Einige Tage später erfuhr ich, daß mein Freund nochmals eine Tracht Prügel bekommen hatte, weil er wieder ohne Gewehr nach Hause gekommen war. So hatte er für diesen Handel dreimal Senge bezogen und tat mir von Herzen leid. Aber seine Freundschaft erwies sich als echt, denn er verpetzte mich trotzdem nicht. Schließlich tat er mir leid, und ich gab ihm das Gewehr zurück. Zum Trost und als Schmerzensgeld schenkte ich ihm außerdem meine besten Pfeile und ein ledernes Brillenfutteral. Er trug zwar keine Brille, war aber aus unerfindlichen Gründen scharf darauf gewesen.
Dann waren auch diese schönen Ferien wieder vorüber. Ich wurde in die Bahn gesetzt und fuhr die paar Stunden nach Hause. Von Halle bis nach Hause war es gar nicht weit, doch für mich lagen Welten dazwischen, und die Schule wartete schon wieder auf ihren schlechtesten Schüler.
In meine letzte Hallenser Ferienzeit fiel 1894 die Zweihundertjahrfeier der Martin-Luther-Universität. Was tat sich nur alles auf den Passendorfer Wiesen! Tausende von Besuchern strömten in die Stadt, für deren Unterbringung zusätzlich ein Zeltlager errichtet worden war. Eine Menge würdiger Professoren mit langen Bärten sah ich durch die Stadt spazieren und sogar ein Professor aus dem fernen Brasilien war dabei. Diese Herren wohnten selbstverständlich in den Häusern, während die Passendorfer Wiesen mit ihren Hunderten von Zelten den Studenten vorbehalten waren. Bei denen trieb ich mich herum. Sie erzählten besonders gerne von ihren Mensuren, und mancher hatte als eindrucksvolle Untermalung einen frisch vernarbten Hieb auf der Wange. Das sah sehr gefährlich aus. Am Abend saßen sie um die Lagerfeuer und sangen mit

großer Lautstärke ihre fröhlichen Lieder. Das war alles so recht nach meinem Sinn, und am liebsten hätte ich während dieser großen Zeit nachts bei den Studenten im Zelt geschlafen.

Die farbigen Couleurbänder wurden allgemein sehr bewundert, und ich fand die der Prager Universität am allerschönsten. Jeden Abend erzählte ich Großmutter ausführlich, was ich alles gesehen und erlebt hatte. Als ich ihr von den schönen Bändern erzählte, sagte sie ganz träumerisch: „Wenn du mal Professor wirst und viele solche Bänder tragen darfst, dann bekommst du einmal dieses Haus."

Wenn es nach meinen Wünschen gegangen wäre, so wäre ich stehenden Fußes sogleich Professor geworden. Bei meinen schulischen Leistungen aber würde mir dies Glück nie blühen, soviel wußte ich. Die gute Großmutter hat leider nicht mehr erlebt, daß ich Jahrzehnte später zwar nicht Professor wurde, aber daß mir doch eine Menge Ehrenbänder der verschiedensten Verbindungen verliehen wurden. Sie hat auch nicht erlebt, daß ich ihr Haus bekam, und ich höre meine liebe Mutti noch sagen: „Ach, Felix, wenn das alles die Großmutter noch erlebt hätte! Sie wäre ja so stolz gewesen!"

Als ich ausgerückt war, begann für mich ein Leben, in dem ich die stille Liebe und das große Vertrauen meiner Großmutter oft schmerzlich vermißte. Bevor ich als Leutnant der Marine endlich in das Elternhaus zurückkam, war sie eines schnellen und unerklärlichen Todes gestorben.

Doch Halle sollte meine Heimat bleiben, denn meine Eltern wohnten nun in dem alten Haus. Und als Vater 1919 starb, blieb Mutter weiter dort. Ich war sehr selten daheim, aber wo immer ich auch war, dachte ich an zu Hause. Mutter bangte sich sehr um ihren weltreisenden Sohn, den sie viel lieber daheim von Herzen verwöhnt hätte. So flogen ihre kleinen sehnsuchtsvollen Briefchen in die Welt und warteten in jedem Hafen auf mich. Wenn es aber heimwärts ging, fuhr ich immer zuerst zu ihr. In Abwandlung des alten Wortes: „Alle Wege führen nach Rom", führten für mich alle Wege nach Halle zur Mutter.

*

Im zweiten Weltkrieg waren die Grenzen geschlossen und meine Tätigkeit für eine bessere Verständigung zwischen den Völkern unterbunden. In dieser sorgenvollen Zeit bedrückender Untätigkeit hatte ich wenigstens eine große Freude: Ich konnte oft bei meiner Mutter sein. Dann nahm sie dem treuen Hausgeist Klärchen das Zepter aus der Hand und kochte mir meine Leibspeisen. Wie gut schmeckte alles! Selbst das einfachste, von den liebenden Händen bereitet, wurde zum Leckerbissen. Als sich der Krieg seinem tragischen Ende näherte, blieb ich mit Ingeborg ganz in Halle bei Mutter. Wir wollten zusammenbleiben und, wenn es das Schicksal so wollte, auch zusammen sterben. Der Gedanke lag sehr nahe, denn jeder Tag konnte den Tod bringen. Die Fronten im Osten und Westen waren zusammengebrochen.

Überall im deutschen Vaterlande tobte nun der mörderische Krieg. Die grauen Schatten der Verzweiflung krochen aus den Trümmern unserer Städte, und der Leidenszug der Flüchtlinge aus dem Osten nahm kein Ende. Feindliche Bomberverbände beherrschten den Himmel, brachten den Tod für Männer, Frauen und Kinder, hinterließen Trümmerfelder und Massengräber. Die deutschen Truppen kämpften mit einem Heldenmut ohnegleichen, aber sie wurden überrannt. Hunger, Krankheiten und Mangel an Waffen waren an der Tagesordnung ...

Mein liebes Halle hatte bisher von großen Luftangriffen wenig zu spüren bekommen. Bis zum 8. April 1945 waren nicht mehr als drei Angriffe erfolgt. Wohl hatten sie Schaden angerichtet und Zerstörungen hinterlassen, aber keine Stadt Deutschlands in dieser Größe war bisher so glimpflich davongekommen. Viele Hallenser waren der festen Meinung, dies sei nur dem Umstand zu verdanken, daß meine Mutti und ich dort lebten. Weil der Seeteufel dort der Sea-Devil und Ehrenbürger großer Städte in den USA war, glaubten sie, die Amerikaner wollten die Stadt ganz besonders schonen.

Aber mit dem Zusammenbrechen aller Fronten kam die große Angst vor dem Schicksal der kommenden Zeit auch über die Bewohner von Halle. Was würde geschehen?

Die Stadt war in jenen ereignisreichen und spannungsgeladenen Apriltagen des Jahres 1945 bereits unbeschreiblich überfüllt. Flüchtlinge und Ausgebombte suchten hier ein Unterkommen. Die Lazarette und Krankenhäuser boten längst nicht mehr Raum genug für die ständig eintreffenden Transporte der Schwerverwundeten von allen Fronten. Es gab schon lange keine freien Betten mehr.

In den Gängen und Korridoren lagen die Verwundeten auf Tragbahren oder auch nur auf dünnen Decken an den Wänden entlang. Selbst in den Kellern mußte man sie aus Raummangel unterbringen. Die Ärzte schufteten Tag und Nacht, und die wenigen Schwestern konnten die Arbeit ebenfalls nicht mehr bewältigen. Dazu kam der Mangel an Verbandsstoffen und wichtigen Medikamenten.
Ich hörte von diesen schrecklichen Zuständen durch viele Ärzte, die offen gestanden, daß an eine wirkliche Versorgung und Betreuung der Verwundeten und Kranken bei dem Mangel an Pflegepersonal einfach nicht mehr zu denken sei. Jeder täte, was er könne, bis zum Umfallen, aber es sei hoffnungslos. –
Halle war durch den Flüchtlingsstrom und die vielen Verwundeten zu einer Stadt von über zweihundertundfünfzigtausend Einwohnern angewachsen. Ausweichmöglichkeiten gab es nicht mehr. Tag für Tag rückten die feindlichen Truppen unaufhaltsam näher. Unaufhaltsam wuchsen Sorge, Spannung und Nervosität.
Die Stadtverwaltung, Ärzteschaft und Geistlichkeit, Professoren und Wissenschaftler waren sich darüber einig, daß Halle wegen seiner Flüchtlinge und Verwundeten zur offenen Stadt erklärt werden müßte. Die kleine dort stationierte Truppe würde zudem nicht ausreichen, Halle zu verteidigen. Ausgerechnet im Kampf um diese Stadt im Herzen Deutschlands würde sich das unabänderliche Schicksal des Zusammenbruchs unseres Vaterlandes bestimmt nicht abwenden lassen.
An diesen rettenden Ausweg klammerte sich die ganze Hoffnung der Hallenser. Doch die verantwortlichen Stellen wußten, auf welch tönernen Füßen dieser Glaube stand. Hitler hatte schließlich schon seit geraumer Zeit den totalen Krieg erklärt. Es würde einen schweren Kampf mit den maßgeblichen Stellen in Berlin geben, und es war ganz und gar nicht sicher, daß diese Halle wirklich zur offenen Stadt erklärten. Aber man wollte trotzdem nichts unversucht lassen. Von allen Seiten wandte man sich mit Eingaben an den Reichsverteidigungskommissar Gauleiter Eggeling. Er sollte seinen ganzen Einfluß geltend machen, damit der sinnlose Kampf verhindert würde, der nur der Untergang sein konnte.
Nach allem, was ich von diesem Mann gehört habe, muß er so etwas wie ein weißer Rabe gewesen sein. Da ich mit den maßgeblichen Kreisen schon seit Mitte März in engster Verbindung stand, be-

kam ich zu wissen, daß der Gauleiter trotz seiner politischen Einstellung mit ganzer Person dafür eintrat, daß die sinnlose Vernichtung Halles verhindert würde.
Ganz entscheidende Argumente zur Darlegung der hoffnungslosen Lage hatte auch Oberst Baltersee, Kommandeur der Schutzpolizei, vorzubringen. Er ließ keine Zweifel darüber aufkommen, daß die ihm unterstellten Kräfte im Falle eines Kampfes um Halle nicht in der Lage sein würden, die Ruhe und Ordnung innerhalb der Zivilbevölkerung aufrechtzuerhalten. In den Fabriken der Umgebung gab es eine nicht unerhebliche Anzahl von Fremdarbeitern, die sehnsüchtig auf ihre Befreiung warteten und zweifellos Rache für ihr Los nehmen würden, ohne darauf Rücksicht zu nehmen, wer an ihrer Lage schuld war oder nicht.
Außerdem rechnete gerade Oberst Baltersee besonders mit einem großen Bombenangriff der Amerikaner, die dadurch das Leben ihrer Soldaten schonen würden. Halle mit seiner Altstadt, mit den schmalen Gassen und Straßen war, wie der Fachmann sagt, äußerst luftempfindlich. Nur einige wenige Phosphorkanister würden völlig ausreichen, um große Flächenbrände hervorzurufen. Wie sollten sie bekämpft, geschweige denn gelöscht werden? Drückend war der Mangel an Leuten, und die Ausrüstung viel zu gering für solche Möglichkeiten. In großen Teilen der Stadt versagte die Wasserleitung bereits, und die Menschen stauten sich an den wenigen vorhandenen Brunnen. In der Saale war zwar genug Wasser zum Löschen! Dafür fehlte es jedoch den Feuerwehren an ausreichenden Schlauchleitungen, um genügend Wasser an die Brandherde heranführen zu können. Hilflos würde man zusehen müssen, wie Halle in Flammen aufging. Das bedeutete den schrecklichen Feuertod für Tausende, für Frauen und Kinder, Verwundete und Kranke.
Wie beurteilte man die Lage im Bunker des deutschen Kampfkommandanten? Das kleine Kontingent von Soldaten bestand zum Teil aus völlig unzureichender Polizei überalterter Jahrgänge und einem nicht geringen Prozentsatz gänzlich unerfahrener Kindersoldaten aus den Reihen der Hitlerjugend. Es gab keine schwere Artillerie und keine anderen schweren Waffen, von Panzern ganz zu schweigen. Die Nachschubwege waren bereits blockiert, und damit bestand nicht mehr die geringste Aussicht, Verstärkung zu erhalten. Spähtrupps kamen mit der niederschmetternden Nachricht

zurück, daß eine über hundert Kilometer breite Frontlücke vor Halle klaffte. – Die Stadt lag schutzlos wie auf einem Präsentierteller vor dem heranrückenden Feinde.

Der Kampfkommandant wußte also, daß er auf verlorenem Posten stand!

Am 4. April 1945 ging das nahe Nordhausen in Flammen auf. Kurz vorher hatten die Amerikaner zur Übergabe aufgefordert. Der Kreisleiter verkroch sich in einen bombensicheren Unterstand und ließ ihnen ein schroffes Nein übermitteln. Ein paar Stunden danach wurde Nordhausen durch einen fürchterlichen Bombenangriff dem Erdboden gleichgemacht. Ohne weiteren Widerstand zogen die amerikanischen Truppen in die tote Stadt ein. Der Kreisleiter war nicht mehr aufzufinden, und man hat ihn bis heute nicht mehr gesehen. –

Der Vergleich mit Nordhausen drängte sich allen Hallensern auf, und die Menschen wurden immer ängstlicher und sorgenvoller. Ein Luftalarm löste den anderen ab. Noch flogen die Bomberverbände über Halle hinweg, anderen Zielen entgegen. In den Bunkern und Luftschutzkellern diskutierten die übermüdeten und versorgten Menschen über Rettung oder Untergang.

Seit dem 13. April belagerte die 104th amerikanische Division, genannt die Timberwölfe, unter ihrem General Terry Allen die wehrlose Stadt. Kleine Verbände unserer Soldaten warfen sich ihnen mutig entgegen, und es kam zu kleinen Scharmützeln in der nördlichen Vorstadt. Ab und zu zerschnitt das Heulen und Krepieren von Granaten die tödliche Stille. Nach nicht unerheblichen Verlusten setzten sich die Amerikaner wieder ab. Sie waren also nicht länger gewillt, das Leben ihrer Soldaten aufs Spiel zu setzen. Sie würden genau so wie im Falle von Nordhausen den Widerstand kurzerhand mit einem schweren Luftangriff brechen, falls Halle nicht vorher noch zur offenen Stadt erklärt oder sich ergeben würde. Zweihundertundfünfzigtausend Menschen warteten auf die Entscheidung, die über ihr Leben und ihren Tod bestimmen sollte.

Kein Ausweg, keine Möglichkeit mehr, aus der Mausefalle zu entfliehen. Die Saalebrücken waren schon in die Luft gesprengt. In Scharen strömten die angstgejagten Menschen mit Sack und Pack schon jetzt in die Luftschutzbunker, aber vor allem in die alte Moritzburg, um in den unterirdischen Gewölben dem Tode zu entgehen.

In dieser fürchterlichen Lage versuchten alle Stellen, den Kampfkommandanten zur Übergabe zu bewegen. Nur so war noch eine Rettung möglich. Er zeigte die ausdrückliche Weisung vom Führerhauptquartier in Berlin vor, die in lakonischer Kürze die Verteidigung Halles bis zum letzten Mann befahl. Gleichzeitig traf ein liniengetreuer Offizier ein, der für die Einhaltung dieses Befehls mit Sorge tragen sollte. Verstärkung kam keine und war nicht mehr zu erwarten. Der General wußte, daß er auf verlorenem Posten stand. Er hatte sich sogar mit seiner vorgesetzten Dienststelle in Verbindung gesetzt und gebeten, die Truppe zurückziehen zu dürfen. Vergebens! Der eindeutige Befehl Hitlers bewies es. Zu einem ganz selbständigen Entschluß konnte sich der alte Herr nicht durchringen. Ihm drohte der Tod und seine Familie würde unter Sippenhaft sein Schicksal teilen. Er würde nicht der erste General sein, dem diese Bestrafung zuteil wurde.
Am frühen Morgen des 16. April sickerte ein Gerücht durch die Stadt, das sehr bald zur Gewißheit wurde: Man hatte den Gauleiter Eggeling in einem Gewölbe der Moritzburg tot aufgefunden. Sah er nur im Selbstmord einen Ausweg? Dann kam der Grund für seine Handlung heraus. Er war wenige Tage zuvor nach Berlin gefahren, und es gelang ihm sogar, zu Hitler vorzudringen. Aber vergeblich hatte er versucht, Hitler von der Sinnlosigkeit der Verteidigung Halles zu überzeugen. Der Befehl, Halle bis zum letzten Mann zu halten, wurde mit allem Nachdruck wiederholt.
Am späten Abend des gleichen Tages kam Gauleiter Eggeling zurück und versammelte am anderen Tag seine Männer um sich. Ruhig hörte er sich die Berichte seiner Verbindungsleute an und erfuhr noch einmal von allen Seiten, daß ein Kampf die restlose Vernichtung der Stadt mit ihren Einwohnern zur Folge haben würde. Er verschwieg seinen vergeblichen Besuch bei Hitler und gab dann zum Abschied jedem die Hand. Keiner ahnte, daß er sich bald darauf eine Kugel durch den Kopf jagen würde. Man kannte die Einstellung des Gauleiters und wußte, daß er trotz seiner hohen Stellung in der Partei in erster Linie ein Mensch war, dem das Wohl und Wehe von Halle am Herzen lag. Sein Freitod bedeutete nichts anderes, als daß es keine Hoffnung auf eine Rettung mehr gab. Diese furchtbare Erkenntnis senkte sich lähmend auf die Gemüter aller Menschen.

Am Vormittag des 16. April flatterten Hunderttausende von Flugblättern in die Straßen und Gassen. Sie kündigten an, was man schon angstvoll erwartet hatte ...

MÄNNER UND FRAUEN VON HALLE!

Vollkommene Vernichtung droht eurer Stadt. Entweder wird Halle bedingungslos übergeben oder vernichtet ...

MÄNNER UND FRAUEN VON HALLE!

Noch stehen eure Häuser. Noch bleibt euch die Zuflucht eurer Wohnungen. Noch ist eurer Stadt das Schicksal so vieler anderer deutschen Städte erspart geblieben ...

Dies ist die Stunde der Tat. Die Zeit drängt. In wenigen Stunden wird es zu spät sein. Es gibt nur eine Wahl —

ÜBERGABE ODER VERNICHTUNG!

Das Todesurteil für Halle.
Immer wieder studierte ich den kleinen weißen Zettel. Sollte so das Ende sein?
Vor meinem Hause drängten sich Minuten nach dem Abwurf der Tod verheißenden Zettel Hunderte von Menschen. Sie schoben sich die Treppe hinauf in die Zimmer und flehten mich an, Halle zu retten. Die helle Verzweiflung stand in den Augen der Frauen und Mütter, und ich versprach, alles zu tun, was ich tun könnte. Dann ging ich fort, um mich mit Gleichgesinnten zu beraten.
Mir war die Einstellung der maßgeblichen Stellen genau bekannt. Oberbürgermeister Weidemann hatte keinen Weg gescheut, um einen Ausweg zu finden. Auch Oberst Baltersee war mehrmals beim General gewesen, um ihn mit einem Lagebericht von der Sinnlosigkeit jedes Widerstandes in der Altstadt von Halle zu überzeugen. Polizeipräsident Rheins, der Leiter des Roten Kreuzes Dr. Weins, die Vertreter der Kirche, die Wissenschaftler und Gelehrten zerbrachen sich schon seit Tagen die Köpfe, wie man einen Ausweg aus der verzweifelten Lage finden könnte. Sie er-

forderte eine Lösung, eine schnelle Lösung, denn nun ging es um Stunden! Bei den Beratungen vergingen kostbare Minuten, die tollkühnsten Pläne wurden erörtert und wieder verworfen.
In dieser Stunde bat mich Oberbürgermeister Weidemann, hinüber zum Amerikaner zu gehen und um mildernde Bedingungen für die Stadt zu bitten. Die anderen Herren schlossen sich seiner Bitte an. Sollte ich gehen? Gab es denn wirklich keinen anderen Ausweg mehr? Ich konnte mich nicht gleich entschließen. Nun wollte auch ich zum General gehen und mit eigenen Ohren hören, daß er nicht bereit war, die Truppe aus der Stadt zurückzuziehen. Erst wenn er sich auch zu dieser Stunde noch weigerte, den einzigen rettenden Entschluß zu fassen, der zweihundertundfünfzigtausend Menschen dem Tod entreißen würde, erst dann wollte ich den Weg gehen, der nun der letzte mögliche war. –
Bei dieser Unterredung merkte ich wohl, wie sehr der General mit sich kämpfte, aber entscheiden konnte er sich auch jetzt noch nicht. Mochte die Angst um das eigene Leben für seine unbeugsame Haltung auch nicht ausschlaggebend sein, so dachte er bestimmt an seine Familie, die dann sein Schicksal teilen müßte. Am Schlusse meiner Unterredung mit dem General erwähnte ich, daß man auf dem Wege der direkten Verhandlung mit den Amerikanern die Vernichtung verhindern könnte. Der General wehrte ab und meinte dann: „Tun Sie, was Sie wollen, aber ich darf nichts davon wissen."
Als ich den General verließ, sah ich den bewußten linientreuen Offizier, der mich haßerfüllt musterte. Zu einem der Soldaten sagte er höhnisch: „Das ist auch so ein internationaler Freimaurer."
Ruhig warf ich ein, meinen Kopf nicht umsonst oft genug für die Menschlichkeit riskiert zu haben. In dieser Situation riskierte ich ihn gern zweimal für die unschuldigen Einwohner von Halle. Da brüllte er wütend: „Einmal genügt auch!"
Ohne ihn einer Antwort zu würdigen, verließ ich den Bunker. Ich hatte auch andere Sorgen, als mich mit so einem Fanatiker herumzustreiten.
Draußen vor der Bunkertür traf ich Oberst Baltersee. Er schickte sich gerade an, ebenfalls zum Kampfkommandanten zu gehen. Ich begrüßte ihn und sagte: „Bitte tun Sie alles, was Sie können, damit der General doch noch die Truppen aus der Altstadt zurückzieht an den Stadtrand."

Er erwiderte: „Graf Luckner, was in meinen Kräften steht, soll geschehen."
Ich informierte ihn noch schnell von meiner Absicht, hinüber zum Amerikaner zu gehen, um das Unglück vielleicht doch noch abzuwenden. Dann trennten wir uns. Diesem ruhigen und besonnenen Manne mochte es vielleicht doch in letzter Stunde gelingen, den General durch die Kraft seiner Argumente zur Räumung der Altstadt zu bewegen.
Während ich zu meinen Freunden zurückging hatte ich einen Kampf mit mir selbst auszufechten. „Die Garde stirbt, aber sie ergibt sich nicht." Immer und immer wieder dieser eine Satz. Ein Motto, das dem Soldaten stets heilig war. Aber wo war jetzt der Inhalt dieser These? Im Weltkrieg, ja, da stand dies heilige Motto auf jeder deutschen Fahne. Für die Heimat und für die Lieben bis zum Tode kämpfen, das war die größte und heiligste Pflicht. Aber in diesem Krieg, vor allem in dieser Situation, bedeutete der Kampf, daß durch ihn in den Tod gerissen wurden, die man gerade davor schützen wollte! Was für ein Krieg!!!
Dann saßen wir zur letzten Beratung zusammen. Während die Einzelheiten des Plans durchgesprochen wurden, irrten meine Gedanken immer wieder in eine andere Richtung. Kapitulation! So ein Wort gab es im ganzen Leben des Felix Luckner nicht. In Blitzesschnelle zogen vor mir die zahlreichen scheinbar hoffnungslosen Situationen vorüber, denen ich als Kommandant des „Seeadler" im Weltkrieg gegenüber gestanden hatte. Doch der Vergleich stimmte nicht. Hier war die Lage so ganz anders. Hier ging es ja nicht um den Soldatentod allein, es ging um Hunderttausende, um Frauen und Kinder. Noch mehr sollten nicht sterben müssen in letzter, allerletzter Stunde. Ein Kinderheldentod! Wo ist der Sinn? Ohne die Jugend würde später eine Gesundung überhaupt nicht möglich sein. In ihren Händen würde sehr bald Deutschlands ganze Hoffnung liegen.
So wurde mir auf einmal klar, daß ich doch den richtigen Weg ging. Der Mensch Luckner würde einst vor seinem Herrgott den Soldaten Luckner verteidigen können.
Was würde ich eigentlich den Amerikanern zu sagen haben? Viel war es nicht. Aber wenn ich ihnen die Situation der Stadt schilderte, mußten sie Herzen aus Stein haben, wenn es sie nicht davon ab-

halten würde, Halle zu bombardieren. Der Leiter des Roten Kreuzes stellte mir seinen Wagen zur Verfügung. Alle drückten mir zum Abschied die Hand, und es tat gut, so aufrechte Menschen zu wissen, deren Hoffnungen, Wünsche und Gedanken bei mir sein würden. Mit mir stieg ein ehemaliger Offizier in den Wagen. In den vorangegangenen schweren Tagen war uns Herr Huhold durch seine ständige, nimmermüde Einsatzbereitschaft sehr lieb geworden. Er wußte, mit welcher Gefahr diese Fahrt verbunden war, dennoch stand sein Entschluß, mich zu begleiten, fest.

Der Wagen fuhr an, und das Schicksal nahm seinen Lauf. Drei Uhr schlug es vom Kirchturm herüber. Was würden die nächsten Stunden bringen?

Vor dem lieben alten Hause am Universitätsring ließ ich den Wagen noch einmal halten. Ohne meine Visitenkarte wollte ich nicht beim Amerikaner erscheinen. Herr Huhold nahm sich ihrer sofort begeistert an. In meiner Rocktasche hätte das Ding auch schwerlich Platz gehabt: Es war ein stattliches Buch mit Zeitungsausschnitten von meinen USA-Reisen. Mit Fotos, die mich zusammen mit Henry Ford und anderen berühmten Persönlichkeiten zeigten, die einst meine Freunde geworden waren. Damit wollte ich mich in freundliche Erinnerung bringen, falls man inzwischen vergessen hatte, wer der Seeteufel eigentlich war.

Der Sanitätswagen, geschützt durch die Rote-Kreuz-Fahne, bahnte sich seinen Weg durch die Stadt. Ab und zu schreckten wir zusammen, wenn Granaten in unmittelbarer Nähe krepierten. Aber immer ging es wie durch ein Wunder gut ab. Wo hatte ich nur die großen Transparente gelesen: „Wer mit dem Feind verhandelt, wird erschossen." – Hier sah ich keins, und trotzdem mußte ich immer wieder an diese Drohung denken.

Wußte niemand, wer in diesem Wagen des Roten Kreuzes saß und was das Ziel der Fahrt sein würde? Einmal hielten wir, als ein Bekannter uns winkte. Er hatte schon mit den amerikanischen Vorposten Fühlung aufgenommen und berichtete, man habe ihn sofort gefragt, ob Count Luckner in der Stadt sei. Das klang tröstlich. Nun wies er uns den Weg. Er ging vor uns durch die menschenleeren Straßen, und der Wagen folgte langsam. Ab und zu wurde die beängstigende Stille durch den dumpfen Einschlag, das Sausen und Krepieren von Granaten zerrissen und gleichzeitig vertieft.

Die Spannung war so groß, daß keiner daran dachte, auch nur ein einziges Mal in Deckung zu gehen. Viel mehr als unser Leben stand ja auf dem Spiel!

Hinter der Bahnunterführung ließen wir den Wagen halten. Ich sah die ersten fremden Uniformen und ging langsam darauf zu. Wußten die denn, daß ich als Freund kam? Plötzlich hörte ich einen überraschten Ausruf: „Hello, Count, is that you?" (Hallo, Graf, sind Sie es?)

Das freundliche Schicksal führte mir in der Person des ersten amerikanischen Soldaten den Zeitungsreporter Al Newman zu, der mich sehr gut kannte und vor dem Kriege in vielen amerikanischen Zeitungen von mir berichtet hatte. Die Begrüßung war entsprechend freundlich. Während er mich mit tausend Fragen überschüttete, brachte uns ein Jeep zum Chef des Stabes der „Timberwölfe", zum Obersten Kelleher. Dieser fragte mich als erstes, ob ich seine Nachricht bekommen hätte.

Eine Nachricht?

Durch einen geheimen Boten hatte er versucht, mir einen Brief zuzustellen. Darin bat er mich, meinen Einfluß geltend zu machen. Als Ehrenbürger großer amerikanischer Städte und Ehrenmitglied vieler Vereinigungen sollte ich vermittelnd einen Weg zur Rettung Halles finden. – Dieser Brief hatte mich jedoch gar nicht erreicht.

Als ich dem Obersten sagte, daß gerade dieser Wunsch der Grund meines Kommens wäre, erwiderte er, daß eine Entscheidung solcher Art nicht bei ihm läge. Der General sei jedoch bereits von meinem Hiersein verständigt worden und habe sein baldiges Kommen zugesagt. Nun hieß es also warten. Das Herz war mir schwer, und es fiel mir nicht leicht, die vielen Fragen der Amerikaner zu beantworten. Sie wollten wissen, wie mir Amerika gefiel, wie Henry Ford mein Freund geworden wäre und dergleichen mehr. Ich hatte im Augenblick ganz andere Sorgen und erwartete gespannt die Ankunft des Generals.

Nach einiger Zeit, die mir wie eine Ewigkeit vorkam, öffnete sich die Tür des Zimmers, in dem wir versammelt waren. Ein mittelgroßer, hagerer Mann mit scharfen, markanten Gesichtszügen trat ein. General der Timberwölfe, Terry de la Mesa Allen. Auch er trug am Ärmel den grauen Wolfskopf auf grünem Grunde. Nach

kurzer Begrüßung trug ich ihm mein Anliegen vor, Halle zu schonen und damit zweihundertundfünfzigtausend Menschen vor der Vernichtung zu bewahren. Er hörte sich meine Ausführungen genau an und schüttelte dann langsam den Kopf.
„Ich bin mit Freuden hierhergekommen, um Sie, Count Luckner, kennenzulernen. Aber was Halle anbetrifft, so steht mein Entschluß fest. Sie sprachen eben von der Menschlichkeit. Was in diesem Sinne geschehen konnte, habe ich getan. Ich habe meinen Soldaten den strikten Befehl gegeben, unter keinen Umständen auf Zivilisten zu schießen. Was geschah? Deutsche Zivilisten haben aus dem Fenster eines Hauses heraus meinen besten Offizier und Kameraden erschossen. Für einen gleichen Vorfall haben deutsche Generäle in Frankreich ganze Dörfer angezündet. Ich habe auch versucht, mit dem Kommandanten von Halle zu verhandeln und wartete sechsunddreißig Stunden auf eine Antwort. Nichts erfolgte! Ich habe Flugblätter abwerfen lassen. Nichts habe ich von ihm gehört! Jetzt bin ich mit meiner Geduld am Ende. Außerdem bin ich keinesfalls gewillt, das Leben meiner Soldaten noch länger sinnlos aufs Spiel zu setzen. Heute Nacht werden siebenhundert Bomber und zweihundertsechzig Jabos zur Vernichtung von Halle eingesetzt. Das ist alles, was Sie Ihrem General bestellen können."
Schweigend hatte ich zugehört, angestrengt überlegte ich, was ich dagegen sagen könnte. Ich dachte nicht daran, meinen Weg schon jetzt scheitern zu lassen. Mit Schaudern dachte ich an den kommenden Tag, an ein brennendes, zerstörtes Halle, an Menschenherzen, die morgen nicht mehr schlagen sollten.
Ich schilderte dem General die furchtbare Lage der überfüllten Stadt. Ich berichtete ihm, daß die ablehnende Haltung des Kampfkommandanten nur dadurch verständlich sei, weil er seiner Handlungsfreiheit völlig beraubt wurde. Nicht nur er, auch seine Familie würde im Falle der Kapitulation erschossen werden.
„General!" fuhr ich fort, „ich bin hierhergekommen, um an ein edles Menschenherz zu appellieren. Ich bin bei Ihnen, obgleich ich genau weiß, daß uns bei der Rückkehr der Tod durch ein Standgericht droht. Wir fürchten ihn nicht. Wir denken nur daran, daß unser Weg zu Ihnen die letzte Möglichkeit ist, Tausenden von Unschuldigen das Leben zu retten."
Und wieder antwortete der General, daß sein Entschluß unab-

änderlich sei. Dann lag eine so drückende Stille über dem Raum, daß ich meinte, meinen eigenen Herzschlag zu hören. Die Sekunden schlichen dahin, und ich sah das brennende Halle vor meinen Augen. Nein, koste es, was es wolle, ich mußte den General umstimmen. Ich suchte seine Augen.

„General, ich bin ein alter Mann geworden, und mein Leben war reich an großen und erhebenden Momenten. Die Krönung meines Lebens wäre aber die Rettung meiner lieben Stadt Halle, wo auch meine alte Mutter wohnt. Ich, General, habe das Recht, in dieser Stunde gerade von der Mutter zu sprechen, weil ich nie, in keiner Stunde die Mütter vergaß. Auf meinen Kaperfahrten im letzten Weltkrieg hatte ich so große Erfolge, daß sie noch heute weltbekannt sind. Mein schönster Erfolg war jedoch, daß ich keiner Frau ihren Mann oder Bruder und keiner Mutter ihren Sohn genommen habe. Meine Gefangenen kehrten alle gesund in ihr Vaterland zurück. Und viele unter diesen Männern waren Amerikaner!

Ich liebe und schätze das amerikanische Volk. Auf Grund meiner Haltung während des Weltkrieges machte man mir die Türen auf, deren Klinken ich Jahrzehnte zuvor geputzt hatte. Ich bin auch heute noch Ehrenbürger vieler großer Städte Ihres Vaterlandes. Man ernannte mich zum Ehrenmitglied größter Verbände, vor allem der Jugend. Ich gab diese Ehrungen nie zurück, obgleich man mir in den letzten Jahren deswegen Schwierigkeiten machte und mich zeitweise sogar überwachen ließ. — Viele Amerikaner kennen mich noch aus der Zeit meiner großen Vortragsreisen durch die Vereinigten Staaten, als ich nach dem Weltkrieg für eine echte Verständigung zwischen den Völkern eintrat, damit alle wieder zu einer wahren Freundschaft zueinander fähig würden.

Bedenken Sie, General, wenn heute nacht über das Kabel gemeldet wird, daß ich die Stadt Halle auf dem Wege der Verhandlung mit Ihnen vor dem Untergang schützen konnte, dann werden nicht nur mir Tausende dafür danken, sondern auch Ihnen, General Allen, für Ihre Herzensgüte!"

Erschöpft lehnte ich mich zurück und schwieg. Auch der General sagte kein Wort, sondern sah mich nur unverwandt an. Nochmals schöpfte ich Atem und berichtete ihm, daß auch auf unserer Seite alles getan worden wäre, das Leben seiner Soldaten zu schützen. Außerdem würde gerade versucht, den deutschen General dazu zu

bewegen, seine Truppe aus dem Stadtkern in die südliche Vorstadt zu verlegen.
Noch immer schwieg der General und sah nachdenklich vor sich hin. Plötzlich aber wandte er sich um, sah die Offiziere an, die hinter ihm standen, und sagte: „Jungs, ich habe Vertrauen zu Graf Luckner, aber was ist denn eure Meinung?“
Sofort trat Oberst Kelleher einen Schritt näher: „General, selbst wenn Count Luckner ein Löwe wäre, steckte ich meinen Kopf in seinen Rachen und wüßte, daß mir nichts geschieht.“
General Allen stand auf und reichte mir die Hand. „You saved the city. I am not going to bombard Halle.“ (Sie haben die Stadt gerettet, ich werde Halle nicht bombardieren.)
Ich brachte kein Wort heraus. Die Kehle war mir wie zugeschnürt, und heiße Tränen stiegen mir ganz ungewollt in die Augen. Ich drückte die Hand des Generals und fühlte, wie unsere Pulse gemeinsam schlugen, — in einem Augenblick, da die Menschlichkeit einen so großen Sieg errungen hatte.
Auch der General hatte feuchte Augen, als er sagte: „Ihre Tränen, Count, bedeuten, daß Tausende nicht weinen werden. Gut, daß Sie gekommen sind!“
Nochmals ergriff ich seine Hand.
„Und Ihre Tränen, General, bedeuten, daß keiner Ihrer Soldaten im Kampf um Halle sterben muß. Keine Mutter wird Tränen vergießen, weil ihr Sohn im April 1945 bei Halle fiel.“
Da umarmte mich der General mit sichtlicher Bewegung und rief: „Ich liebe Sie als Soldaten, als Seemann und als Menschen!“
Die Anwesenden umringten mich und drückten mir die Hände. Auf allen Gesichtern stand die Freude geschrieben, und langsam wich der grauenhafte Druck auch von meinem Herzen. Der General ließ einen Drink servieren, und ich sprach ihm nochmals meinen Dank aus. Die Photoapparate blitzten, und ich merkte, daß ich wieder schmunzeln konnte. Herr Huhold schlug meine vielpfündige Visitenkarte auf und war im Nu von allen Anwesenden umringt.
Inzwischen stellte ich im Gespräch mit General Allen fest, daß sein Onkel ein alter Bekannter von mir war. Als Kommandeur der Besatzungstruppe am Rhein hatte er nach dem Weltkrieg die Erlaubnis zu meinen Vorträgen erteilt. Einmal befand er sich auch unter den Zuhörern. Danach kam er zu mir und äußerte, daß ich

Vorträge dieser Art auch in den Vereinigten Staaten halten sollte. Das wäre gewiß eine gute Sache. General Allen wußte davon und schien auf diesen Onkel mächtig stolz zu sein.
Dann fand ich endlich Zeit, die Umwelt zu betrachten. Ich bemerkte zu meinem Entzücken einen herrlichen Wintergarten und sah mich begeistert um.
Plötzlich, ich traute meinen Augen nicht! Hoch oben auf einem Bord, umgeben von grünen Schlingpflanzen und leuchtenden Blüten, ein schmales Gesicht. Eine Menge wuschliger Löckchen, große, eindrucksvolle Augen ...
Ingeborg!
Aber wie kam sie denn hierher, in dieses Haus? Forschend sah ich umher. Endlich fiel der Groschen. Kein Wunder, aber doch ein wundervoller Zufall, daß Konsul Lehmann, dem dies Haus gehörte, ein Bild der Tochter seines Freundes Konsul Engeström in seinem Wintergarten aufgestellt hatte. Der schwedische Generalkonsul Lehmann war auch Gast unserer Hochzeit in Malmö gewesen. — Wie ein kleiner Schutzengel sah mein Frauchen herab auf ihren abgekämpften Phylax. Hierher hatte sie mich mit tausend Ängsten im Herzen allein gehen lassen müssen — und nun war sie doch dabei!
Der General trat an meine Seite und bemerkte meinen Blick. Ich erklärte ihm, wer die hübsche junge Frau auf diesem Bilde war. Er rief sofort seine Offiziere zusammen, deutete auf das Bild und rief: „Look, that is the Darling of the Count!" (Schaut, das ist der Liebling des Grafen.) Gemeinsam tranken wir auf das Wohl von Ingeborg.
Herr Huhold winkte schon, es war allerhöchste Zeit. Auf meine Rückkehr wartete man mit Sehnsucht, das wußte ich. So verabschiedeten wir uns von General Allen und seinem Stab und fuhren zurück.
Schon fing es an zu dämmern. Wenn ich Menschen sah, beugte ich mich aus dem Wagen und rief: „Geht schlafen, Kinder, schlaft aus, Halle wird nicht bombardiert!" Dankbare Augen grüßten mich. Und wieder fiel mir plötzlich das Schild ein: „Wer mit dem Feind verhandelt, wird erschossen."
Nach einigen kurzen Aufenthalten landeten wir im Hof der Moritzburg, wo schon Hunderte von Menschen auf meine Rückkehr

warteten. Aber zuerst sah ich doch nur meine Ingeborg. Leichenblaß stürzte sie mir entgegen, und ich fing sie auf. Nie waren ihre Hände so eiskalt gewesen.
Ich kann nicht schildern, wie groß die Freude und Erleichterung der verängstigten Menschen war, als ich ihnen sagte, daß das Bombardement nicht stattfinden würde, — daß Halle gerettet sei. Die Menschen drängten sich zu mir, und jeder wollte mir danken. Ich sah, wie Frauen ihre Kinder selig an sich drückten, und viele weinten still vor sich hin.
Vor allem wollte ich selbst erst einmal Oberst Baltersee danken. Dem Mann, der so viel getan hatte. In seiner großen Bescheidenheit ließ er mich kaum zu Worte kommen. Er dachte sofort an die Gefahr, in der wir in den nächsten Stunden schweben würden. Herr Huhold, der gleichfalls sehr gefährdete Oberbürgermeister und ich wurden in einem Luftschutzkeller verborgen, um für die nächsten Stunden vor den Kugeln fanatischer Parteigänger oder Leuten vom Werwolf sicher zu sein. Das war auch einzusehen. Mit Windeseile verbreitete sich die Nachricht meiner Verhandlungen mit den Amerikanern durch die Stadt. Es war eine Frage von Minuten, wann meine Aktion auch zu Ohren des Generals und der Partei kommen würde.
Da hockten wir nun in einem engen, dunklen Keller und wußten nicht, was die nächsten Stunden für uns bereit hatten. Das Leben oder den Tod. Wir wußten auch nicht, daß über das Radio bereits der Befehl eintraf, Graf Luckner sei mit seinen Helfershelfern sofort zu erschießen. Werwolf und Partei suchten uns schon. Immer, wenn es an die eiserne Bunkertür klopfte, durchfuhr uns ein eisiger Schrecken. Sind es die Henker?
Am späten Abend kam Nachricht von Oberst Baltersee. Er könnte unmöglich länger für unsere Sicherheit garantieren. Wiederholt sei er aufgefordert worden, mich unverzüglich zu verhaften. Schon jetzt glaubte man ihm nicht mehr, daß er unseren Aufenthalt nicht wisse. Die einzige Rettung sei, daß Oberbürgermeister Weidemann, Herr Huhold und ich uns unverzüglich hinter den amerikanischen Linien in Sicherheit brächten.
Der Wagen stand schon vor der Tür.
Im Schutze der Nacht und der Verdunkelung fuhren wir los. Mit unbeschreiblicher Mühe bahnte sich der Fahrer seinen Weg durch

die kleinen Gassen und Seitenstraßen. Wir spähten nach allen Seiten aus, ob nicht in der Dunkelheit plötzlich einer kommen würde, um kurzen Prozeß mit uns zu machen. Auf tausend Umwegen gelangten wir schließlich zu den amerikanischen Stellungen. Kein freundlicher Bekannter begrüßte uns, wie beim ersten Mal. Die ersten amerikanischen Soldaten, die wie Schemen aus der Nacht auftauchten, legten sogleich auf uns an.

Wir merkten sofort, daß sie schon auf den Sieg getrunken hatten und nicht mehr ganz zurechnungsfähig waren. Sie konnten oder wollten den Zweck unseres Kommens nicht verstehen. Glücklich durchgekommen und in der Hoffnung, nun sicher zu sein, kamen wir statt dessen vom Regen in die Traufe. Zurück nach Halle konnten wir nicht, dort wartete schon das Standgericht, und hier sah es ganz so aus, als ob man ebenfalls kurzen Prozeß mit uns machen wollte. Einer der Soldaten gebärdete sich besonders rabiat. Mehrere Feuerstöße aus seiner Maschinenpistole gingen nur wie ein Wunder daneben. Unser Leben war nun wirklich keinen Pfifferling mehr wert.

Ich redete auf die Leute ein, und nach geraumer Zeit, immer sahen wir die Mündung mehrerer Pistolen vor uns, begannen sie zu verstehen, daß es sich bei uns um was Besonderes handeln mußte. Einer der Soldaten wurde sogar wieder vernünftig und hinderte mühsam genug seinen rabiaten Kollegen daran, uns sofort umzulegen. Mit hoch erhobenen Armen, die Maschinenpistolen im Rücken, gingen wir unter dem recht unzureichenden Schutz des einen halbwegs nüchternen Helden weiter. Beim ersten Offizier wurden wir von diesem gefährlichen Begleiter erlöst und gelangten endlich zu Oberst Kelleher. Im gleichen Augenblick erschien auch der General und fragte ganz überrascht: „Was ist los?"

Ich antwortete: „General, du hast meine Leute gerettet, ich habe deine Leute gerettet, jetzt rette mich. Der Werwolf hat Order, mich zu erschießen."

Er sah mich überrascht an. „Was, der Werwolf?"

Spontan riß er sich das Abzeichen seiner Division vom Ärmel. Einer seiner Offiziere reichte ihm eine Nadel. Damit heftete General Allen den grauen Wolfskopf auf meinen Jackenärmel. „So, Count, jetzt sind Sie ein Timberwolf. Dem Timberwolf kann der Werwolf nichts anhaben. Sie stehen unter meinem Schutz."

Eine schlimme Nacht begann. Ruhelos lag ich auf meinem Feldbett und machte mir Sorgen. Wohl hatte der deutsche General endlich auf das Drängen von allen Seiten nachgegeben und seine Truppe in die südliche Vorstadt gelegt. Kein Hallenser würde auf die einrückenden Amerikaner schießen. Aber würde das genug sein? Würde es den amerikanischen Truppen gelingen, Halle ohne Blutverluste zu besetzen? Würden nicht irgendwelche Fanatiker durch die Verwendung nur einer Panzerfaust das Leben Tausender aufs Spiel setzen?

Der Himmel hatte ein Einsehen.

Am nächsten Tage marschierten die Amerikaner in die von der Wehrmacht geräumte Altstadt, und die Gefahr war vorüber.

Ich kehrte in die Stadt zurück und dankte vor allem dem mutigen Oberst Baltersee. Er hatte so viel gewagt und schließlich noch mein Leben gerettet. Ich wurde von allen Seiten mit Zeichen des Dankes überschüttet. Das half mir sehr, mich von den seelischen Konflikten und Aufregungen der vergangenen Stunden zu erholen.

Auch die Timberwölfe vergaßen mich nicht. Als ich bei erster Gelegenheit wieder nach Amerika fuhr, um erneut das Band der Freundschaft zwischen den Völkern zu knüpfen, meldeten sie sich sogleich. Ich wurde in den Klub der Timberwölfe aufgenommen.

Oft denke ich daran, daß mit der Rettung von Halle wahr wurde, was ich immer sagte, wenn mir von den Amerikanern eine große Ehrung zuteil wurde: „Ich nehme diese Ehrung nicht für mich persönlich an, ich nehme sie an im Namen meines Vaterlandes."

Eine deutsche Stadt wurde dadurch in letzter Stunde vor dem Untergang gerettet, und der Sinn meiner Worte erfüllte sich. –

Noch heute bekomme ich oft Briefe von Einwohnern meines lieben Halle, die mir für ihre Errettung danken. Ich bin seit vielen Jahren nicht mehr dort gewesen, aber die Sehnsucht bleibt. –

Meine Mutter starb dort im hohen Alter von vierundneunzig Jahren, während ich in Amerika von Stadt zu Stadt reiste und Vorträge hielt. Mir wurde später erzählt, daß viele Menschen ihrem Sarg zum Friedhof folgten, wo sie nun ausruht. Über sieben Jahre hatte sie einst um den verlorenen Sohn getrauert und gebangt. Es ist mir ein kleiner Trost, daß ich siebzig Jahre Gelegenheit erhielt, ein wenig von dem Leid wieder gutzumachen, das ich ihr durch mein

Davonlaufen einst zufügte. Sie starb in dem Bewußtsein, daß aus ihrem Sorgenkinde doch noch ein ganz ordentlicher Mensch geworden war. Und bis zu meinem letzten Atemzug werde ich dafür danken, eine so gute und liebe Mutter gehabt zu haben.
Oft wandern meine Gedanken nach Halle an der Saale. Ich sehe mich als kleinen Lausejungen an der Hand der Großmutter durch die schmalen Straßen gehen und nach Tassen für den „Prahlhans" Ausschau halten. Ich bin so froh, daß fast alles so blieb, wie es vor Jahrzehnten war. Die alte Weinhandlung steht noch immer da und auch das Haus der lieben Großmutter, die so an ihren Enkel glaubte.

Der Partisan

Wie eigenartig und überraschend das Leben sein kann, stellte ich fest, als mir nach dem Krieg von einem alten Freund folgender lakonischer Bericht übersandt wurde:

„Im März 1945 hatte ich es vorgezogen, mein Marinelazarett südlich von Wien zu verlassen. Ich legte wenig Wert darauf, den Rest meiner Krankenbehandlung beim Russen durchzustehen und fand bei Verwandten eines Marinekameraden im Kreise Gifhorn freundliche Aufnahme. Meines Zeichens war ich einst Infanterieoffizier gewesen, aber im letzten Krieg fand ich mich bei der Marine als Zivilangestellter wieder. Allerdings waren wir durch einen Befehl von ‚oben' sofort einzusetzen, wenn auf den Auslandsstützpunkten feindliche Landungsversuche beginnen sollten. Nur in einem solchen Falle trugen wir die Uniform mit dem Dienstgrad. Doch waren wir im allgemeinen nicht als Soldaten anzusehen.

Kurz nachdem ich in dem Dörfchen bei Gifhorn eingetroffen war, kamen die ersten amerikanischen Truppen. In dem entstehenden Wirrwarr bot ich mich auf Grund meiner englischen Kenntnisse als Dolmetscher an. Die Amerikaner waren hinter dem Dorf nach Osten in die Altmark abgebogen und hatten dabei ihre rechte Flanke offengelassen. Diesen Umstand ausnützend erschien etwa drei Tage nach der amerikanischen Besetzung eine kleine deutsche Kampfgruppe mit Panzern, die den Amerikanern unverhoffte Schwierigkeiten machte. Diese setzten am Tage darauf schweres Artilleriefeuer ein, mit dem Erfolg, daß sie nun den kleinen Ort endgültig in der Hand hatten. Ich nahm meine dringend benötigte Dolmetschertätigkeit wieder auf.

Eines Tages — ich war gerade beim Chef der amerikanischen Truppe wegen einer wichtigen Übersetzung — sah ich, wie vor dem Haus, in dem ich wohnte, einige Autos mit Amerikanern vorfuhren. Sofort kam dann die Kolonne auf uns zu. Ehe ich es mich versah, hatte ich gleich drei Maschinenpistolen vor der Nase und war als verhaftet erklärt. Wie eine Kühlerfigur setzte man mich vorne auf einen der Jeeps und ab ging es zum Regimentsstab. Dort sah ich zu meiner Überraschung auch meinen Quartierwirt, dem man schon die Stiefel ausgezogen und die Uhr abgenommen hatte.

Mir selbst machte man klar, daß ich ein sich in Zivil hinter den amerikanischen Linien herumtreibender deutscher Major sei, der die deutschen Truppen leite. Eine sehr schwerwiegende Anklage! —

Zum Glück hatte ich meine Papiere bei mir, darunter auch einen Zivilpaß mit einer ganzen Menge an Visa, da ich in den Jahren 1941 bis 1943 oftmals für die Marine dienstlich durch Italien und die Balkanstaaten reisen mußte. Aber diese Ausweise nützten mir gar nichts. Man erklärte mir lakonisch, mein Paß und seine Visa seien eine geschickte Fälschung, die mir erlauben sollten, meine Partisanentätigkeit ungestört durchzuführen. Man brachte mich dann noch zu einem amerikanischen Obersten, der mich zwar kurz anhörte, meinen Beteuerungen jedoch nicht den geringsten Glauben schenkte. Ich hörte nur, daß mein Quartierswirt ebenfalls der Partisanentätigkeit angeklagt sei. — Dann kam der kurze Befehl, daß man uns zum 2. Bataillon bringen sollte, wo man mit uns verfahren würde, wie man es damals kurzerhand mit den Partisanen tat.

Als letzte Post hatte ich unter anderem eine Postkarte von dem mir lange und gut bekannten Seeteufel Felix Graf Luckner erhalten. Diese war in meiner Brieftasche. Als man mir beim 2. Bataillon alle Sachen abnahm und durchsuchte, fiel dem Offizier diese Karte mit der eindrucksvollen Unterschrift auf. Sofort fragte er mich, ob dies die Unterschrift des bekannten Graf Luckner sei. Als ich das bejahte, fragte er neugierig, ob ich den Grafen denn auch persönlich kenne. Ich konnte ihm nur zur Antwort geben, daß dies ja wohl der Fall sein müsse, denn sonst würde er mir wohl kaum schreiben. Im gleichen Augenblick wurde der Offizier ein völlig anderer und ließ mir sofort die Hände freibinden. Strahlend erzählte er mir vom Seeteufel, dessen Buch er verschlungen und von dem er sogar einen Vortrag in den Vereinigten Staaten gehört hatte.

Dann ging er in das Haus und kam nach kurzer Zeit wieder heraus. Er bemerkte, daß man nun auf Grund meiner Papiere bereit sei, meinen Angaben Glauben zu schenken. Ich sei wohl doch nur von einem bösartigen Kerl denunziert worden. Mein Quartierwirt und ich könnten wieder heimgehen. Ja als ich bemerkte, daß ich nicht freiwillig den weiten Weg hergekommen sei, brachte mich ein Auto nach Hause. So war eine Postkarte von Graf Luckner meine Rettung."

Ich mußte diesen sachlich-nüchternen Brief meines Freundes Hans B. mehrmals lesen. Nie wäre ich auf den kühnen Gedanken gekommen, daß ein Kartengruß von mir einem Freunde das Leben retten könnte. –

Wenn ich heute einem Lehrer dankbar bin, so dem weißhaarigen Dorfschullehrer von Pennrich, der mir das Schreiben beibrachte. Allein dieser einen Postkarte wegen hat sich die ganze Schinderei doch gelohnt. –

Das Meer

Keinen meiner zahlreichen Freunde wundert es, daß der Seeteufel das Meer über alles liebt. Ich konnte kaum laufen, da begann schon die große unbestimmte Sehnsucht danach, aber es verging noch eine ganze Weile, bis ich endlich als Schiffsjunge der „Niobe" aus dem Hamburger Segelschiffhafen hinaus in die Welt fuhr. Heute kann ich nun mit vollem Recht sagen, wie glückhaft sich die rätselhafte, unbestimmte Sehnsucht der Kindheit erfüllte. Ich liebe das Meer, denn es hat mich geformt, und was ich wurde, das verdanke ich ihm allein. –

Uralt ist die mächtige Sehnsucht der Menschen, das Meer zu befahren. Wir wissen mit Bestimmtheit, daß schon vor fünftausend Jahren die Seefahrt in vielen Teilen der Welt gebräuchlich war, und auf dreitausend Jahre alten ägyptischen Wandvasen und Wandreliefs finden wir die verschiedensten Wasserfahrzeuge abgebildet, die von der Reiselust der Alten Zeugnis ablegen.
Als das erste Jahrtausend unserer Zeitrechnung seinem Ende zuging, fuhren die Wikinger mit ihren starken Booten schon lange aufs Meer hinaus und entdeckten eines Tages ein schönes und fruchtbares Land, dem sie den Namen Vinland gaben. Heute nimmt man mit Sicherheit an, daß sie mit dem „Weinland“ Amerika meinten.
Im Mittelalter verkehrten wahre Riesenschiffe auf dem Seeweg zwischen China und Indien. Sie hatten bis zu sechshundert Mann seemännisches Personal, dazu etwa vierhundert Soldaten zum Schutze gegen die gefürchteten Überfälle durch Seeräuber und Piraten und konnten neben ihrer wertvollen Ladung noch zweihundert Passagiere aufnehmen. Klein und zierlich wirken dagegen die Karavellen von Kolumbus, mit denen er 1492 den Erdteil Amerika endgültig für die Alte Welt entdeckte.
Immer schon gab es mutige und beherzte Menschen, die sich mit schwankendem Einbaum oder gewaltigen Ruderschiffen, mit Seglern oder Flößen dem großen Wasser anvertrauten, die Handelswege öffneten und neues Land entdeckten. Ob sie es wohl gewagt hätten, in das Ungewisse hinauszufahren, wenn ihnen schon die Größe dieses Planeten bekannt gewesen wäre?

*

Natürlich beschäftigt einen alten Seeräuber und Piraten, wie ich es war, der Hinweis auf die Seefahrt als gefährliches, kriegerisches Unternehmen besonders stark. Die Trennung von Handelsmarine und Kriegsmarine gibt es noch nicht allzu lange Zeit. Jeder Matrose war früher ein halber Soldat, der sich hütete, seinen Fuß auf die Planken eines Schiffes zu setzen, wenn er nicht ein scharfes Schwert, eine Muskete oder sonst eine wirksame Waffe in seiner Seekiste hatte. Er mußte darauf gefaßt sein, in der Gefahr sein Leben bis zum letzten zu verteidigen.
Die Meere waren einst der Schauplatz erbitterter Kämpfe zwischen Kauffahrteischiffen und Seeräubern. Stets war die Ladung kostbar,

und die verwegenen Seeräuber konnten immer mit großer und wertvoller Beute rechnen. Sie lauerten mit ihren leichten, wendigen Fahrzeugen den schwerbeladenen Schiffen auf und jagten sie so lange, bis der eiserne Enterhaken das Schicksal des Handelsschiffes besiegelte. Rot wehte vom Mast eines solchen Piratenschiffes der Wimpel mit dem Totenkopf.
Mein Hang zur Romantik verführte mich im Weltkrieg dazu, auf meinem „Seeadler" neben der deutschen Kriegsflagge stets auch den Piratenwimpel zu setzen, wenn es mal wieder an die Kaperung eines fremden Schiffes ging.

*

Für alte Sitten und Gebräuche zur See habe ich natürlich immer viel übrig gehabt, und so kann ich manches erzählen, was wenig bekannt ist.
Das gefahrvolle Unternehmen einer Reise über das weite Meer führte dazu, daß die Reeder Schwierigkeiten hatten, ihre Schiffe zu bemannen. Um diesem Mangel abzuhelfen, schickten sie ihre Werber in Länder ohne Verbindung zum Meer, wo deren romantischen Anpreisungen gern geglaubt wurde, zumal man die Gefahren der Seefahrt nicht abzuschätzen vermochte.
Mit einem bunt zusammengewürfelten Haufen von Kroaten, Serben, Ungarn und Rumänen kehrten die redegewandten Werber an die Küste zurück. Voll Erstaunen sahen die Fremden das Meer sich in der Unendlichkeit verlieren und bewunderten die vor Anker liegenden Schiffe, von denen drei bereits zur Ausfahrt gerüstet wurden. Die Reeder waren nämlich dazu übergegangen, stets drei Schiffe zur gleichen Zeit loszuschicken, damit die lange Reise weniger gefährlich und vor den Überfällen der Seeräuber gesicherter sei.
Die Neuankömmlinge wurden gemustert und in drei Gruppen den Kapitänen der zur Ausreise bestimmten Schiffe zugeteilt. Kaum war die Teilung jedoch geschehen, lief alles wieder durcheinander. Eine Verständigung mit den Fremden war auch kaum möglich und der Kuddelmuddel entsprechend groß. In diesem Wirrwarr mag einem alten pfiffigen Kapitän der geniale Gedanke gekommen sein, Mützen mit dem Namen seines Schiffes an die ihm zugewiesenen Leute zu verteilen. Mit einem Blick konnte er jetzt feststellen,

welche von den Männern unter seinem Kommando standen. Diese praktische Methode bewährte sich und fand bald schnelle Verbreitung. Die späteren Kriegsmarinen übernahmen den Namen auf der Mütze ebenfalls.

*

Mit dem Siegeszug des Christentums in den westlichen Ländern tauchen auch die ersten Tätowierungen auf. Die Seeleute ließen sich nur ein kleines, schlichtes Kreuz auf den Arm tätowieren. Das unauslöschliche Zeichen des Glaubens diente gleichsam als Erkennungsmarke: Damit flehte der stumme unbekannte Tote um die Gewährung einer Bitte: christlich begraben zu werden. Erst viel später zeigte sich neben dem Kreuz der Anker, das Zeichen der Sehnsucht. Und noch viel später kam es dann zu jenen phantastischen Musterungen auf allen möglichen und unmöglichen Körperteilen, ohne die ein weitgereister Matrose nicht nach Hause kommen wollte.

Aus fernen Tagen stammen viele Eigentümlichkeiten der Matrosenkleidung. Die weiten Seemannshosen mochte Janmaat besonders gern. Mit einem Handgriff konnte er sie bis zum Oberschenkel hinaufziehen, wenn er eine Arbeit verrichtete, die naß oder schmutzig war. In der englischen Marine werden diese typisch weiten Hosen heute noch getragen.

Der große Matrosenkragen entstand gleichfalls aus Gründen der Zweckmäßigkeit und verdankt seine Entstehung der Zopfmode, der man natürlich auch auf See huldigte. Die widerspenstigen langen Haare mußten mit viel Pomade „zahm" gemacht werden, ehe sie geflochten werden konnten. Da brachten die schönen, aber maßlos fettigen Zöpfe einen Nachteil: sie verschmutzten die Jacke. Der abnehmbare, breite Kragen war dagegen der beste Schutz. Er ließ sich schnell mal extra auswaschen und half Zeit — und Wasser sparen.

Auch das schwarzseidene Halstuch — der Matrosenschlips — hat seine Herkunft einem sinnvollen Zweck zu verdanken. Dieses Tuch war früher ein einfaches Schweißtuch aus derbem, grobem Leinen, das der Seemann bei seiner schweren Arbeit immer brauchte und aus Zweckmäßigkeitsgründen um den Hals geschlungen trug. Als der englische Seeheld Lord Nelson in der siegreichen Schlacht von

Trafalgar tödlich verwundet wurde, färbten seine Seesoldaten ihre Schweißtücher schwarz ein, um ihre Trauer um ihn zu zeigen. Aber nicht nur England, sondern auch alle anderen unter Napoleons Tyrannei seufzenden Völker betrauerten den Tod des Mannes, der den Unbesiegbaren mehrfach bezwungen hatte. Und daraus erklärt sich, daß viele gemeinsame Merkmale der Marineuniform europäischer Nationen von England ausgehen, dessen Seeherrschaft durch Nelsons Siege endgültig befestigt wurde. Darum fand sich das schwarze Seidentuch – der Matrosenschlips – auch in unserer Marine.

Die drei schmalen, weißen Streifen auf dem Matrosenkragen sind nicht nur als Zierde anzusehen, sondern haben eine geschichtliche Erklärung. Sie wurden den tapferen Marinesoldaten auf Nelsons Schiffen als Auszeichnung verliehen und dokumentierten, daß der Mann bei den Seeschlachten von Abukir, Kopenhagen und Trafalgar für den Sieg Englands über Napoleon gekämpft hatte.

Man nimmt sogar an, daß selbst der Heimatwimpel eine Erfindung des berühmten englischen Admirals ist. – Für uns Seeleute der Kaiserlichen Marine bedeutete dieser Wimpel, daß es nach langem Auslandsaufenthalt endlich wieder in die geliebte Heimat ging. Die Länge der Abwesenheit bestimmte die Länge des weißen Wimpels. – Man erzählt sich, Lord Nelson habe einst diesen Wimpel erdacht, um seiner schönen Geliebten, der Lady Hamilton, die ersehnte Anerkennung am englischen Hofe zu verschaffen. Vor einer seiner Ausfahrten zur Seeschlacht soll er mit ihr verabredet haben, daß er im Falle der siegreichen Heimkehr seiner Flotte auf allen Schiffen lange, weiße Wimpel heißen lassen würde. Nur sie allein würde schon aus der Ferne in dieser ungewöhnlichen Beflaggung das Zeichen des Sieges erkennen. Und dann sollte sie natürlich auch die erste sein, die beim Anblick der Schiffe bekanntgeben könnte, daß der Geliebte für England einen neuen Sieg errungen habe. – Als sich die Flotte nun eines Tages der englischen Küste wieder näherte und die weißen Wimpel sich im Winde bauschten, gab Lady Hamilton als erste in London den Sieg Lord Nelsons bekannt.

Doch die kleine List der Liebenden nützte nichts. Ganz England jubelte seinem tapferen Helden zu und versagte der schönen Lady auch weiterhin die Anerkennung. – Der Heimatwimpel drückt die

Freude der glücklichen Heimkehr aus, und die wenigsten wissen, daß er wohl allein einer schönen Frau wegen entstanden ist.

*

Ein Zubehör der Marine möchte ich noch erwähnen, weil die Entstehungsgeschichte, wenn auch nicht verbürgt, so doch ganz besonders hübsch ist: Die blutjunge Königin Viktoria von England kam nach der Thronbesteigung zum ersten Male zu einer Flottenparade. Alle Schiffe erstrahlten im höchsten Glanze, die Matrosen standen in strammster Haltung an Deck, und die kleine Majestät ging mit gemessenen Schritten an ihren riesigen Landeskindern vorüber. Nach der Besichtigung sprach sie erfreut ihre Genugtuung und Anerkennung aus. Später soll sie jedoch im Kreise ihrer Hofdamen geäußert haben, daß die Matrosen durch die offene Heldenbrust etwas zur Schau stellen, was sich mit ihren eigenen Vorstellungen von Schönheit nicht decken wollte. Diese kritische, durchaus königlich vorgetragene Bemerkung kam über tausend Umwege auch zu Ohren der hohen Admiralität und veranlaßte langwierige Beratungen. — Bei der nächsten Flottenparade bemerkte die Königin eine winzige Veränderung an der Uniform ihrer Marinesoldaten: Sie trugen im Ausschnitt einen kleinen Latz, und nichts mehr war von dem zu sehen, was sich mit den Schönheitsidealen der jungen Königin nicht deckte. — Über Geschmack läßt sich jedoch bekanntlich streiten, und die Matrosen lobten an dem neuen „Kleidungsstück" lediglich, daß man es herausnehmen konnte. Nicht jeder mochte die stolze, behaarte, wettergebräunte Heldenbrust bei allen Gelegenheiten scheu verbergen. Schließlich gab es ja auch nur eine Königin, aber sehr viele kleine Mädchen!

*

Nur ein einziger englischer Admiral ist noch berühmter als Lord Nelson geworden. Seinen Namen kennt jeder und hat bestimmt keine Ahnung, daß es sich um einen englischen Admiral handelt, wenn er ihn ausspricht. Dazu muß ich eine kleine Erklärung vorausschicken: Dem Seemann wird nachgesagt, daß er ganz besonders trinkfest ist. Man bedenke aber, erst die Neuzeit kennt geheizte Schiffe und in eiskalten Zonen konnte Janmaat früher lediglich

durch eine Erwärmung von innen dafür sorgen, daß er nicht zum Eisblock erstarrte. – Himmel, wenn ich an die Kälte denke! – Die Buddel Rum war von magischer Anziehungskraft und hielt Leib und Seele hübsch zusammen.
Selbst hohe Admiralitäten ließen sich von der Notwendigkeit überzeugen, daß zur christlichen Seefahrt naturnotwendig auch Alkohol gehörte.
In der englischen Marine wurde im 18. Jahrhundert das Bier vom Rum abgelöst. Im Zuge von Einsparungsmaßnahmen wurde die Rumration eines Tages aber ganz empfindlich gekürzt. Die Matrosen lasen auf der diesbezüglichen Verfügung, daß der Rum von nun an mit Wasser zu verdünnen sei. Wie bitte, Wasser?! Befehlsgemäß führte man die Order aus und fand die Mischung geradezu schauderhaft. Die empörten Seesoldaten richteten ihren ganzen Zorn auf jenen Mann, dessen Namen sie auf der Verfügung gelesen hatten: Admiral Grog. Zum Zeichen ihrer abgrundtiefen Verachtung verlieh man nun dem Gesöff dessen Namen.
Dann kam eines Tages ein schlauer Matrose auf den genialen Gedanken, den Rum mit heißem Wasser, statt wie bisher mit kaltem, zu verdünnen. Und kiek eins an: Das Zeug schmeckte auf einmal! – „So 'n richtien stiefen Grog" ist heutzutage ein Labsal für jeden ordentlichen Seemann und auch für viele Landratten. Das hätte sich der sparsame Admiral Grog gewiß niemals träumen lassen, daß er durch seine Unterschrift auf einer von tausend Verfügungen einst Unsterblichkeit erlangen würde!

*

Der Seemann ist nie ein Stubenhocker gewesen, und schreiben tat er nur, wenn es sein mußte. Und dann war es meistens ein Liebesbrief oder ein sachlicher Bericht. So wissen wir zwar, daß viele Gebräuche und Sitten aus fernen Zeiten übernommen wurden und sind doch nicht in der Lage, ihren Ursprung zu erklären. Geheimnisvoll sind und bleiben viele Gebräuche und Traditionen auf See, so geheimnisvoll wie das Element, auf dem sie entstanden sind.
Warum konnten die Seeleute einst in den seltensten Fällen schwimmen? Warum hatten sie eine so tiefe Abneigung gegen das Meer, dem sie wagemutig ihr Schiff für Monate, sich selbst jedoch nicht einmal für ein kurzes Bad anvertrauen wollten? Waren es wirklich

nur die gefräßigen Haie, die Hyänen der Meere, die sie vor der engsten Berührung mit der See zurückschrecken ließen? Nein, das allein war es bestimmt nicht. Größer noch war ihre Angst vor den unergründlichen Tiefen unter ihnen, in die sie endlos und gnadenlos hinabsinken würden — in eine schwarze Nacht, die keines Menschen Auge je erblickte.

Was verbirgt die spiegelnde Oberfläche des Meeres? Höhenzüge und tiefe, unendlich tiefe Schlünde. Weite Felder breiten sich aus und undurchdringliche Wälder. Die dunkle Landschaft wird belebt von großen und kleinen Tieren, gefährlichen und ungefährlichen. Dem Menschen ist es aber trotz allen Fortschritts versagt, dort unten seine Zelte aufzuschlagen. Er belebte die ihm verschlossene Welt mit geheimnisvollen Dämonen und Göttern. Wesen, die ihn nur an sich locken wollen, um ihn zu vernichten.

*

Doch die Gelehrten machen vor den Toren der Tiefe schon lange nicht mehr halt. Sie möchten die Geheimnisse der Meere ergründen und wissen, wie es wirklich dort unten aussieht. Und auch ich sehnte mich schon lange danach, selbst einmal hinabzuschauen. Darum lief ich auf einer meiner Reisen mit meiner Jacht im Juli 1929 auch die Bermudas an, da ich wußte, daß dort der bekannte Meeresforscher Professor Beebe seine Forschungslaboratorien hat. Die sonnendurchglühte Inselgruppe der Bermudas ist von unwahrscheinlich klarem Wasser umgeben, was die Arbeiten eines Meeresforschers sehr erleichtern hilft.

Professor Beebe, ein großer, hagerer Mann mit klaren, klugen Augen hinter scharfen Brillengläsern, gewährte uns mit großer Freundlichkeit einen Einblick in die ungeheure Weite seines Forschungsgebietes. In jenen Jahren gab es viele Hilfsmittel noch nicht, die der heutigen Unterwasser- und Meeresforschung die Arbeit unbeschreiblich erleichtern. Noch gab es keine Spezialkameras, mit denen man unter Wasser fotografieren konnte, und auch der Farbfilm stand nicht zur Verfügung.

Aus diesem Grunde befanden sich unter den Mitarbeitern des Professors verschiedene Leute, die es auch verstanden, mit Farbe und Pinsel umzugehen. Nach jedem Auszug mit dem Schleppnetz waren sie eifrig damit beschäftigt, die Farben und Formen der gefangenen

Fische festzuhalten. Solche Fischbilder schmückten in großer Anzahl die Räumlichkeiten des Forschungsinstituts, und wir sahen voll Verwunderung, welch verwirrende Farben und Formen die einfallsreiche Schöpfung den Fischen mitgegeben hat.
Heute haben die meisten Menschen die herrlichen Unterwasserfilme von Dr. Hass gesehen. Jetzt kann sich auch schon jeder Junge eine einfache Tauchausrüstung zusammensparen, und die Unterwasserklubs sind nach den sensationellen Berichten von Dr. Hass wie die Pilze aus dem Boden geschossen. Überall, an kleinen und großen Gewässern beobachte ich heute die begeisterte, wissensdurstige Jugend, die mit Maske und Schwimmflossen eifrig taucht, um zu sehen, wie es wohl unter dem Wasserspiegel aussieht.
Professor Beebe mußte mit für heutige Verhältnisse unbeschreiblich primitiven Mitteln arbeiten. Trotzdem wurde gerade er einer der führenden Wegbereiter auf dem Gebiet der Meeresforschung, und die junge Generation, die seine Arbeit mit modernen Mitteln fortführt, sieht in ihm ehrfürchtig einen der Altmeister.
Mit schweren Taucherausrüstungen mußte gearbeitet werden. Die größeren Tiefen versuchte man mit Schleppnetzen zu ergründen, die hinter Booten hergezogen wurden und aus dem Meer das Unbekannte heraufholten. In den Laboratorien wurde die Ausbeute an Fischen, Korallen und Meeresflora geordnet, untersucht und katalogisiert.
Überall führte uns Professor Beebe herum, und unsere Neugier nach dem geheimnisvollen Planeten unter Wasser stieg ins Unermeßliche. Als er uns schließlich vorschlug, an einer flachen Stelle doch selbst einmal zu tauchen, stimmten wir begeistert zu. Im herrlichsten Sonnenschein ging es mit dem Boot hinaus aufs Meer. Als schließlich gestoppt wurde, sagte Professor Beebe lächelnd: „Jetzt werden Sie den schönsten Meeresgarten sehen, den es hier im weiten Umkreis gibt."
Die Taucherausrüstung lag bereit und eine stabile Leiter wurde aus dem Boot ins Wasser gehängt. Ich machte mich zum Abstieg fertig, als Ingeborg plötzlich mit süßem Lächeln fragte: „Sagen Sie, Professor, wie steht es hier eigentlich mit den Haien?"
„Keine Sorge, meine Liebe", antwortete der Professor beruhigend, „die sind hier absolut harmlos."
Ingeborg sah ihn mißtrauisch von der Seite an. Ich war gerade im

Begriff, mir den Taucherhelm überzustülpen, als sie entschlossen aufstand. „Nein, Phylax, ich seh's nicht gern, wenn du von einem Hai aufgefressen wirst. Lieber gehe ich zuerst 'runter. Wenn ich wieder vollständig ganz nach oben komme, kannst du meinetwegen auch gehen."

Wir versuchten alle, das gute Kind liebevoll davon zu überzeugen, daß jede Angst vor Haien völlig unbegründet sei. Umsonst! Ingeborg behauptete steif und fest, es sei ihr gutes Recht, auf ihrem Standpunkt zu beharren. Schon wollte ich trotzdem gehen, als mich ein derart verzweifelter Blick meines Weibes traf, daß ich resigniert aufgab.

„Phylax", murmelte Ingeborg ängstlich und hielt mich fest, „Haie gibt es also hier, das hat der Professor selber gesagt. Wenn ihr aber felsenfest davon überzeugt seid, daß die Biester wirklich ganz ungefährlich sind, dann sehe ich wirklich nicht ein, warum man einer Dame nicht den Vortritt lassen will!"

Schon stand sie im Badeanzug da. Professor Beebe half ihr, die Taucherausrüstung anzulegen. Im Nu verwandelte sie sich in ein vorsintflutliches Ungeheuer, das mich mit sehr menschlichen, ein wenig ängstlichen Augen durch die dicken Brillengläser des Taucherhelms anblickte. Dann halfen wir der todesmutigen Dame die Leiter in den Abgrund zu besteigen. Unter dem Gewicht der schweren Ausrüstung stieg sie recht mühevoll die ersten Sprossen hinunter, bis das Wasser ihr half, die schwere Last zu tragen. Langsam versank sie. Ich sah noch, wie sie in etwa fünf Meter Tiefe als dunkler Schatten dahinschwebte. Dann spähte ich ein bißchen nach Haifischen aus, um mich schließlich mit Professor Beebe in ein Gespräch zu vertiefen.

Nach einiger Zeit plätscherte es an der Bordwand. Ingeborg tauchte wieder auf. Wir befreiten sie von dem schweren Zeug und fragten sie neugierig, wie der Ausflug in die Tiefe ihr gefallen habe.

„Himmel, das war einfach wunderschön!" rief sie hell begeistert.

„Na, und komplett scheinst du ja auch noch zu sein. Kein Hai?"

„Denkste. Natürlich war einer da. Ein ganz gemeines Biest und bestimmt zwei Meter lang. Er schwamm ganz nah an mich heran."

Sie bekam noch nachträglich ein sehr kleines, verängstigtes Gesicht und griff nach ihrer Rückenpartie. „Ich hatte ja so eine wahnsinnige Angst, daß er mich in den Popo beißt. Ich konnte wegen dem ollen

Helm den Kopf nicht ordentlich drehen und dachte bloß: gleich beißt er zu. Als ich ihn dann endlich richtig sehen konnte, habe ich ihn fürchterlich angestarrt und ..."

„... und da ist er natürlich ausgekniffen, nicht wahr?"

„Weiß nicht, jedenfalls drehte er plötzlich ab, und ich bin noch ganz heil überall."

„Dann darf ich jetzt mit deiner allerhöchsten Erlaubnis wohl auch mal 'runter?"

Sie nickte gnädig. „Darfst du, Phylax. Ach du, es war ja einfach unbeschreiblich schön da unten. Selbst wenn noch mehr Haie gekommen wären."

Ich wollte noch ein bißchen mehr von ihr wissen, aber sie schüttelte den Kopf: „Warte nur ab, gleich wirst du selbst sehen."

Ich glitt ins Wasser. Es gehörte ziemliches Geschick dazu, nicht kopfüber ins Wasser zu stürzen. Dann ging es weiter hinab und ich stand auf dem Meeresgrund. Eine stille Welt begrüßte mich mit einer Schönheit ohnegleichen. Auf dem weißen Meeresboden wuchs ein herrlicher Blumengarten in tausend Variationen und Farben. In der leichten Dünung bewegten sich dünne Zweige einiger besonders zarter Korallen, als ob sie von einem Frühlingswinde bewegt würden. Andere lagen unbeweglich da, wie große, dunkle Steine. Dazwischen wuchsen feuerrote Korallen in den skurrilsten Formen. Die Sonne warf ihre Strahlen bis hier herunter und beleuchtete die bezaubernde Schönheit der fremdartigen Blumen, die dadurch immer wieder in neuen Reflexen aufschimmerten.

Zwischen den merkwürdigen, seltsamen Gewächsen des Meeres flitzten die verschiedensten Fische umher. Darunter waren manche von ganz eigenartigen Formen und andere mit geradezu verwegener Musterung. Sie sausten zwischen den Korallen umher, als ob sie Hasch-mich-fang-mich! spielten. Manche ganz winzige Fischlein gewahrte ich, die regungslos wie erstarrt zwischen den Ritzen der Korallenstöcke hervoräugten. Wenn ich mich einen Schritt zu nahe heranwagte, verschwanden sie schnell wie der Blitz irgendwo in dem Gewirr ihrer originellen Behausung. Hübsche Muscheln lagen verstreut umher, und die Sonne ließ den weißen Boden so aufleuchten, als bestünde er aus lauter glitzernden Diamantensplittern. Unerhört eindrucksvoll war der Kontrast zwischen dem vielgestaltigen Leben einerseits und der tiefen, tiefen Stille andererseits.

Ich muß gestehen, daß es mir nicht leicht fiel, dieses Wunderland wieder zu verlassen.

*

Wer je einen Einblick in die Welt unter Wasser gewinnen durfte, den läßt sie niemals mehr los. Wer nun außerdem noch Wissenschaftler ist, der ist in einen wahren Zauberkreis getreten, der ihn mit magischer Kraft in seinen Bann schlägt.

Professor Beebe ist einer der Pioniere der Meeresforschung, und seinen Spuren folgen heute viele andere Forscher in aller Welt. Ihre Arbeit ist von zwingender Notwendigkeit, denn die Menschheit wächst von Tag zu Tag und braucht Nahrung. Seit urdenklichen Zeiten suchen sich die Bewohner der Küsten das Essen aus dem Wasser, und die Fische gehören zu den ersten Nahrungsmitteln, die der Mensch sich zu verschaffen suchte. Das Meer hat jedoch noch weitaus mehr zu bieten als die Fische.

Im Golf von Mexiko und in Neuguinea ragen aus dem Wasser die hohen Bohrtürme, die verraten, daß in tieferen Schichten des Meeresbodens das wertvolle Erdöl fließt. An der Pazifikküste der USA, in Peru, Chile, Argentinien und Neuseeland entstehen große Seetangindustrien. Forschungsinstitute beschäftigen sich mit der Auswertungsmöglichkeit des Planktons, der winzig kleinen Meeresflora, die dem Bartenwal als ausschließliche Nahrung dient. Algenplantagen werden angelegt, wo die wunderbaren Chlorella-Algen gezüchtet werden, die hochwertige Fette, Zucker und pflanzliches Eiweiß erzeugen.

In Asien ernähren sich heute schon viele Menschen vom Algenbrot. In Versuchsküchen probieren ernsthafte Wissenschaftler die Möglichkeiten aus, die Pflanzenwelt des Meeres ın schmackhafte Nahrungsmittel für den menschlichen Bedarf zu verwandeln. Vielleicht erlebe ich noch den Tag, an dem mir Ingeborg aus Algen und Plankton ein köstliches Mittagessen zaubert. Bis es soweit ist, muß jedoch noch eine ganze Weile probiert, gemixt und gekocht werden, denn das Wissen um den Nährwert allein genügt den Menschen nicht. Es soll ja auch schmecken!

Doch die Not kann so stark sein, daß der Hunger selbst eine scheußlich schmeckende Speise genießbar macht. Ein Freund von mir war ganze neun Jahre in russischer Gefangenschaft und überstand trotz

seines hohen Alters die lange Zeit, weil das Gefangenenlager an der Küste lag. Der Hunger trieb ihn auf die Suche nach zusätzlichem Essen. Er fand es im Meer in Form von Algen und Plankton. Im Alter von dreiundachtzig Jahren kehrte er gesund und munter nach Deutschland zurück und erzählte von seinen erstaunlichen Experimenten. Jetzt ist er fleißig dabei, seine eigenen, persönlichen Erfahrungen über den hohen Nährwert der Meeresflora in Zusammenarbeit mit Experten auf diesem Gebiet gründlich auszuwerten.
Die übervölkerte Welt sucht neue Gebiete, die den Menschen zusätzliche Nahrung verschaffen können. In des Meeres unberührten Tiefen ist sie mit Sicherheit vorhanden. Bisher durften wir nur durch einen kleinen Spalt in die große Vorratskammer schauen. Ein Heer von Forschern ist dabei, die Tür zu dieser unerschöpflichen Speisekammer weiter zu öffnen, um den Hunger zu bannen.

*

Trotz aller Forschungen und trotz allen Vordringens in jene unermeßlich großen und reichen Gefilde, die dem Menschen versagen, dort ihre Zelte aufzuschlagen, wird das Meer seine geheimnisvolle Unergründlichkeit bis an das Ende aller Tage bewahren. Seine magische Anziehungskraft wird sich trotz aller Technik stets erhalten. Immer werden Menschen mit unerklärlichen Gefühlen der Sehnsucht an seinen Küsten stehen und versuchen wollen, jenseits der unendlichen Wasserwüsten Land, Land der Hoffnung, Land der Zukunft zu finden.
Ich bin einen ganz erheblichen Teil meines Lebens auf treuen und starken Schiffen über die Meere der Welt gefahren. Ich habe als Schiffsjunge erfahren dürfen, wie sehr die See trösten kann. Als Mann versagte sie mir niemals Rat und Hilfe, wenn ich deren bedurfte. Und jetzt im Alter stehe ich an der Küste, sehe weit hinaus in die Ferne, laß mir vom Spiel der Wellen mein eigenes, ein reiches, erfülltes Leben wieder erzählen, und nun schenkt mir die See einen tiefen Frieden. Ich liebe das Meer!

*

Ich habe auch ein Gedicht auf das Meer gemacht. — Ja, da staunt ihr! Der Luckner kann auch dichten!!

Man hat es mir ja nie so recht glauben wollen, daß ich das Zeug zu einem großen Dichter in mir habe.
Genau wie Kollege Goethe, fing ich schon als zarter Knabe an, meinen Gefühlen in wohlgesetzten Reimen Ausdruck zu verleihen.
Im hoffnungsvollen Alter von sechzehn Jahren bedichtete ich eine glühend verehrte Dame anfangs Vierzig mit genau hundertacht Versen, zu deren Fertigstellung vier Monate auf See gerade ausreichten.
Die Dame erhörte mich trotz dieser Leistung nicht!
Dichterblut ist in meinen Adern vorhanden, und Detlev von Liliencron ist ein Verwandter von mir!
Bedauerlicherweise wußten meine lieben Mitmenschen aber nichts mit dem dichtenden Luckner anzufangen, wodurch ich das harte Los vieler Poeten teile. So was ist schlimm!!
Um der Nachwelt wenigstens einen kleinen Blick auf mein verkanntes Genie zu sichern, und um meinen Zeitgenossen endlich klarzumachen, daß ein zweiter Goethe unter ihnen weilt, habe ich eines meiner zahlreichen Gedichte zur Veröffentlichung in diesem Buch bestimmt. Wenigstens eines meiner heißgeliebten Musenkinder soll gedruckt erscheinen.
Ich hoffe zuversichtlich, damit unsterblich zu werden!

Seemannsbild

Wer vor dem Wind darf schweben
Dahin auf frischer Flut,
Der erst genießt das Leben
Und kostet's wohlgemut,

Wenn sich die Segel bauschen
Zum frohen, freien Flug,
Und blaue Wogen rauschen
Hoch um des Schiffes Bug.

Den Seemann will ich preisen,
Den Sturm und Not nicht schreckt,
Er darf die Welt umkreisen,
Ihm ist kein Ziel gesteckt.

Ihn grüßen Islands Gipfel
Und Persiens Rosenau'n,
Australiens Palmenwipfel
Und Spaniens schöne Frau'n.

Sein Haus steht nicht am Flecke
Und hält doch tapfer stand.
Dem Seemann winkt vom Decke
Die Welt als Vaterland!

Am Himmel steht geschrieben
Sein Weg im Sternenglanz,
Drum will ihn Gott auch lieben
In Sturm und Wogentanz!

Die Anker sind gelichtet,
Kanonendonner dröhnt,
Das Steuer ist gerichtet,
Der Abschiedsgruß ertönt.

Fahr denn mit Gott ins Weite!
Gott schütze Weib und Kind,
Indessen wir im Streite
Mit Wasser und mit Wind.

Wir lieben doch die Welle,
Ob sie an Land uns bringt,
Ob ein Orkan sich schnelle,
Uns und das Schiff verschlingt!

Mein Straßenkreuzer

Mit einem Anruf bei der Forschermutter begann es.
„Frau Lindemann, eine Gewissensfrage: Kann ich mir vielleicht ein Auto kaufen?"
Sie kennt die Verhältnisse in meinem Geldbeutel besser als ich,

und meine Spannung ist gewaltig. Sie antwortet bedächtig: „Doch, Graf Luckner, wenn's nicht groß ist. Ich bin sehr dafür, denn gerade die nächste Vortragsreise ist recht lang. Da werden Sie froh sein, weil das Reisen dann nicht so anstrengend ist. Ich dachte übrigens schon lange, daß es Zeit für ein Auto ist. Aber Sie wissen ja, der Krieg, die Währungsreform ..."
Hurra!! Ein kleines Auto durfte es also sein. So wurde ich im April 1953 stolzer Besitzer eines fahrbaren Untersatzes. Mit dem braven Volkswagen bekam ich auch durch die Forschermutter einen Fahrer. Inzwischen hat Georg Langer uns schon auf vielen Reisen begleitet, ist genau so unentwegt wie der Wagen selbst, packt überall mit an, schleppt die Koffer 'rauf und 'runter und führt vor jeder Reise mit Ingeborg einen stillen, aber nichtsdestoweniger verbissenen Kampf wegen des Umfanges unserer Gepäckstücke.
Als wir im Frühjahr 1954 zu unserer großen Reise nach Frankreich, Spanien und Portugal rüsteten, ließ ich meinen braunen Floh mit einem Gepäckständer versehen, weil Ingeborg behauptete, vor lauter Gepäck auf dem Rücksitz nicht einmal mehr Platz zum Schnaufen zu haben. Und ersticken sollte sie mir nicht. Nun frohlockte sie! Als wir abreisten, wölbte sich auf dem Verdeck meines Wagens eine geradezu furchterregende, bösartige Geschwulst, die Langer mit einem Wäscheseil mühsam auf dem Gepäckständer befestigte. Er machte ein finsteres Gesicht und jammerte Ingeborg von den Federn etwas vor, von Belastungsgrenzen und ähnlichen technischen Einzelheiten. Sie verstand anscheinend nur chinesisch, setzte ihr allerfreundlichstes Lächeln auf und dachte nicht daran, den Umfang unseres Gepäcks zu reduzieren. Unsere Freunde sahen mit Schreck und Grausen den Wagen mit nach außen gedrückten Rädern von dannen schaukeln und warteten auf einen Achsenbruch. Ganz besonders gute Wünsche für unser ferneres Wohlergehen begleiteten uns diesmal. Die letzten Worte wechselte ich mit den Männern der Müllabfuhr. Sie ließen Tonnen Tonnen sein und winkten uns schließlich noch lange nach. Ein gutes Omen!
An der französischen Grenze sah Ingeborg aus völlig unerklärlichen Gründen plötzlich ein, daß der Wagen überlastet war. Sie packte nach langen, angestrengten Überlegungen einen Teil der Geschwulst in ein großes Paket, das nach Hamburg zurückging. Zusehends klärte sich Georgs sorgenvolle Miene wieder auf.

Um im Ausland von Hotels und Gasthöfen unabhängig zu sein, führten wir ein Zelt für zwei Personen mit uns. Außerdem war einer der Autositze zum Schlafen eingerichtet worden. So konnten wir also rasten, wo uns die Landschaft am besten gefiel. Wir Männer krochen am Abend ins schnell aufgerichtete Zelt, und Ingeborg machte es sich im Wagen bequem.

Irgendwo an einem einsamen Plätzchen in Spanien bekam sie einmal einen ganz fürchterlichen Schreck eingejagt. Im Schlaf hörte sie, wie jemand ans Wagenfenster klopfte und sah zwei Männer davorstehen. Langer hatte anscheinend auch etwas gehört und war schnell aus dem Zelt geschlüpft, um zu sehen, was los war. In der stillen Morgendämmerung sah die verschlafene Ingeborg also lediglich zwei fremde Männer und beim Zelt den Schatten von Langer, der zu Lots Weib erstarrt hinter den Leuten stand und keinen Laut von sich gab. Ingeborg erwachte vor lauter Schreck vollends und entdeckte zu ihrer unbeschreiblichen Erleichterung, daß die vermeintlichen Wegelagerer in ordentlichen Uniformen steckten. Sie machte also die Tür auf. Im gleichen Augenblick sprang Langer entschlossen näher, um das bedrohte Leben seiner Herrin mit einer Schreckschußpistole zu verteidigen.

Bei dem ganzen Lärm der Begrüßung wurde nun auch ich aus sanftem Schlummer gerissen und erschien auf der Bildfläche. So sahen sich die Polizisten schließlich von drei ungekämmten Menschen in Trainingsanzügen umgeben. Ingeborg war wieder ganz obenauf, setzte gleich den Spirituskocher in Betrieb und lud die Herren zum Kaffee ein. Diese hatten auf ihrer morgendlichen Streife lediglich feststellen wollen, um was für eine Art von Wegelagerern es sich bei uns handelte. Der arme Georg muß sich heute noch allerlei boshafte Bemerkungen wegen dieses Zwischenfalls von Ingeborg gefallen lassen. „In der Morgendämmerung seh' ich plötzlich zwei Fremde vor dem Wagenfenster. Langer steht wie ein Gespenst hinter den beiden und rührt sich nicht. Felix schläft weiter. Und das nennt sich nun männlicher Schutz!" Ich schweige dann diplomatisch, während Georg immer wieder versucht, sich zu verteidigen. Umsonst. –

Wir hatten auf dieser Fahrt ganz besonderen Spaß an dem jungen Menschen, der das erstemal im Ausland war. Er erfand aus seinen paar spanischen und französischen Brocken eine eigene Sprache, mit der er sich überall sehr gut zurechtfand. Sein gesunder Mutterwitz half außerdem, selbst verwickelte Situationen zu klären. Unvergeßlich, wie ihm in Barcelona ein Straßenhändler einen Teppich andrehen wollte. Ängstlich auf seinen belasteten Wagen bedacht, wies Langer das an sich sehr günstige Angebot des Händlers bedauernd zurück. Der wollte den Kampf aber nicht so leicht aufgeben und ging mit seinem Preis derart herunter, daß uns die Spucke wegblieb. Trotzdem ließ Georg sich nicht erweichen und wollte weiterhin nichts von Teppichen wissen. Aber auch der Händler ließ nicht locker.

Wir amüsierten uns königlich, wie Georg mit Händen und Füßen die günstige Offerte zurückwies, die der andere ihm mit echt südlichem Temperament aufdrängen wollte. Schon wollte ich Langer von seinem Plagegeist befreien, als er plötzlich in die Tasche griff. Gespannt beobachteten wir, wie er eine winzige Münze hervorholte, sie dem Händler zeigte, lächelnd auf den Teppich wies und dann wieder auf das Geldstück. Mit tausend Verwünschungen packte der seine Ware und entfernte sich. Georg hatte ihm für den schönen Teppich ganze zehn Pfennig angeboten. –

Vor manchen Speisen stand er lange und überlegte ernsthaft, was dies wohl in aller Welt sei. Manches behagte ihm nicht, aber die Austern wurden auch seine Vorzugsspeise. In Deutschland ein kaum erschwinglicher Leckerbissen, sind sie an der spanischen Küste zu billigen Preisen zu haben. Und wir nützten die Gelegenheit weidlich aus!

Langer fiel von einem Erstaunen ins andere über diese schöne Welt. Jetzt sah er mit eigenen Augen die Zitronen, Datteln und Orangen von den Bäumen hängen und genoß mit uns das Vergnügen, im Schatten von Palmen rasten zu können. –

Wir fuhren über Berge und Höhenzüge, durch Kluften und Täler, durch große, prunkvolle Städte und malerische Dörfer, über sehr gute und unbeschreiblich schlechte Straßen. Der Volkswagen kam überall durch. Auf der ganzen langen Reise hatten wir nur eine einzige kleine Reifenpanne, die in Minuten behoben war und eine willkommene Rast bedeutete.

Wir stellten immer wieder begeistert fest, wie wundervoll es ist, motorisiert zu sein und unabhängig von Fahrplänen und Zügen durch die Lande reisen zu können.

Wir wollten auch keinen größeren Wagen, mit unserem Floh waren wir sehr zufrieden, bis Ingeborg in einer Hamburger Ausstellung einen Wohnwagen entdeckte. Dieses luxuriöse Gefährt war nach ihren Berichten genial und absolut einmalig. Verschiedene Wagen des gleichen Typs hatte König Ibn Saud für sein Land schon bestellt. –

Erst in den letzten Jahren ist in Deutschland die Lust am Campingwesen erwacht, wenn auch die Industrie selbstverständlich noch keine so große Auswahl an Wohnwagen anbieten kann wie zum Beispiel in Amerika. Dort haben viele Familien ihren festen Wohnsitz aufgegeben und leben ausschließlich im Wohnwagen. Jede größere Stadt hat ihren Spezialparkplatz dafür. Mit einigen Handgriffen sind Strom und Wasser an das städtische Versorgungsnetz angeschlossen, und man bleibt, solange es einem gefällt.

In solchen Ausmaßen wird sich diese Idee in Deutschland selbstverständlich nie durchsetzen. Aber man hat auch hier entdeckt, wie hübsch eine Urlaubsreise ist, wenn man sein Schneckenhaus mit sich führen kann. Aber diese Heime auf Rädern sind eben nicht so ausgetüftelt. Hier in Deutschland haben wir nur voll sprachlosen Entzückens den Wohnwagen von Freund Hagenbeck bestaunen können. Ein Wunderwerk in seiner Art und mit allem Komfort eingerichtet. Allerdings wird diese feudale Wohnung auf Rädern auch von einer schweren Zugmaschine gezogen, was viele Probleme aus der Welt schafft. Ingeborg machte bei unserem kurzen Besuch immer wieder die hübschen Wandschränke von Frau Hagenbeck auf, die im gleichen Augenblick von innen beleuchtet wurden. Und im kleinen, modernen Badezimmer konnte es sich keiner verkneifen, einmal zu „ziehen".

Was wir jedoch sonst bisher an Wohnwagen gesehen hatten, war irgendwie nie unseren bestimmten Vorstellungen angepaßt. Nur der Wagen in Hamburg schien wie auf Maß für uns gemacht. Er stellte absolut ein Unikum dar. Er war ebenso einmalig wie sein Preis. Nicht daran zu denken, diese Traumkutsche jemals kaufen zu können.

Doch seit jener Ausstellung erfaßte Ingeborg der Wohnwagenfimmel, und sie wurde den Gedanken daran überhaupt nicht mehr los. Sie forderte von allen möglichen Firmen und Werken Prospekte. Eine wahre Flut setzte ein, und der Briefkasten litt an noch mehr Verstopfung als sonst. Umgeben von Bildern, Broschüren und Druckschriften sann sie viele Abende über die ungeahnten, phantastischen Möglichkeiten eines Wohnwagenlebens nach. Aber nichts paßte. Einmal war der Wagen zu klein und nicht genug Platz da. Dann wieder schaltete sich Langer ein und klärte uns über irgendwelche technischen Unzulänglichkeiten auf. Schließlich waren wir perfekte Wohnwagenexperten, ohne selbst einen zu haben. Und immer wieder kam Ingeborg nach solchen anstrengenden Überlegungen auf den herrlichen Wohnwagen zurück, den sie in dem Hamburger Ausstellungsraum gesehen hatte.

„Wenn wir den doch bloß bekommen könnten", seufzte sie dann. Aber sie beschränkte sich nicht nur aufs Seufzen, sondern fing an zu bohren. Was das bedeutet, weiß nur der, der Ingeborgs Ausdauer kennt! Frau Lindemann sagte immer wieder bedauernd: „Ausgeschlossen."

Ingeborgs Hartnäckigkeit siegte. An einem kalten Herbsttag des Jahres 1954 fuhren wir mit der getreuen Frau Lindemann nach Hamburg-Harburg zu den Tempo-Werken. Unser Traumwagen stand als verlockender Willkommensgruß vor der Tür. Mit ihm hatte Direktor Vidal gerade einige Urlaubswochen verbracht und schilderte nun begeistert die Vorzüge seiner Produktion. Wir wußten auch ohnedies, daß bei dem Ding alles stimmte, und Ingeborg bekam nun wirklich Augen wie Wagenräder.

Nach einer langen Unterhaltung und durch das überaus freundliche Entgegenkommen der Tempo-Werke, vertreten durch Direktor Vidal, setzte ich meinen Namen unter den Kaufvertrag.

Der Straßenkreuzer war mein! Schon in wenigen Tagen würden wir mit ihm die nächste Vortragsreise antreten.

Dann fuhren wir mit dem alten getreuen Volkswagen in die Stadt zurück. Wir waren alle drei natürlich in bester Stimmung und beschlossen, den erfolgreichen Tag in einem netten Lokal mit einem festlichen Abendessen zu beenden. Alle Gäste freuten sich mit uns, als ich ihnen von meiner neuesten Errungenschaft erzählte, und die Kapelle spielte meine Lieblingslieder.

Dann saßen wir am späten Abend allein in unserem Wohnzimmer und sprachen über die schöne Veränderung unserer Lebensumstände. Ingeborg konnte es immer noch nicht ganz fassen, daß ihr großer Traum schließlich doch seine Erfüllung gefunden hatte. Strahlend vor Freude sah sie mich an: „Jetzt bin ich restlos glücklich. Ich habe wirklich alles bekommen, was ich mir in meinem Leben gewünscht habe."

„So glücklich bist du?"

„Ja, restlos! Der liebe Gott hat es einfach schrecklich gut mit mir gemeint. Du weißt doch selbst, wie viele Jahre ich schon von einem Heim auf Rädern geträumt habe. Stell dir vor, Phylax, jede Nacht können wir jetzt in unseren eigenen Betten schlafen, wo wir auch sind!" Nach einer kleinen nachdenklichen Pause meinte sie ganz ernst: „Nun will ich immer zufrieden sein. Es gibt keinen Wunsch, der mir nicht letzten Endes auch erfüllt wurde."

Ich sah mir meine Frau in dieser Sekunde ganz genau an. Das Leben schenkt einem nicht oft das Glück, einem Menschen zu begegnen, dessen Wünsche an dieses Dasein voll erfüllt wurden. Und einer, der es ganz ehrlich dabei meint, der ist beneidenswert, nicht wahr?

Warum sind wir aber so begeistert von unserem Wohnwagen? — Er ist geräumig und hell. Neben zwei herrlichen Schaumgummibetten, die tagsüber elegante Sofas sind, hat unser Straßenkreuzer einen Eisschrank, eine Kochnische mit zwei Propangasflammen, eingebautes Radio und einen praktischen, zusammenlegbaren Tisch. Ferner ist eine Heizungsanlage vorhanden, ein geräumiger Kleiderschrank, und oben an den Wänden entlang eine Menge praktischer zweckmäßiger Schiebefächer wie auf einem Schiff. Sogar ein stilles Örtchen ist vorhanden und selbst ein Waschbecken mit fließendem Wasser fehlt nicht. Vorne im Wagen haben neben dem Fahrer zwei Personen Platz, wenn sie es nicht vorziehen, während der Fahrt auf den bequemen Sofas zu sitzen. Das große Fenster auf der Schmalseite läßt sich durch einen Druck weit nach außen öffnen und auch im Verdeck ist ein aufschiebbares Fenster, durch das viel Licht hereinkommt. Georg schläft vorne. Mit einem Handgriff zieht er die Rückenlehne hoch und hat ein Schaumgummibett. Der keusche Jüngling fürchtete die Neugier der Straßenpassanten und bekam aus diesem Grunde einen züchtigen Vorhang, den er abends vor seine Koje zieht. Er ist sehr sensibel!

Jetzt geht es uns aber wirklich gut! In Hamburg haben wir seit ein paar Jahren als Untermieter bei Imbescheids eine kleine Bleibe. Sie sollen demnächst einen Orden für die entzückendsten Ober-

Mit Ingeborg in unserem neuen Wohnwagen

Mein Straßenkreuzer

Photo Lilo Gwosdz, Frankfurt

mieter Deutschlands bekommen. In Schweden an der Küste von Malmö steht Ingeborgs Elternhaus und wartet einladend auf unsere kurzen Besuche. Und nun kommt für die langen Reisen auch noch das Heim auf Rädern dazu, das uns überall das Gefühl vermittelt, zu Hause zu sein.

*

Natürlich ist der Aufbruch zu einer langen Fahrt jetzt noch bedeutsamer und aufregender als bisher. Es heißt ja, daß vor dem Start in die Ferne der leere Wagen mit allen Dingen eines kompletten Haushaltes versehen werden muß. Ohne Koffer geht es auch hier leider nicht, denn wie sollte man sonst die vielen Sachen aus der Wohnung hinunter auf die Straße in den Wagen schaffen? Dort packt Ingeborg wieder aus, hängt die Garderobe in den Schrank, verstaut die mitgeführten Lebensmittel und räumt das Geschirr in die Schränke. Nichts darf vergessen werden, denn nur dadurch ist gewährleistet, daß wir unabhängig wie auf einem Schiff sind.
Die letzten Stunden vor einer großen Reise sind, wie der Bayer sagen würde „a große Hetz". Ich will versuchen, meinen Lesern einen kleinen Eindruck davon zu vermitteln. Liebe Freunde meinen allerdings, das ließe sich einfach nicht beschreiben, das müsse man persönlich gesehen haben. Sie lassen sich deshalb den Aufbruch nur ungern entgehen, wodurch die „Hetz" am Abreisetag selbstverständlich noch größer wird.
Ich stehe am Morgen des Reisetages auf. Ich müßte eigentlich sagen, daß ich versuchte aufzustehen. Der Boden des Schlafzimmers gleicht einem Warenlager, und es gibt nur wenige Lücken, in die ich meine Füße setzen kann. Ingeborg ist schon fleißig beim Packen. Nach uralter Tradition hat sie schon den Hut auf, obgleich wir ja erst in einigen Stunden fahren werden.
Nach dem Frühstück kramt sie weiter. Zwischendurch fragt sie: „Willst du etwa auch die dicken, braunen Schuhe mitnehmen?"
„Allerdings!"
„Hm, ich frage ja nur, weil ich wirklich bald nicht mehr weiß, wie ich alles unterbringen soll. Nachher sagt Langer wieder, daß der Wagen überlastet wird!"
„Aber Ingeborg, so viel wiegen doch ausgerechnet diese Schuhe nicht!"

Sie knurrt aufgebracht zurück: „Schuhe nennst du diese Elbkähne! Schuhe! Daß ich nicht lache. Särge sind das!"
Anklagend hält sie mir die armen Dinger unter die Nase. „Wiegen bestimmt zehn Pfund!" Dann stopft sie die Schuhe in den Schuhsack und stellt ihn vor die Tür.
Jetzt kommt die fleißige Hilfe herein: „Frau Gräfin, soll diese Bluse auch mit?"
„Ja, Gertrud, wenn noch Platz ist. Der Graf nimmt so viele Schuhe mit."
Gertrud schweigt diplomatisch und hängt die leichte Bluse meiner Frau griffbereit an die Flurgarderobe. Als ich meinen Füller suche, kommt mir die Weste so komisch vor.
„Ich wußte doch gleich . . ."
„Das ist die richtige, Phylax! Farbenblind bist du anscheinend auch!"
Gertrud und Langer werden gerufen. Mißtrauisch sieht Ingeborg zu, wie die Weste kritisch mit dem Jackett verglichen wird.
„Wenn ich nicht irre, Herr Graf, ist das die Weste zu Ihrem Jagdanzug."
Hilflos sieht sich nun Ingeborg zwischen den vielen Sachen im Schlafzimmer um.
„Dann mußt du eben mit der fahren. Ich kann doch bei allen guten Göttern jetzt nicht mehr wissen, wo die richtige ist."
Aber Gertrud verliert die Ruhe nicht. Entschlossen stürzt sie sich auf das Gepäck und zieht aus irgendeinem Koffer die passende hervor. Na ja, und da steckt auch mein Füller dran.
Und schon ruft aus dem kleinen Zimmer meine Sekretärin in höchsten Tönen der Verzweiflung: „Onkel Phylax, nun komm doch!"
Ich stürze aus dem Schlafzimmer und falle im Korridor prompt über den sehr unzweckmäßig aufgebauten Schuhsack. Der plötzliche Schwung befördert mich im Nu ins Arbeitszimmer. Dort sitzt in eine blaue Tabakswolke gehüllt meine Sekretärin. –
Sie ist die jüngste Tochter meines verstorbenen Freundes, des prächtigen Joachim von Brauchitsch. Viele gemeinsame Interessen verbanden uns schon deswegen, weil er alter Afrikaner war. Durch ein freundliches Schicksal trafen wir das Nesthäkchen Regina aus dem Dreimäderlhaus dann in Hamburg wieder. Seitdem sorgt sie

dafür, daß die Lawinen meiner Briefe mich nicht erdrücken. Sie ist mir ein wertvolles Kapergut, besonders auch dadurch, daß sie dies Buch fertigstellen half! –

Regina trommelt auf der Schreibmaschine herum als gälte es ihr Leben. Wenn sich die Maschine heißläuft und auch anfängt zu stinken, werde ich in kürzester Zeit im Rauch ersticken. – Ich setzte mich hin und fange an zu arbeiten. Einige Briefe liegen schon fertig neben mir, da klingelt das Telefon.

„Onkel Phylax, Dr. Köhnke möchte dir gerne auf Wiedersehen sagen."

Der gute Fritze! Während ich mit dem alten Freunde spreche und auch seiner lieben Frau Adieu sage, klingelt es draußen. Regina geht hinaus. Gerade habe ich Fritz auf Wiedersehn gesagt und will mich wieder setzen, als sie zurückkommt.

„Im Wohnzimmer warten zwei Jungs auf dich. Sie sind schon öfter dagewesen und möchten, daß du ihnen eine Widmung in den Seeteufel schreibst. Und der Gasmann steht draußen im Flur. Seit Jahr und Tag lauert er auf ein Autogramm von dir!"

Ich gehe hinaus. Dort steht er bescheiden und strahlt nun über das ganze Gesicht, als ich eines meiner Bilder mit einer Widmung versehe. „Ich bin auch mal zur See gefahren, Herr Graf!"

Er wünscht mir auf zünftige Seemannsart eine gute Reise.

Im Wohnzimmer springen zwei blonde Jungs von den Stühlen und machen eine stramme Verbeugung. Ihre schon ein wenig zerlesenen Seeteufel bekommen eine Widmung, und ein Bild gibt es auch noch dazu. Natürlich wollen auch sie mal zur See fahren, und am liebsten morgen schon. –

Ich erzähle ihnen ein bißchen von meinem Urgroßvater, dessen großes Bild an der Wand hängt. Gespannt sehen sie es an, als sie erfahren, daß das der Marschall von Frankreich ist, dem Rouget de Lisle die Marseillaise widmete. Nikolaus Luckner wurde in den Wirren der Revolution enthauptet, aber das gleiche Gemälde hat im Schloß von Versailles einen Ehrenplatz. – Die Jungs dürfen auch die Schiffsglocke meiner Jacht „Vaterland" läuten. Und schließlich stehen sie auf Stühlen und betrachten voll Interesse das große Modell meiner „Vaterland", die auf dem Schrank unter einem Glassturz steht. Sie würden so gerne noch ein bißchen bleiben, aber trotzdem verabschieden sie sich brav, als ich sage, daß es heute

wieder losgeht. Langer geht mit ihnen hinunter, weil sie so gern noch den Wohnwagen von innen sehen wollen. Immer, wenn ich aus dem Fenster schaue, sehe ich meinen schmucken Straßenkreuzer von Kindern und Erwachsenen umringt. Alle versuchen, durch die weißen Gardinen einen Blick in das Innere zu erhaschen. —
Im Korridor knalle ich heftig mit Ingeborg zusammen.
„Hast du aber einen harten Schädel!" ruft sie erschrocken. Jetzt sitzt das Hütchen geradezu verwegen schief!
Ich gehe wieder ins Arbeitszimmer. Schreibe, schreibe, schreibe. Überall liegen Berge von Post herum. Briefe von Menschen, die mich lieben und für die ich weniger Zeit habe, als ich wünsche.
Es klingelt draußen. Plötzlich höre ich helles Hundegebell. Wenn das nicht der kleine Malteser der Fürstin Stolberg ist, dann fresse ich einen Besen. Und schon geht die Tür auf. Gefolgt von einem weißen Federbüschel kommen Fürst und Fürstin ins Zimmer. Daß so große Menschen ein derart kleines Hündchen haben können! Ingeborg schiebt sich ebenfalls noch hinein und ruft begeistert: „Auf daß das Haus voll werde!"
Wir haben die lieben Freunde erst gestern gesehen, aber wir haben uns auch heute noch so viel zu erzählen, schon weil es so viele gemeinsame Erinnerungen gibt.
„Du Irmchen, ich will dir schnell noch meine neue Bluse zeigen."
Die Damen entfernen sich und das Hündchen steht winselnd vor der verschlossenen Tür. Hinaus mit dir zu Frauchen. — Freund Wolff setzt sich auf den einzigen freien Stuhl: „Scheinst ja noch mächtig fleißig zu sein. Laß nur, Felix, du wirst ja doch nicht fertig."
„Ich tue, was ich kann, mein Lieber."
Wolff erzählt mir von einem seiner alten Jäger, der gerade aus der russischen Zone herübergekommen ist. Wir denken das gleiche: Wir denken an aufregende Jagden in dem riesigen Forst meines Freundes, wir denken an fröhliche Gesellschaften im urgemütlichen Jagdhaus, an glanzvolle Feste auf dem steinalten Stolberger Schloß. Und wir hoffen gemeinsam. — Georg kommt herein: „Herr Graf, wir müssen bald los."
„Na, dann gute Reise, Felix!" Die Freunde gehen, und das Hündchen kläfft zum Abschied. Langer steht immer noch mahnend da. „Gleich, Georg, nur noch einen Moment."

Regina nimmt einen Brief aus der Schreibmaschine und sieht mich ein bißchen hilflos an: „Ach, Onkel Phylax, du wirst nicht fertig."
„Ja, mein Kind, ich weiß."
Wir packen einen Schwung Post in die Aktentasche. Vielleicht komme ich unterwegs dazu. – Ich werde nie fertig! Immer ist es die gleiche Geschichte! Aber will ich denn fertig werden? Ist es nicht auch schön, daß es immer so weitergeht? Liebe endet doch auch nicht, und es soll wohl so sein ...
Eine Stimme unterbricht mich leise: „Onkel Phylax?"
Ja ja, ich weiß, es ist nun allerhöchste Zeit. Ich darf nicht zu spät zum Vortrag kommen. Sie warten ja auf mich. In Kiel, in Bremen, in Minden, überall. In der Schweiz, in Frankreich, in Spanien, in Portugal. Wohin ich auch komme, warten Menschen auf mich, Freunde, auf die ich mich freue! Und viele werden dennoch später enttäuscht schreiben, warum ich nicht auch zu ihnen gekommen bin.
Noch ein Brief zur Unterschrift: „In der Freude auf ein Wiedersehen nach meiner Rückkehr grüßt Sie in alter Verbundenheit Ihr Seeteufel" – hoffentlich klappt es diesmal. Zwanzig Jahre habe ich diesen Freund nicht mehr gesehen ...
Wenn mich in meinem letzten Stündlein ein Kummer belasten wird, so ist es dieser: Dem hast du nicht geschrieben, und diesen nicht besucht. Der da wartete schon so lange auf Post von dir und dieser suchte Hilfe. Das hast du nicht mehr geschafft, und dies auch nicht ... Es wird mich bedrücken, daß ich nicht überall helfen konnte, daß die Not immer größer war als meine Kräfte, sie zu lindern.
Georg sieht auf die Uhr. „Herr Graf, wir müssen fahren!"
Der Junge hat recht.
Regina springt ans Telefon. Ich weiß, welche Nummer sie jetzt wählt. Keine Abfahrt, ohne der Forschermutter auf Wiedersehen gesagt zu haben. Jetzt warten alle, denn sie wissen, ohne dem gehe ich nicht aus dem Hause. Ingeborg kommt auch noch schnell angeschossen und reißt mir den Hörer aus der Hand: „Auf Wiedersehen, auf Wiedersehen!"
Im Flur steht klein und schmal Frau Imbescheid und überreicht der überraschten Ingeborg eine Decke. Eine hübsche, praktische Decke für unseren Tisch im Wohnwagen. Sie ist auch einer der Menschen, die so gern anderen eine Freude machen.

Jeder greift sich noch ein Gepäckstück, und Ingeborg ruft der Wohnung ein „Auf Wiedersehen" zu. Sie vergißt das nie ...
Die letzten Sachen werden verstaut. Gertrud rast noch einmal in die Wohnung zurück. Der Büchsenöffner! – Im Wohnwagen wartet geduldig ein Reporter, der mit uns nach Bremen fährt. Auf der Fahrt ist endlich Zeit für ein Interview. Langer läßt den Motor anlaufen, und die Türen schlagen zu. Regina und Frau Imbescheid winken, bis der Wagen uns so weit entführt, daß sie nur noch kleine Pünktchen sind. Die Reise hat begonnen. –

*

Jeden Abend halte ich in einer anderen Stadt meinen Vortrag. Frohe Gesichter, liebe Menschen, die ich heute kennenlerne oder endlich einmal wiedersehe.
Dann geht es weiter in die Schweiz. Ingeborgs Geburtstag feiern wir in Zürich bei ihrer Freundin und ihr schönstes Geschenk ist die Sonne. Wir fahren dann im Zug durch den Sankt Gotthard, auch der Straßenkreuzer wird auf Bahnwagen transportiert. Unser Ziel ist zunächst die französische Riviera. Dort will ich meinen Vetter Lix Luckner besuchen, auf dessen väterlichem Gut ich viele schöne Stunden der Jugend erlebte. Der Wagen hält in Menton gerade vor dem Hotel Cecil, als schon jemand die Tür von außen öffnet. Eine Frauenstimme fragt: „Ist dies das Postauto?" Plötzlich sehen wir ein entgeistertes Frauenantlitz vor uns, das zu Kusine Andree gehörte, und es erhob sich ein homerisches Gelächter unsererseits, als sie da gar so fassungslos vor uns stand.
Auf der ganzen Fahrt ist unser schöner Wagen stets der Mittelpunkt. Die Menschen drängten sich darum und alle bestaunten Seeteufels Straßenkreuzer.
In Monte Carlo bin ich auf der Jacht „Christina" des Reeders Onassis eingeladen. Wunderwerke waren die Jachten von Vanderbilt oder die schnittige Mizpah meines Freundes Commander McDonald, und auch meine eigenen konnten sich durchaus sehen lassen. Die Onassis-Jacht schlägt jedoch alle Schönheitsrekorde: Sie ist ein Märchenschiff!
Und weiter geht es nach Barcelona. Dort wartet schon ungeduldig Bob Page, ein amerikanischer Freund auf uns. Zusammen besteigen wir das Boot nach der Insel Mallorca. Der Straßenkreuzer wird

an Deck vertäut. Die Überfahrt ist ein wenig stürmisch, und manche Landratten werden recht grün im Gesicht. Bald aber sehen wir getaucht in den feenhaften Glanz der Morgensonne die palmenbestandene Insel auftauchen, umgeben vom schönsten, blauen Meer. Hier ist das erste Ziel unserer langen Reise.
Am Steg erwarten uns wieder liebe Freunde. Der Landschaftsmaler Perrot mit seiner Frau, mit denen wir schon im vorigen Jahr Spanien unsicher machten. Groß ist natürlich die Wiedersehensfreude. Ein paar Kilometer von Palma haben sie sich für einige Wochen eine kleine Villa, dicht am Meer gelegen, gemietet. Sie heißt „Villa Bonavista" – Villa Schönblick. Und schön, herrlich schön ist der Blick wirklich. Der Straßenkreuzer wird in den Garten gestellt. Wir bleiben ihm treu, denn warum sollen wir ins Haus ziehen, wo wir es so gemütlich haben! Am Abend sehe ich hinauf in den Himmel mit seinen leuchtenden Sternen. Am Morgen kann ich vom Bett aus das geliebte Meer begrüßen. Tagsüber machen wir lange Spaziergänge in alle Teile der Insel, sehen den geduldigen Fischern bei ihrer Arbeit zu oder rudern auch selbst einmal ein Stück hinaus. Ingeborg kocht mit heller Begeisterung unsere sehr geschätzte Orangenmarmelade, und alle essen Obst, so viel nur geht.
Auch die Reporter sind schon bald zur Stelle und wollen mich interviewen. – Hier gibt es viele Amerikaner, die den Seeteufel kennenlernen wollen. Ein Abend im Mallorca-Klub erfüllt diesen Wunsch. Spanier, Deutsche, Amerikaner und Engländer sitzen fast jeden Abend bunt gemischt um mich herum. Wir verstehen uns ganz ausgezeichnet, und ein bißchen Spanisch kann ich schließlich auch. Hier herrscht Frieden und schönste Eintracht, und jeder stellt beglückt fest, wie schön es ist, sich zu verstehen und wie herrlich, Freundschaften zu schließen. –
In vielen vornehmen spanischen Häusern bin ich der Ehrengast und werde verwöhnt. Zwischendurch sitze ich dem bekannten Maler Montgomery zu einem großen Ölgemälde, das er im Herbst in New York ausstellen wird. Ich weiß nicht, wie oft ich schon gemalt worden bin, dieses Bild gefällt mir ganz besonders gut. –
Nach ein paar herrlichen Wochen geht es an einem glühendheißen Tage von der Trauminsel Mallorca fort. Sevilla ist unser nächstes Ziel. Dort werden wir von Herrn von Lewetzow auf seinem phan-

tastisch schönen Besitz erwartet. Hier treffen wir auch noch andere Freunde, die gerade aus Deutschland kommen und berichten, wie kalt es auch jetzt noch in der Heimat ist.
Und schließlich treffen wir in Portugal ein und verleben anregende Tage bei unseren Freunden. Nun schleicht sich aber, immer stärker werdend, auch das Heimweh in unsere Herzen. Der Straßenkreuzer wendet seine Nase wieder heimwärts. Noch einen kleinen Abstecher nach Paris, nun ist es Frühling auch an den Ufern der Seine. An einem strahlenden Maitag steht unser Wohnwagen wieder vor der Haustür in Hamburg. Daheim! Eine riesige Freude erwartet mich hier: Carl ist zu Besuch da, mein großer Bruder. Er ist ein Jüngling, trotz seiner vierundachtzig Jahre!
Ich sehe aus dem Fenster und betrachte unten auf der Straße meinen Wagen, das Heim auf Rädern. Er hat unsere Wünsche auf einer zwölftausend Kilometer langen Fahrt restlos erfüllt und ist uns zum Freund geworden.

Im Abschied liegt das Wiedersehen

Phylax Lüdicke hatte sieben Jahre Zeit, sich das Wiedersehen mit seinen Eltern auszumalen. Oft genug gab es dunkle Stunden, in denen es ganz und gar nicht danach aussah, aber ich glaubte eben daran. Seit dem Tage meiner Heimkehr in das Elternhaus fällt mir kein Abschied mehr so schwer. Im Scheiden liegt der erste Schritt zum Wiedersehen. Es kommt schon dazu, vielleicht in Tagen, vielleicht auch in Monaten oder Jahren, vielleicht erst in der großen Ewigkeit. –
Ich habe sehr oft in meinem Leben „Auf Wiedersehen" gesagt, aber wenn es auch für viele oft nur eine herkömmliche Redensart ist, ist für mich damit ein ganz echter Glaube verbunden. Und siehe da: Das freundliche Schicksal meinte es auch in dieser Beziehung ausgesprochen gut mit mir. Es will aber natürlich, daß man sich dazu bekennt. Man muß mit einem guten Gedächtnis nachhelfen, mit offenen Augen durchs Leben gehen und vor allem den Wunsch haben, gern an Plätze zurückzukehren, wo man irgendwann schon einmal vor Anker lag.

Auf meinen zahlreichen Fahrten in die Welt treffe ich immer wieder Leute, die ich von früher her kenne, und sie vermitteln mir sofort das Gefühl: „Hier bist du zu Hause."

Nicht immer müssen es Menschen sein, es kann ein altes Haus sein, wo ich vor Jahrzehnten ein paar Tage wohnte, es kann die Einfahrt in den Hafen von Rio de Janeiro sein oder ein starker, knorriger Baum auf einem Hügel irgendwo im Harz. Wenn ich Menschen, Städte, Länder oder Meere wiedersehe, dann sagt die Erinnerung leise zu mir: „Weißt du noch, Phylax?" — Und wo bin ich eigentlich noch nicht gewesen? Die Möglichkeiten für ein Wiedersehen begleiten mich darum wie gute Geister und machen mir selbst die längste und anstrengendste Reise zu einem Vergnügen.

Wenn ich nach Papenburg an der Ems komme, dann gehe ich zu der alten Windmühle. Mit dem Rücken an die Mauer gelehnt, das Lehrbuch der Navigation auf den Knien, büffelte ich in ihrem Schatten für das Examen. Die Windmühlenflügel rauschten und erwiesen sich in der sommerlichen Hitze als bester Ventilator. Wenn sich meine Gehirnwindungen heißgelaufen hatten, kletterte ich auf den Mauersims, ergriff einen der großen Flügel und ließ mich von dem gewaltigen Rad mal ein bißchen in der Luft herumschleudern, um wieder abzukühlen. So hatte ich mein eigenes Riesenrad und brauchte deswegen nicht nach Wien in den Prater zu fahren. Dort in Papenburg lebt auch noch eine steinalte Krämersfrau, die mir vor einigen Jahren schmunzelnd vorhielt, mit welcher Raffinesse ich einst aus der Heringstonne vor ihrer Ladentür im Vorbeigehen Heringe angelte . . .

In Goslar kehre ich gerne in dem gemütlichen Gasthof ein, wo ein Buch aufbewahrt wird, das ich nicht zerrissen habe! Dort saß ich eines Abends mal in froher Runde, und schließlich baten die Freunde mich, ein Buch zu zerreißen. Als ich mich schließlich dazu bereit erklärte, stellte es sich heraus, daß keins aufzutreiben war. Man schien es in diesem Hause nicht gar zu sehr mit dem Lesen zu haben. Nach langem Suchen entdeckte der freundliche Wirt endlich ein großes Landwirtschaftslexikon aus dem Jahre 1837. Ich hielt diese zusammengebundene Wissenschaft schon allein wegen ihres ehrwürdigen Alters für viel zu schade, aber alle meine Argumente halfen nichts. Etwas anderes verhinderte die Vernichtung des alten Werkes. Die Buchbinder jener Zeit müssen mit

einem Leim gearbeitet haben, der sich im Laufe von über hundert Jahren allem Anschein nach in Zement verwandelt hatte. So blieb das ehrwürdige Lexikon zu meiner Freude unversehrt. Der Gastwirt rühmt sich von nun an einer Attraktion besonderer Art: Eines Buches, das den Kräften des „Seeteufels" gewachsen war!
Führt mich mein Weg nach Clausthal im Harz, so gehe ich zuerst zu meinem alten Schulkameraden G., der dort Inhaber einer Buchhandlung ist. Dann sprechen wir von der alten Heimat, und er erzählt immer wieder, wie meine Klasse sich verhielt, als ich auf einmal nicht mehr zum Unterricht kam. Die tollsten Vermutungen brüteten meine Mitschüler aus, bis schließlich herauskam, ich wäre davongelaufen. –
Wenn ich in Göttingen bin, rufe ich dem hübschen, alten Brunnen mit der Gänseliesel einen Willkommensgruß zu. Dem alten Brauche folgend, bestieg ich eines Nachts den Brunnen, um dem niedlichen Mägdlein aus kaltem Stein einen heißen Kuß zu geben. –
Dort besuchte ich auch besonders gern das Museum für Völkerkunde, weil ein Rundgang in diesem Hause ein Wiedersehen mit vielen Dingen ist. Bei meinem letzten Besuch dort, war der gute Direktor nicht wenig erstaunt darüber, daß ich so gut Bescheid wußte. Das Museum besitzt eine hübsche kleine Sammlung von Gegenständen und Waffen der Maori-Indianer auf Neuseeland. Mein liebenswürdiger Führer war ziemlich überrascht, als ich ihm bei einem als „Maori-Angelhaken" bezeichneten Stück erzählte, daß es sich bei diesem eisernen Haken lediglich um einen kultischen Gegenstand handelte, der bei Festen eine Rolle spielt. Anschließend gab ich ihm die Erklärung für mein intimes Wissen, indem ich mich vorstellte: „Ich bin der Häuptling Wai-te-te vom Stamme der Maori auf Neuseeland." Dann berichtete ich ihm, wie ich als deutscher Kriegsgefangener im Jahre 1919 zu dieser außergewöhnlichen Ehrung gekommen war. Ich beschrieb ihm auch das Wiedersehen mit meinem Stamm im Jahre 1938. Die Maori waren alle in ihrer Festtracht gekommen, um ihren weißen Häuptling zu begrüßen. Auch das Mädchen stand da, das mir der Stamm damals zur Gemahlin bestimmt hatte. Es überreichte Ingeborg einen Strauß herrlicher Blumen. Das zauberhaft schöne Kind von einst war nun alt und dick geworden. Das Blühen und Verblühen geht in den Tropen grausam schnell vor sich. –

Bin ich in dem hessischen Städtchen Ehlen, so ist ein Wiedersehen mit einem alten Freunde, Karlchen M. fällig. Den kenne ich aus Köln am Rhein. Damals war er Geschäftsführer eines großen Lokals. Er bekam es mit der Angst zu tun, als Koch und Kellner ihm berichteten, der Gast dort hinten in der stillen Ecke habe soeben ganze zweihundert Muscheln verzehrt. Weil ihm dieser Appetit so auffiel, kam er an meinen Tisch und fragte bescheiden: „Mit wem habe ich die Ehre?" Aus dieser Zeit stammt unsere Freundschaft. Über einen Punkt sind wir uns allerdings bis heute nicht recht einig: Waren es wirklich zweihundert Muscheln, die ich damals in dem Kölner Restaurant verdrückte? Karlchen schwört immer noch Stein und Bein, genau so viele seien es wirklich gewesen. —
1926 sprach ich kurz vor Antritt meiner großen Reise mit meinem schönen Segler „Vaterland" einen begeisterten jungen Mann. Er erklärte mir, er habe ebenfalls vor, eine Weltreise zu machen, und würde mir von der anderen Seite des Globus mit dem Fahrrad entgegenkommen. Als ich ihn vor einigen Jahren wieder traf, erzählte er mir von seiner Weltreise per Rad, die ihn allerdings nur bis zum Sudan führte. So war es damals also zu keinem Wiedersehen gekommen. Das Schicksal sparte uns diesen Tag für später auf. —
Der Apotheker D. wohnt in Gifhorn und kürzlich traf ich ihn dort wieder. Vor mehr als fünfundzwanzig Jahren hatten wir uns in Halle, im „Krug zum grünen Kranze" kennengelernt. Er und seine Freunde waren damals noch junge Studenten. Er erinnerte mich schmunzelnd an den Verlauf einer Mensur, bei der ausnahmsweise auch einmal eine Frau, Ingeborg nämlich, zusehen durfte. Als Blut floß, wurde ihr natürlich schlecht. Die jungen Füchse brachten sie hinaus und waren sehr stolz, einer so hübschen jungen Frau wieder zur Rückkehr ins Leben verhelfen zu dürfen. Nach Beendigung der Partie kam Ingeborg wieder herein. Sie sah immer noch wie weißer Käse aus und fragte mich ganz ängstlich: „Sag, Phylax, hast du auch schon einmal gefochten?" Dieser laienhafte Ausdruck ließ alle Anwesenden schmunzeln. Als ich beruhigend antwortete: „Nein, Ingeborg, so nicht, sondern so", und dabei die typische Bewegung des Bettelns machte (was man ja auch „fechten" nennt), erhob sich eine Lachsalve. Das arme Mädchen schaute recht verlegen drein. Diese Angelegenheit kam ihr ganz und gar nicht geheuer vor. —

Mit Ulm an der Donau verbinden mich auch manche Erinnerungen. Als ich vor einiger Zeit für kurze Stunden dort war, sah ich heimlich schmunzelnd zum Münster hinauf und dachte an eine Begebenheit, die sich hoch oben auf dem schlanken Turm abgespielt hatte. Ich war mit einigen Freunden hinauf zur Turmspitze gestiegen, um mir die herrliche alte Stadt von oben anzusehen. Auf der obersten Plattform drängten sich jedoch so entsetzlich viele Schaulustige, daß ich mich sofort nach einem besseren Plätzchen umschaute. Bei dieser Gelegenheit bemerkte ich, daß über der Aussichtsplattform noch eine schmale Scheibe um die Turmspitze herumlief, fast wie ein Regendach. Ich konnte gerade mit den Händen hinauflangen. Ein ordentlicher Klimmzug – geschafft war es! Den rechten Arm um gotische Baukunst geschlungen, genoß ich still für mich den Blick über die alte Stadt. Erst nach einer Weile bemerkte ich, daß die guten Leute unter mir mein Tun völlig falsch auffaßten. Die schönheitsdurstigen Besucher verließen die Plattform in geradezu panikartiger Weise. Sie waren augenscheinlich der Meinung, ich wollte meinem jungen, hoffnungsvollen Leben durch einen Sprung in die gähnende Tiefe ein Ende setzen. Utjerechnet ick! Als die Plattform geräumt war, ließ ich mich wieder von meiner Scheibe herunter und konnte nun mit meinen Freunden zusammen das herrliche Panorama noch einmal genießen. –
Als ich das letztemal auf Neuseeland war, gab es ein Wiedersehen auf Schritt und Tritt. Die Maori begrüßten mich und der alte Zuchthauswärter, ich sah meine kahle Zelle, die seit meiner Gefangenschaft keinen Insassen mehr gehabt hatte. In der Kirche begrüßten mich stumm einige „Lebenslängliche" aus jener Zeit, und man zeigte mir alte Zeitungen aus dem Jahre 1919, in denen seitenweise über meine dramatische Flucht berichtet wurde. Auch ein älterer Herr begrüßte mich freudig, den ich jedoch nicht kannte. Er bat mich, mit ihm zu kommen. Er führte mich in einen blitzsauberen Pferdestall. Wir gingen an mehreren Boxen entlang, in denen edle Rennpferde standen, und kamen schließlich an eine Eckboxe. Dort stand ein alter brauner Hengst und neben ihm ein kleiner Esel. An der Wand auf dem glänzenden Messingschild las ich den Namen des Pferdes. Es hieß Count. Mein Gastgeber erzählte mir, während er sanft über das Fell von Count strich: „Als Sie damals aus der Kriegsgefangenschaft flohen und schneller waren als

die unzähligen Dampfer und Boote, die hinter Ihnen her waren, kam mir der Gedanke, diesem Rennpferd den Namen ‚Count' zu geben. Ich nannte meinen schnellen Braunen, der jetzt sein Gnadenbrot bekommt, nach Ihnen. Count hat mir durch unzählige Siege ein Vermögen eingebracht. Er lief stets allen davon. Der Name ‚Count' war ein gutes Omen."

Nun streichelte auch ich den braven alten Kerl, der sich langsam nach mir umwandte und mich mit so melancholischen Augen ansah, als wollte er sagen: „Siehst du, wie schnell die Zeit vergeht." Da stieß der kleine Esel ein häßliches Gewieher aus. Er war eifersüchtig! Als wir hinausgingen, und ich noch einen Blick zurückwarf, rieb der kleine Esel seinen Kopf gerade zärtlich an dem schlanken Hals seines Freundes. Der Besitzer erklärte dazu, daß der Esel immer in der Box von Count sein müßte, weil sonst das alte Pferd das Futter verweigerte. –

In Hamburg ging im Dezember 1954 einer meiner Herzenswünsche in Erfüllung. Um einen festlich gedeckten Tisch in einem hübschen Restaurant am Elbufer saß ich mit drei alten Kameraden. Mit ihnen war ich vor mehr als fünfzig Jahren auf dem Segler „Caesarea" um die Welt gefahren. Aus den Schiffsjungs und Matrosen waren in der Zwischenzeit würdige Kapitäne geworden und zusammen hatten wir jetzt zu vier Mann das hohe Alter von dreihundert Jahren erreicht! Wir tranken zu Ehren dieses Wiedersehens eine Flasche Sekt und prosteten uns zu. Dann sprachen Hilcker, Doherr, Engels und Luckner von jener Zeit der majestätischen Windjammer. Engels packte ein großes Bild aus, auf dem wir alle fein zum Landgang versammelt sind und uns, unserer Würde bewußt, dem Photographen stellten. Ich konnte von jedem einzelnen der Kameraden den Namen sagen, und die anderen nickten wohl dazu oder machten auch eine Bemerkung. Viele lebten nicht mehr, oder wir hatten sie für immer aus den Augen verloren. Wir saßen zusammen, und die Erinnerungen gemeinsamer Fahrten ließen uns Zeit und Raum vergessen. Und für mich war dieses Wiedersehen das schönste Weihnachtsgeschenk!

Wenn ich in Amerika bin, benutze ich jede freie Minute, um mich meinen Freunden zu widmen. Es macht gar nichts aus, ob wir uns nun zehn Jahre nicht sahen oder nur zwei. Der erste Händedruck überbrückt jeden Zeitabschnitt, wenn es um eine echte Freundschaft geht. Wir sind bald mitten drin in unseren frohen Erinnerungen und schaffen uns in Windeseile neue, die meine Seekiste immer mehr füllen. Die Zeit mag noch so knapp sein, meinen Freund Commander Eugene McDonald besuche ich immer. Er lebt in Chicago und bewohnt in einem Wolkenkratzer eine Wohnung, die zwei Stockwerke einnimmt, das fünfzehnte und sechzehnte. Im fünfzehnten Stockwerk gibt es keine Ausgangstür für den Fahrstuhl. Und diese schlichte fünfzehn ist seit 1948 für mich eine freundliche Erinnerung. Bei meinem ersten Besuch nach diesem Kriege streikte der Fahrstuhl genau im fünfzehnten Stockwerk, wir waren gefangen. Freund Gene, Carveth Wells, Lowell Thomas, der den amerikanischen „Seeteufel" geschrieben hatte, und ich, der Urheber seiner schriftstellerischen Bemühungen. Mit vereinten Kräften gelang es uns, die kleine Klappe in der Decke des Fahrstuhls aufzustoßen. Dann brüllten wir im Chor nach oben in den sechzehnten Stock. Unser „Hallo!" hätte selbst Tote zum Leben erwecken können. Darum erschien auch nach verblüffend kurzer Zeit schemenhaft das braune Gesicht des Filipino-Boys, des Dieners. Mein Freund erteilte ihm durch die kleine Luke Instruktionen, damit die sofortige Reparatur des Lifts in Angriff genommen würde. Aber er beschränkte sich nicht nur darauf! Nach kurzer Zeit schwebte an einem Seil ein kleiner Korb in unser Gefängnis herab. Er war gefüllt mit herrlichen Sandwiches und einem schweren Cocktailshaker. Das Zeug schmeckte auch ohne Gläser ganz vorzüglich. Wir verbrachten die Wartezeit in denkbar vergnügter Stimmung und aßen alle Sandwiches mit größtem Appetit. Gene bemerkte triumphierend, daß die Schnur seines Telefons bestimmt bis hierher nicht reichen würde. Für diesen gehetzten Industriekapitän bedeutete das etwas ganz Besonderes. Als sich der Fahrstuhl auf einmal wieder in Bewegung setzte, fühlten wir drei uns ausgesprochen gestört. —

Oft treffe ich meine Freunde nicht an den gleichen Orten wieder. Der alte Bursche meines Vaters begrüßte mich 1927 völlig überraschend in New York. Wie oft hatte er mich aufs Pferd gesetzt, als ich noch zu klein war, um selbst aufzusteigen! Freunde aus Berlin begrüßen mich in Australien, andere aus Amerika klingeln plötzlich an meiner Wohnungstür in Hamburg. Einer, den ich vor Jahrzehnten in der Südsee kennenlernte, klopfte mir kürzlich in

Kopenhagen auf die Schulter. — Überall habe ich Freunde! Und du, auch du, und du da ganz hinten in der Ecke, ihr seid genau so meine Freunde! Wir haben uns sicher schon mal gesehen, und vielleicht besuche ich dich im nächsten Jahr. Wenn ich in deine Gegend komme sogar ganz bestimmt!

Auf Wiedersehen ist kein leeres Wort für mich und keine Phrase. Die tiefe Bedeutung dieses Grußes habe ich verstanden und mich mit Dank erfüllt.

Und wer ein bißchen schneller dahin gekommen ist, wo jeder von uns einmal landen wird, den besuche ich auf dem Friedhof. Ein stiller Punkt, wo wir uns gewiß alle irgendwann treffen werden. Ich kenne sehr viele Friedhöfe, weil ich sie gerne aufsuche, um dort meine Besuche zu machen. Außerdem mache ich meine Studien. Auf den Grabsteinen sehe ich nach, wie alt meine Freunde in dieser Gegend werden durften. Das verrät mir besser als jeder Kurdirektor, ob das Klima gesund ist.

Aber keiner kann ewig leben und nicht immer kreuzen sich unsere Wege auf diesem großen und schönen Planeten noch einmal. Ohne Abschied geht es eben nicht. Aber es lernt sich mit der Zeit, euch Freunden, voller Hoffnung auf die große Freude in der Zukunft, mit einem kräftigen Händedruck zuzurufen:

Op Weddersehn!

Inhalt